U0113497

"一带一路"与跨境
自由贸易区建设研究

官锡强 著

中国商务出版社
CHINA COMMERCE AND TRADE PRESS

图书在版编目（CIP）数据

"一带一路"与跨境自由贸易区建设研究 / 官锡强
著. -- 北京：中国商务出版社，2021.12
    ISBN 978-7-5103-4067-3

    Ⅰ．①一··· Ⅱ．①官··· Ⅲ．①自由贸易区－经济发展
－研究－广西 Ⅳ．①F752.867
    中国版本图书馆 CIP 数据核字(2021)第 222837 号

"一带一路"与跨境自由贸易区建设研究
YIDAIYILU YU KUAJING ZIYOUMAOYIQU JIANSHE YANJIU

官锡强　著

出　　　版：中国商务出版社
地　　　址：北京市东城区安定门外大街东后巷 28 号　　邮编：100710
责任部门：商务与法律事业部（010-64245686）
责任编辑：赵桂茹

总 发 行：中国商务出版社发行部　（010-64266193　64515150 ）
经　　　销：全国新华书店
直销电话：010-64245686
网　　　址：http://www.cctpress.com
邮　　　箱：cctpress1980@163.com

排　　　版：四川科德彩色数码科技有限公司
印　　　刷：四川科德彩色数码科技有限公司
开　　　本：787 毫米×1092 毫米　1/16
印　　　张：16.75　　　　　　　　字　　数：257 千字
版　　　次：2021 年 12 月第 1 版　　印　　次：2022 年 10 月第 1 次印刷
书　　　号：978-7-5103-4067-3
定　　　价：66.00 元

凡所购本版图书有印装质量问题，请与本社总编室联系。（电话：010-64212247）

/// 目 录

第一章　绪　论

第一节　选题背景与意义

一、选题背景

改革开放以来，我国沿边地区的对外开发战略不断扩宽，促进沿边地区开发开放的政策不断推出，沿边城市的口岸功能、贸易功能、出口加工功能不断得到优化发展，有效地推进了沿边地区与接壤国家之间的开放、发展与合作。通过不断顺应世界经济发展潮流，扩大沿边开发开放不断深入，这是新形势下我国经济发展的重要举措，特别是在人类命运共同体理念的不断深入，"一带一路"建设不断推进，沿边地区扶贫开发战略取得重要成效的背景下，如何促进沿边地区经济社会发展，对实现两个一百年战略目标，实现沿边地区小康生活具有重要的战略意义。

在 2015 年的两会期间，习近平总书记表示"发挥广西与东盟国家陆海相连的独特优势，加快北部湾经济区和珠江—西江经济带开发开放，构建面向东盟的国际大通道，打造西南中南地区开放发展新的战略支点，形成 21 世纪海上丝绸之路和丝绸之路经济带有机衔接的重要门户"。[①] 这是广西大开发未来发展的明确方向。随着区域内合作的不断深入，特别是中国—东盟自由贸易区的建成，即将落地的区域全面经济伙伴关系协定（RCEP），在国家西部大开发和兴边富民战略的背景下，围绕中央给予广西的"三大定位"，即构建面向东盟的国际大通道，打造西南中南地区开放发展新的战略支点，形成"一带一路"有机衔接的重要门户，推进广西

[①]彭清华. 全面贯彻总书记重要讲话和全国两会精神［EB/OL］. 2015-03-20.

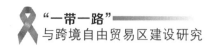
边境地区的开放发展。

以党的十七大提出"提升沿边开放"为标志，中国已经开始了第二轮的边境开放发展之路。2010 年 5 月，中共中央、国务院印发了《关于深入实施西部大开发战略的若干意见》，并提出"提升沿边开发开放水平，积极建设广西东兴、云南瑞丽、内蒙古满洲里等重点开发开放试验区"。2014 年 2 月 21 日，国务院下发《关于加快沿边地区开发开放的若干意见》，明确提出"研究设立广西凭祥、云南磨憨、内蒙古二连浩特、黑龙江绥芬河、吉林延吉、辽宁丹东重点开发开放试验区"。广西东兴、凭祥等沿边地区已成为我国沿边开发开放的主要区域。广西利用西部沿海、沿江、沿边的独特优势，引领我国西部地区建设"海上丝绸之路"建设，打造中国—东盟自由贸易区升级版，对东盟和国家西部地区发展产生极为积极的影响。

党的十九大提出，要建立现代经济体制，必须推进全面开放的新格局。自十八大以来，我国对外开放已从"加快形成更高水平对外开放新格局"到"推动形成全面开放新格局"。

这一变化反映了中国对外开放逐步向两个维度转变，要扩大和开放沿边地区，要进一步提高对外开放水平。党中央和国务院非常重视西部大开发，出台了一系列支持沿边地区开放发展的政策文件，包括《西部大开发"十三五"规划》《北部湾城市群发展规划》《兴边富民行动"十三五"规划》等政策性文件都对扩大边境开发开放工作提出了要求。边疆地区正在构筑沿边公路，促进边疆的繁荣。广西一直把边境地区的开发和发展纳入区域发展战略中，通过打开沿边开放发展的大门，推动沿边地区经济社会的发展。广西是与东盟国家中接壤的唯一拥有陆地和海洋的自治区。它有沿海、沿边、沿江的优势。"一带一路"的建设也与沿边国家的建设相衔接。广西地处西南经济圈、华南经济圈和东盟经济圈的交汇处，连接中国市场和东盟市场。沿边地区开发开放已成为中国的一项长期战略，广西将尽其所能，推动与"一带一路"沿线国家合作，加入区域经济合作圈。融入国家对外开放的大格局，发展沿边地区，促进广西沿边经济增长。

从一般意义上讲，广西沿边地区指的是防城港、崇左、百色 3 个地级市所辖的所有区域，包括东兴、防城、宁明、凭祥、龙州、大新、靖西、那坡等 8 个县（市、区），2019 年底该 8 个县（市、区）总人口 310.15

万。本书着重研究的是防城港、崇左市沿边开发开放。根据比较优势理论、经济发展基础、国家发展战略规划等因素，把发展的重点放在建立中越跨境自由贸易区上，以此带动区域全面发展。

二、研究的意义

（一）理论意义

在地理空间上，我国沿边地区少数民族分布较多。沿边地区经济发展是国民经济发展研究的热点领域。在实施西部大开发新政策的背景下，发展沿边区域是国家发展战略的重要措施。"前三十年看沿海，后三十年看沿边"。沿边地区与全国人民一道同步建成小康社会，沿边基础设施持续完善，沿边经济社会发展的水平和人民生活保障水平进一步提高，沿边居民居住条件不断得到改善，沿边特色优势产业实现较快发展，深入推进沿边开发开放的水平明显提高。[①]

1. 沿边开发开放研究是对沿边开发开放的既取成绩进行阶段性总结

改革开放后，我国东部沿海地区经济继续呈现快速增长态势，与西部地区尤其是沿边地区经济与社会差距不断拉大。为缩小与中西部地区的差距，国家通过支持中西部地区的经济发展政策来实现共同富裕的目标。一系列沿边发展支持政策的实施，助力沿边地区经济快速发展，少数民族的生产生活条件明显改善。到 2020 年，已经建成部分沿边开发开放经济区。基于对目前沿边经济开放区的现状进行详细分析，整理沿边开放发展的经验和不足，为沿边发展提供真实数据资料，可为进一步深化西部大开发建设，提供基础理论依据。

2. 为进一步深化改革开放、提升国家战略提供现实依据

通过开发开放，边境地区的经济和社会发展取得了长期的增长，但与东部沿海地区相比，仍然存在着不小的差距。东部地区与沿边地区的经济发展差异，造成经济资源与自然资源开发的严重矛盾，对社会稳定和民族团结提出了巨大的挑战。因此边境开发不仅仅是一项简单的经济发展政策，而是一项重要的国家战略。通过沿边地区的社会、经济综合发展，可

---

① 国务院办公厅. 兴边富民行动"十三五"规划 [EB/OB]. 2017-5-28.

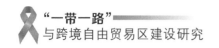

以有效地维护民族团结和国家稳定。通过研究边境地区开发开放，分析边境地区开发开放的效益，找出制约经济增长和社会发展的因素，实现经济社会与东部地区同步发展，缩小差距，实现共同富裕。

3. 沿边开发开放研究还是对公共政策、民族经济学等理论的实际应用

根据公共政策理论，在执行任何政策时，决策者都应根据政策实施的实际情况对其进行延续，改进或终止。对现行政策评估是进一步决策的主要依据。对外开放是一项重要的公共政策，可以促进沿边地区社会经济活动的全面发展。由于沿边地区社会发展环境的复杂性和多样性，要使用现代统计分析方法来收集绩效和发展效果，并在此基础上对效果进行分析和评价。就建立沿边开发的发展战略而言，迫切需要开展包括公共政策理论、政府发展理论的学术研究。本书通过建立沿边发展理论和分析方法，特别围绕广西沿边地区的发展进行了全面的开放性研究，为区域经济，国民经济和战略理论提供较高的学术价值。

（二）现实意义

通过分析东兴、凭祥等广西重点沿边城市发展的优势和劣势，展示东兴、凭祥的发展现状，科学分析广西沿边地区发展的优势和劣势，找准发展新思路，谋求新发展对策。这些对策不仅对广西沿边地区经济的发展和长期建设具有现实的参考价值，而且对我国边境地区的发展也具有一定的借鉴意义。

广西边境沿海地区的区域优势非常明显。近几年来，东兴和凭祥的发展是在实施沿边经济开发开放、为人民致富和国家支持下实现的。2010年5月以来，东兴、凭祥正式成为全国沿边开发开放试验区。如何抓住机遇，迈出发展步伐，广西沿边地区经济发展理论研究已经成为各方关注的焦点，本书以广西沿边地区开发开放，尤其是东兴和凭祥为研究对象，分析沿边地区的持续发展战略，探讨了广西其他地区经济发展的新思路和新方法，为构建区域发展的战略提供了理论依据，同时也为其他区域发展提供借鉴作用。

第二节　研究重点及创新之处

一、研究方法

本书研究方法主要分为三类：指导方法、基本方法、具体方法。

（一）指导方法：唯物辩证法与实践检验相结合的方法

唯物辩证法是正确认识各种事物的科学方法，是指导一切科学研究的根本原则，也一直是民族经济学的根本指导方法，沿边开发开放研究必须秉持该方法。本书以唯物辩证法为指导，通过对区域经济理论的深入探究并结合国内外增长极理论实践的经验，总结区域经济形成过程中一般性的规律和特征。运用这些规律和特征，分析广西东兴沿边开发开放试验区增长极形成的条件和机制，最后基于这样的条件和机制，对东兴、凭祥沿边开发开放试验区增长极的效应进行合理的预期分析，并提出相应的完善举措。

（二）基本方法：理论分析与实地调研相结合

在研究中只有立足现实，坚持理论和实践相结合，深入实地调查，才能掌握最基础的资料。理论分析是本书的基本方法之一，本书将借用各学科的相关理论，采用归纳与演绎相结合、逻辑推理与实践检验相结合的方法进行。同时，民族经济研究具有极强的实践性，民族地区沿边开发开放研究也是如此。在实地调研的基础上进行课题研究，到中越沿边口岸东兴、凭祥市进行实地调查研究、调查问卷、现场访谈等方式，内容包括对东兴、凭祥沿边开发开放试验区建设等进行综合考察，掌握当地的第一手数据和文献资料，使得数据和资料来源更为具体和准确，保证丰富的资料。进一步印证文献资料的观点，并听取当地政府、口岸管理部门对沿边开发开放试验区规划建设的设想。

（三）具体方法：规范分析与实证分析相结合、定量分析与定性分析相结合、宏观总体把握与微观个体分析相结合

1. 规范分析与实证研究相结合

本书将运用调研的第一手统计资料，结合已有的沿边开发开放的文献

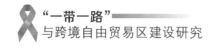

资料，对东兴、凭祥沿边开发开放试验区的内外部环境进行归纳总结。先对东兴、凭祥目前的发展状况进行分析，然后发现面临的问题，探讨怎样解决。通过对东兴、凭祥发展的历史资料和数据进行实证分析，揭示其发展的问题，并结合自身的发展条件提出可行的发展思路与政策措施。

2. 定性与定量研究相结合

本书首先从定性分析入手，通过调查统计、收集大量资料，运用数学方法进行统计分析，找出其中的经济意义，进而找到东兴、凭祥经济发展的内在联系及推动发展的主导力量。东兴、凭祥沿边开发开放试验区是本书研究的主体和对象，这些地区具有要素富集度高、要素流动速率快、要素结构多元化的特点，涉及该地区的经济关系定量的研究是必不可少的，如外贸依存度、三大产业结构比例、固定资产投资额度的增幅等。分析东兴、凭祥沿边开发开放的现状，得出的预期结论是东兴、凭祥、靖西具备良好的发展沿边开发开放试验区的条件及基础。因此，分析过程中要利用沿边开发开放中的各项经济社会发展的相关数据，通过数理计算得出论证数据，对东兴、凭祥沿边开发开放试验区进行可靠的、客观的定量分析。定量分析之后，用定性分析的方法确定东兴、凭祥经济活动中各种发展经济要素间的相互联系。同时，引入民族学和经济学的定性分析，如人口较少民族的研究、经济特区政策的研究等。

3. 宏观分析与微观分析相结合

宏观分析主要从国家的西部大开发战略和"十三五"规划关于沿边开发开放试验区的政策的角度进行把握，通过对这些宏观战略和政策的研究，充分认识东兴、凭祥沿边开发开放试验区对于沿边经济社会发展的重要示范意义。微观分析，则从具体的战略载体出发，分析这一地区成为沿边开发开放试验区的先决条件和基础优势，并对这一地区未来的发展态势做出合理的预期，以期达到用微观个体的良性发展来佐证宏观决策的先导性、科学性和有效性。

二、研究重点

本书首先对沿边开发开放相关理论进行概述，通过对沿边开发开放的理论概述和实际发展历程进行梳理，结合当前的西部大开发进一步升级的时代背景，对沿边地区提升开放水平的发展道路进行深入思考。在此基础上构建沿边开发开放评价体系，为课题的框架建构形成理论依据和总体把握。然后对广西沿边开发开放的历史沿革和发展现状进行梳理和描述，并介绍目前沿边开发开放的新动态，从而分析东兴、凭祥沿边开发开放试验区进一步提升开放水平的可行性。因此，课题的主体部分也就是本书的研究重点，对东兴、凭祥沿边开发开放试验区进行分析，分别从外贸状况、产业发展和经济总量三个层面进行分析，通过具体和现实的成果展示沿边开发开放试验区带来的经济和社会效应。从国家战略意义的高度入手，对沿边开发开放进行评价，以国家战略的进一步升级为契机，总结东兴、凭祥试验区面临的困难与挑战，进而提出东兴、凭祥试验区进一步提升沿边开发开放的战略选择和建议。

三、研究难点

东兴、凭祥沿边开发开放试验区正处于起步阶段，在进行面向未来的战略构想时，由起步阶段走向成熟阶段时间跨度大，大概在起步阶段后的20 年，因此其战略具有一定的预测性。

本书最大难点在于新试验区研究资料的收集和把握。一方面，由于试验区刚设立，学界对该试验区的研究很难有可以对比的文献；另一方面，东兴、凭祥试验区打破了原有的行政区划，在新的行政区划下，各种经济数据的统计口径需要重新调整，调查资料涉及的部门和地区也更复杂。这些都在相当程度上加大了研究的难度。

四、研究创新之处

本书研究的创新与特色之处主要表现在以下三个方面：

（一）新的研究领域

沿边开发开放试验区的研究是一个新研究领域，之前的学术研究，或关注对广西沿边地区的一般性的开发开放研究，或侧重对内陆地区经济试验区的研究，本书将沿边地区开发开放的研究和经济试验区的研究结合起来，将关注的焦点集中在了广西沿边地区特定经济试验区的研究上，为东兴、凭祥推进沿边开发开放奠定了理论基础。

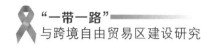

（二）新的研究思路

以往对广西沿边地区的研究，多强调国家宏观政策对该区域的影响，并要求广西沿边区域去迎合和适应国家的宏观政策，体现出一种国家"自上而下"的研究思路，而本书更多地从广西沿边开发开放试验区自身的经济特征出发，研究强调结合广西沿边开发开放试验区内生的经济特征，特别是跨国经济合作，国家应该制定有针对性的符合广西沿边开发开放试验区发展需要的经济政策的研究思路，是一种自下而上的研究思路。东兴、凭祥沿边开发开放试验区正处于起步阶段，试验区功能作用还有待进一步明确，试验的具体内容还有待去规划，去摸索。因此本书是对东兴、凭祥重点开发开放试验区建设方案进行理论上的探索，以期为其他相似沿边口岸城市的发展提供理论参考。

（三）新的研究视角

全面贯彻党的十八大和十八届三中、四中、五中、六中全会精神，深入贯彻习近平总书记系列重要讲话精神，按照"五位一体"总体布局和"四个全面"战略布局，贯彻落实创新、协调、绿色、开放、共享的发展理念，紧紧围绕"一带一路"建设和"三大定位"新使命，深入实施创新驱动、开放带动、双核驱动、绿色发展四大战略，以《西部大开发十三五规划》《北部湾城市群发展规划》《兴边富民行动"十三五"规划》等新的文件中所提出的深化对外开放水平、实现兴边富民这一国策的要求，对广西深化沿边开发开放经济带问题进行深入研究。"一带一路"高峰论坛举办后，"一带一路"步入务实发展阶段，这必将进一步的深化我国对内对外开放格局的形成，广西沿边地区开发开放和跨境自由贸易区建设进行研究，更符合新形势的要求。深入分析广西中越跨境自由贸易区的条件、机遇和挑战，从广西中越跨境自由贸易区的角度对广西沿边开发开放的建设提出了新对策。

五、技术路线

本书在分析沿边地区相关概念和特征、发展沿边地区经济的必要性和沿边地区发展战略的概念、特征以及制定过程基础上，着力分析广西尤其是东兴、凭祥发展现状、优势与劣势以及建设广西中越跨境自由贸易区发展的机遇和挑战，进而研究和确定出建设广西中越跨境自由贸易区未来发展的战略定位、战略指导思想、战略目标和战略重点，并提出建设广西中越跨境自由贸易区的主要战略措施。

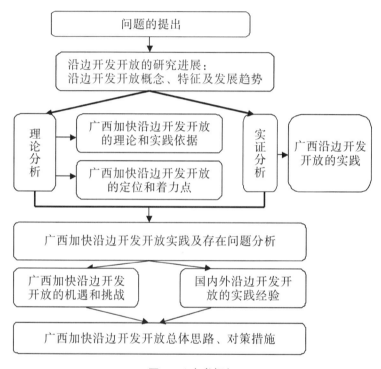

图 1-1　本书框架

因此，本书在结构上分为三大部分。第一部分为理论分析，从国家实施沿边开发开放的背景下，得出分析结论，有针对性地设置全书分析框架。通过对有关理论的回顾和总结，对沿边开发开放进行理论分析，并在理论分析的基础上分析我国沿边开发开放的历史过程，为下一步分析广西沿边开发开放试验区奠定基础。第二部分为广西东兴、凭祥沿边开发开放状况的分析，通过分析国内外沿边开发开放的探索实践及其经验，进而分析研究广西沿边开发开放取得的成效及存在的问题，主要运用定性分析的方法，从对外开放竞争力的决定因素方面来寻找广西沿边开发开放竞争力较弱的原因，分析建设广西中越跨境自由贸易区的条件、机遇和挑战。第

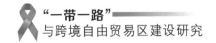

　　三部分为对策建议,面对东兴、凭祥沿边开发开放试验区建立的新形势,如何加快东兴、凭祥开发开放,在沿边开发开放基础上建设广西中越跨境自由贸易区提出总体思路和对策建议。

第二章　沿边开发开放的相关理论概述

第一节　沿边开发开放的理论依据

一、沿边开发开放的内涵

一般来说，沿边开放是指在独立、平等和互利的前提下，沿边地区积极参与国际分工和邻国与其他国家的合作，发展与各国的经贸关系以及其他关系。开放领域主要包括经济、科技、文化、教育、服务等全方位领域。与此同时，沿边开放还包括向国内开放。沿边开放新时期具有新的内涵。首先，边境贸易和沿边开放新形式——沿边经济技术合作的具有延伸性和扩展性的特点。其次，实现国家利益增长是沿边开放议题中应有的观点。最后，沿边开放带来的经济增长只是一种发展手段，而兴边富民则是其目的与核心思想。

二、沿边开发开放的理论依据

目前，我国对沿边开放体系的研究已有一定的基础，其相关理论主要有比较优势理论、区域经济一体化理论、区域分工理论、区域合作理论、地缘经济学相关理论、增长极理论和中国沿边对外开放理论等。

（一）比较优势理论

比较优势理论的代表人物是大卫·李嘉图，他是英国工业革命深入发展时期古典政治经济学的集大成者。比较优势理论的基本观点是：在国际贸易中，起决定性作用的不是绝对优势，而是比较优势，应该按照"两优相权取其重、两劣相权取其轻"的原则进行分工和贸易，即各国只有集中

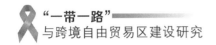

生产并出口具有"比较优势"的产品，进口具有"比较劣势"的产品，便可进行对外贸易，并从中获益和节约社会劳动力。比较优势理论解释了国际贸易的一般基础，标志着西方国际贸易理论的形成。直到今天，西方国际贸易理论仍然以比较优势理论为中心。比较优势理论的缺陷在于没有解释如何确定国际商品交易的价格，因此也就无法解释两国之间如何分配贸易利益。

（二）地缘经济学

地缘经济学主要研究经济与经济现象的时空关系及其运行机制和运行轨迹、地理位置的关系、地缘区位之间的相互作用及其对社会经济和文化的影响。在地缘经济中，地理因素是基本要素，国家的地理区位对国家的发展及其经济行为和战略选择会产生非常重要的影响。从地理角度来看，广西的东兴和凭祥试验区与越南接壤，并通过越南走向其他东盟国家，是连接中国和东盟的桥梁和通道。这种有利的区位条件为促进双方经贸合作提供了理论指导，对推动东兴和凭祥试验区的开放实践发挥着积极作用。

（三）发展战略理论

1. SWOT 分析的方法论研究

SWOT 分析方法作为一种战略决策分析方法，20 世纪 80 年代初由旧金山大学管理学教授韦里克提出。SWOT 分析即优势（Strength）、劣势（Weakness）、机会（Opportunity）和威胁（Threat）分析[①]。SWOT 分析是对研究对象的环境因素进行分析，是指通过分析研究对象在发展过程中的内部优势、劣势、外部机遇和威胁，以及基于科学分析的战略组合和战略选择，制定和采用相应的发展战略。美国管理学家迈克尔·波特在1985 年提出了基于 SWOT 分析的四种替代策略，即 SO 策略、WO 策略、ST 策略和 WT 策略[②]。本书的 SWOT 分析为东兴、凭祥沿边开发实验区的战略选择提供了科学的方法体系，构建东兴、凭祥沿边开发开放 SWOT 分析方法体系是进行其战略选择的前提。

---

①〔美〕哈罗德·孔茨. 管理学 [M]. 张晓君，译. 北京：北京经济科学出版社，1998：201-203.

②申彧. SWOT 分析在区域可持续发展定位中的应用 [D]. 厦门：厦门大学，2009.

2. 经济发展战略理论

20 世纪 80 年代初，我国著名经济学家于光远提出研究"经济社会发展战略"的倡议，他认为经济发展战略的内容应包括五个方面：经济社会发展战略的内涵；经济发展战略要解决的问题；制定经济发展战略的依据，即制定经济发展战略所必须依据的理论、历史及现实根据；经济社会发展战略的子战略，子战略与总战略之间的关系；正确确定战略目标、战略重点、战略步骤的方法。[①] 按照战略主体的不同，经济学界把经济发展战略分为国家发展战略、区域发展战略、部门发展战略和组织发展战略。[②] 本书中的"东兴沿边开发开放试验区战略"主要是指区域发展战略。经济发展战略所包含的内容为本书制定东兴沿边开发开放试验区发展战略提供了战略分析框架。

（四）区域经济一体化理论

1. 区域经济一体化的起源与发展

所谓"区域"，是指能够进行多边经济合作的地理区域，通常比主权国家要大。根据经济地理学的观点，世界可以分为多个区域，每个区域具有不同的经济特征。为了调和两地关系，倡导同一地区与其他地区的不同特殊条件，消除国境沿边经济交流的障碍，就出现了区域经济一体化的设想。"一体化"一词最初来源于企业的结合，可以理解为，采用适当的方法或措施，使两个或多个不相同、不协调的事项形成协同效应，以实现组织规划目标整合。

在国际领域，一体化指的是一些原本相互独立的主权实体在某种程度上逐渐合并为一个单一实体的过程。一体化过程不仅涉及国家间的经济，还涉及政治、法律和文化甚至关系到整个社会的融合，它是政治、经济、法律、社会和文化的综合互动过程。因为它涉及主权实体的相互融合，最终成为世界上具有主体资格的单一实体，它不同于一般的国家间合作，涉及的不仅仅是一般的国家间政治或经济关系。

---

①于光远. 战略学与地区战略 [M]. 北京：人民出版社，1985.
②张新宇. 经济发展战略内涵与模式演进 [J]. 环渤海经济，瞭望专题研究，2008（7）.

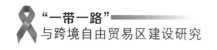

2. 区域分工理论

区域分工是指互相关联的社会经济体在地理空间上的分工，是社会分工的空间表现形式。区域分工的动力是经济利益，"比较优势"原理是区域分工理论的主体。自然资源禀赋的空间不均衡势必形成各个区域在经济发展中的互补性，这是形成区域分工的客观原因。

据崔公浩、魏清泉、陈宗兴的《区域分析与规划》的描述，区域是一个空间概念，是地球表面上占有一定空间的、以不同的物质客体为对象的地域结构形式。国家间的区域一体化即通过国与国之间的谈判将那些愿意参与一体化联盟的国家（地区）联系起来。而一个国家内部的区域经济一体化则是指两个或两个以上省市政府组成的以促进区域经济的发展，按照共同目标协调关系，寻求合作，全面管理区域公共事务，实现经济资源和社会资源的合理配置和利用，提供更好的公共服务，而形成的一种管理体制与运行机制。其最终目标是形成统一的区域社区和区域发展模式，其中垂直分工和横向分工并存。

区域一体化突破现有行政区划的限制，是一种广泛的公共治理，其核心在于通过共同利益的联系将地方政府之间的合作联系起来，包括行政、经济和机构三个层面的区域一体化。

区域行政一体化的基本内容一是区域行政的主体，二是区域行政的客体，三是区域行政的载体。

区域经济一体化体现在五个方面，即区域市场一体化、产业分工一体化、空间发展一体化、基础设施建设一体化和环境资源开发与保护一体化。其中，市场一体化是基础，产业发展一体化是具体体现，空间发展一体化是空间载体，基础设施建设和环境资源开发与保护一体化是条件和保障。这五个方面相辅相成，共同构成了区域一体化发展的主要内容和目标。

机构区域一体化的主要特征和功能一是就合作（或一体化）的重要性达成共识，二是高效、及时地获取和相互传递信息，三是开辟实质性政策协调的可能途径（例如外交政策等）。目前，制度区域一体化的概念已逐渐被广泛采用。总之，区域经济一体化的基本特征主要体现在六个方面：一是城市体系与城市布局的一体化，二是基础设施和环境保护的一体化，三是要素市场与产品市场的一体化，四是产业结构与产业布局的一体化，五是经济运行与管理机制的一体化，六是体制框架和政策措施的一体化。

3. 区域经济一体化的内涵

世界区域经济一体化在发展中已经形成了一套完善的理论体系，包括要素市场一体化和政策一体化。近年来，区域经济一体化理论的新发展更加赋予了其理论的综合性和多学科的特点。区域经济一体化是建立在一个开放空间系统中，生产要素充分自由流动的机制，从而实现生产要素的最优配置，提高区域整体经济效率，包括产品市场、生产要素（劳动力、资本、技术、信息等）的市场，以达到统一经济政策的逐步完善。区域经济一体化有两个不同的层次的含义，即一个国家内某些区域的一体化和不同国家之间的一体化。本书中的区域经济一体化是指一个国家内经济区一体化。

4. 区域一体化是市场经济规律作用的结果

第二次世界大战之后，作为国际经济发展趋势的区域经济一体化对世界贸易产生了深远的影响。区域经济一体化是指两个或两个以上国家政府在地理位置上或通过某些政府协议形成的超国家共同组织，制定统一的对外贸易政策，消除它们之间的贸易壁垒，实现协调发展、资源优化配置和互惠互利，以获得经济集聚效应和互补效应。北美自由贸易区和欧盟的形成是区域一体化的具体实践提升了有关国家的政治和经济地位，增强其国际竞争力。21世纪经济全球化和一体化最明显的表现是"割裂开来的经济体正以市场经济的方式重新整合和配置"。世界上任何地区都不可能独立于其他地区发展，地区应该互补发展。地区之间的竞争将反映在区域一体化的过程和水平上。在全球化背景下，世界经济的发展和各国之间的竞争更加集中在各国特定区域的竞争水平上。国际区域一体化理论主要关注世界各国的区域一体化，但缺乏对主权国家区域经济一体化发展的相应指导。

所谓国内区域经济一体化，是指通过建立某些组织和签订相应协议，或通过某种方式组成联合体，形成统一的区域经济组织，实现资源的合理配置和合理产业分工，促进区域内部生产要素自由流动，加快各行业的重组与整合，实现区域经济一体化与合作，形成统一的区域经济组织，共谋经济效益。其实质是打破行政区划界限与传统体制之间的制度平衡，从自身的比较优势和竞争力出发，结合本区域特点，统一规划布局，统一组织

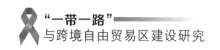

专业化规模化生产，建立统一协调的大市场，形成经济联盟和利益共同体。

在我国，区域经济一体化越来越受到各级政府的重视。在经济发展过程中，由于各地区资源、资金、生产技术、熟练劳动力等各种生产要素的限制，如果各地区同时发展，各种资源的利用效率将会降低，导致经济效益整体下降，使各地区都难以发展。因此，利用早期发展中已经积累的优势，结合实际发展规划，进行投资安排，优先发展这些具有强大增长力的核心区域，以求较好的经济效应和较快的增长速度，并通过扩散效应推动其他邻近地区的发展。改革开放以来，随着我国社会经济的快速发展，特别是具有中国特色的社会主义市场经济体制的建立，我国区域经济的联系越来越紧密，区域合作的范围和领域不断拓展，合作规模不断扩大。近年来，中国区域经济一体化的步伐明显加快。北部湾经济区、珠三角经济区、海西经济区、长三角经济区、武汉经济区、江苏沿海区，包括辽宁沿海区域和滨海新区在内的环渤海区域、黄河三角洲区域，再加上山东"蓝色经济区"，我国沿海地区开始了新一轮的区域整合。我国的区域经济发展迎来了一个崭新的时期。各地区都希望通过加快区域经济一体化建设来争得中国经济新的增长极。

中国与沿边国家边境贸易和经贸合作的发展，是推动我国与沿边国家区域经济一体化进程的重要形式，可以促进区域经济一体化的发展。中国沿边地区和沿边国家具有区域经济一体化的基本特征和条件，如对外开放的经济政策和民族血缘关系等，为中国沿边地区与沿边国家的经济一体化奠定了良好的基础。广西沿边地区具有区域经济一体化的基本特征和条件，即地理位置与邻国接近，实行对外开放的经济政策。区域经济一体化理论为广西东兴、凭祥沿边开发开放试验区模式的创新提供了理论支持。

（五）增长极理论

首先提出增长极这一概念的是佩鲁（Francois Perroux），佩鲁在1961年发表的文章《区域推进型企业和推进型区域》中明确提出"增长极是在特定环境中的推进型单元"[①]。增长的极定义是：交通、能源、信息等供应

---

①〔法〕弗朗索瓦·佩鲁. 增长极概念 [J]. 经济学译丛，1988（09）.

体系相对完善，主导产业明确、与沿边地区产业关联度大，资源禀赋高、经济要素流动性强，经济发展潜力大，在区域竞争中具有明显比较优势的中心地域。

考察增长极的形成条件，一方面要分析增长极形成的内生驱动力和主导力。另一方面还应该关注形成增长极所需的市场环境、区位特征和政策支持等外部条件①。综合起来，这些条件一是新兴企业和关联度高的出口导向型产业；二是新兴企业和产业集中带来的规模经济；三是市场发育程度、基础设施和政策环境；四是历史条件、区位条件和资源禀赋条件。增长极的影响效应包括显性效应、乘数效应、极化效应和扩散效应。区域增长极的形成是该地区人口、资本、生产、技术和贸易高度集中和发展的结果。通过增长极的极化和扩散，不仅启动了增长极本身的发展，而且推动沿边腹地的发展。特别是极化效应是由相关利益推进型产业的发展，产生了对周围生产要素的吸引力和向心力，使沿边地区的生产要素转移到核心区域，从而减少了沿边地区的发展机会，使增长极核心地区与外围地区的经济社会发展距离拉大。这种效应称为极化效应②。由于区域增长极的驱动力通过一系列联动机制不断将扩散效应扩散到周围腹地③，其结果是促进沿边腹地的经济增长，并通过区域增长极中的推动性产业与其他被推进型产业的前向关联、后向关联和旁侧关联，对沿边腹地产生乘数效应，从而促进整个地区的经济发展。

（六）中国沿边开放势差论

内陆沿边地区对外开放发展边境贸易的能量源，借用物理学势能的概念归结为一种势差，这种势差就形成了势差论。其主要观点如下：

1. 经济结构差。国内相邻地域的经济结构均具有相关性和渐变性，用数学语言表述则具连续性，而邻国沿边地区的经济结构则构成断带即非连续性，故其经济结构差所具有的潜在势能较之国内不同地区间的经济结构所具有的势能要大得多。

2. 商品价格差。相邻国家沿边地区，因受自然、政治和经济因素的影

---

① 颜鹏飞，马瑞. 经济增长极理论的演变和最新进展 [J]. 福建论坛（人文社会科学版），2003（1）.

②③孙久文. 区域经济学 [M]. 北京：首都经济贸易大学出版社，2010.

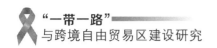

响，长期的地域相对封闭造成很大的商品价格差。

3. 科技工艺差。我国沿海对外开放面对的是经济发达国家，其目的是吸引其资金和技术。而沿边对外开放的对象多数是经济不发达国家和地区，故资金与科技工艺互补性很强。这种互补性使我国一些沿边地区对外形成明显的科技工艺正势差，可向国外输出一部分科技工艺。

4. 地理景观差。在我国拥有2.2万公里边界线的九省区及其比邻国家，因其自然、历史、社会、经济、文化因素的地域差异而形成独具特色的自然景观和人文景观，这些丰富的自然和人文旅游资源，为发展沿边地区的服务贸易——沿边跨国旅游业，形成得天独厚的条件，因而形成发展沿边服务贸易的地理景观差。

5. 习惯观念差①。这为我国沿边地区发展对外贸易的原因及由此产生的发展边境贸易的优势提供了理论依据。

（七）沿边开发开放与跨境自由贸易区

自由贸易区的定义相对宽泛。从宏观角度来看，GATT（《关税及贸易总协定》）第24条第8款解释说，自由贸易区是由两个或两个以上的关税领土所组成的一个对这些组成领土产品的实质上所有贸易取消关税和其他贸易限制的集团，如中国—东盟自由贸易区、中韩自由贸易区等。从狭义上讲，自由贸易区也被称为自由贸易港区或自由经济区。它指的是主权国家或地区关税区以外的区域，该区域被指定免除其全部或大部分进出口商品的关税，并允许在口岸或地区内免费储存、展示、加工和制造商品，促进区域经济和对外贸易的发展。通常建立在口岸的口岸区域或与口岸相邻的区域。它实际上是采用自由港政策的关税隔离区，包括出口加工区、自由港、转口贸易区等，如国内的中国—上海自由贸易试验区。跨境自由贸易区特指两个或两个以上的关税领土在沿边邻近地区，建立互相连接的自由贸易区，在区内实施特殊的自由贸易政策，实现无缝对接的跨国关税隔离区。跨境自由贸易区的建设是沿边开发开放的加深。中越跨境自由贸易区的建设以广西沿边地区的开发开放为基础，中方首先争取中央政府给予广西先行先试权，促进东兴、凭祥的开放和创新，以期获得中国沿边开发

---

①于国政. 中国沿边贸易地理 [M]. 北京：中国对外经济贸易出版社，1997：25-30.

开放的升级版，进一步促进中越跨境自由贸易区的发展。

（八）"一带一路"推进沿边地区开发开放步伐

为加快沿边开放步伐，发挥沿边重点地区对推进"一带一路"建设的重要支撑作用，打造全方位对外开放新格局，2016 年 1 月，国务院印发了《关于支持沿边重点地区开发开放若干政策措施的意见》（国发〔2015〕72号）。① 共建"一带一路"是习近平主席向沿线国家提出的重大倡议，是我国当前和今后一段时期对外开放和对外合作的重要方面，旨在促进经济要素有序自由流动、资源高效配置和市场深度融合，推动沿线各国实现经济政策协调，开展更大范围、更高水平、更深层次的区域合作，共同打造开放、包容、均衡、普惠的区域经济合作架构。中央政府与有关部门积极推动"一带一路"建设，加强与沿线国家的沟通磋商，促进与沿线国家的务实合作，制定颁布了《推动共建丝绸之路经济带和 21 世纪海上丝绸之路的愿景与行动》，实施了一系列政策措施，如推动亚洲基础设施投资银行筹建，发起设立丝路基金等，这些都为沿边重点地区发挥其独特的区位优势、人文优势，加快开放合作发展步伐提供了前所未有的重大发展机遇。

第二节　国内外研究现状

一、国外研究现状

在国外，关于如何发展沿边地区的研究很少。相关研究主要集中在沿边地区的区域经济一体化与经济合作和经济发展方面。在经济全球化和区域经济一体化的背景下，M. Wegener 和 K. R. Kunzmann 在 20 世纪 90 年代研究了跨国网络城市体系。他们认为，由于产业结构的空间整合，大都市区应以全新的区域空间组织的形式成为全球经济发展的核心。富田禾（1995）对日本城市群的第三产业、消费、人口以及中心地区的等级和功

---

① 国家发展改革委、商务部有关负责人就《国务院关于支持沿边重点地区开发开放若干政策措施的意见》答记者问〔EB/OL〕. 2016-01-11.

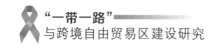
能进行了研究。Jorunn Sem Fure（1997）从政治学的角度研究了德国与波兰沿边城市的发展，认为双边政治因素是影响沿边地区发展的最重要因素。Joachim Blatter（2000）提出，政府间和非政府间的跨专业协会体制安排会受到跨经济合作的积极影响，并通过将欧洲康斯坦茨地区的沿边经济合作为例加以说明。Gordon H. Hanson（2001）研究了美国和墨西哥在国际社会和经济一体化进程中对运输成本造成的跨境经济合作的阻力，并以美国和墨西哥的沿边城市两两对比分析。L. Alan Winters 和 Maurice Schiff（2002）指出，各国之间的沿边经济合作将不可避免地受到邻国的诸多因素的影响，如邻国的政策安排、民族文化传统、历史演变、公共产品（水资源、基础设施、环境和能源）和相互信任等。

在与沿边开放相关的经济地理学研究中，大多数国外学者认同传统的区位理论，即边界作为两个国家或地区之间的分界线，对经济的出口导向型发展具有屏蔽性的负面影响。国外学者对边界效应的研究分析主要通过数学模型的构建来进行，并且深入讨论了边界经济发展的阻碍程度问题。随着经济全球化和区域一体化的加速，边界效应的研究开始有了新的发展。克里格曼（1991）提出沿边地区可以在一体化过程中聚集生产要素，影响贸易成本，从而形成沿边地区的经济增长点。在这一新经济地理学的基础上，许多外国研究都集中在沿边地区如何对经济产生积聚效应，以及沿边地区一体化合作如何转化等问题上。在中国积极参与世界经济和对外开放的背景下，国外学者对中国在亚洲的地缘经济特别是参与东盟区域合作进行了相关的理论探讨。尼斯劳（2006）在经济全球化的大背景下，结合金融危机的影响，对中国与东亚地区的经济合作做了分析，认为中国的经济开放与合作将成为未来东亚经济的新增长点。

大多数专家学者是赞成用增长极理论来解释的。杜能（J. Thunen）是第一个用科学的区位理论解释空间经济活动规律的经济学家。他的《孤立国同农业和国民经济的关系》（1826 年）一书，试图通过成本来探讨农业配置区域差异——这种探讨可视作是区位经济理论的萌芽。龙哈特（W. Launhurt）和韦伯（A. Weber）则从工业区位角度来考察空间经济活动，并提出了工业区位理论。这一理论强调运输、劳动力费用和要素集聚等在工业经济区域配置的作用和影响。经济增长极理论的产生与古典区位理论的不断发展密不可分的[1]。

在 20 世纪 40 年代末和 50 年代初，西方经济学界发起了一场关于国家的经济是基于平衡增长还是不平衡增长的激烈讨论。著名的法国经济学家弗朗索瓦·佩罗克斯（Francois Perroux，1950）在《经济空间：理论的应用》和《略论增长极的概念》（1955）等著作中首次提出以"增长极"为标志，以"不平等动力学"或"支配学"为基础的不平衡增长理论。其出发点是抽象的经济空间，以部门分工所决定的产业联系为主要内容。[2] 法国经济学家布代维尔（J. R. Boudeville）是最早将佩鲁的增长极概念地理化。他认为，经济空间不仅包括经济变量之间的结构关系，还包括经济现象的位置关系或区域结构关系。强调了增长极产业的"极化效应"，即推进型产业的建立或产品的增加会导致原区域中未曾配置的其他产业活动的出现[3]。

瑞典经济学家缪尔达尔（G. Myradal）对增长极理论的发展做出了重要贡献。他在《经济理论和不发达地区》（1957 年）和《亚洲戏剧：各国贫困问题考察》（1968 年）等著作中，使用了"回波"和"扩散"的概念[4]。德国经济学家赫希曼（A. O. Hirschraan）在产业经济理论意义上的阐释进一步深化了增长极理论。他在其代表作《经济发展战略》（1958 年）中写道："经济进步并不同时在每一处出现，而一旦出现，巨大的动力将会使得经济增长围绕最初出发点集中"[5]。

美国城市和区域规划师约翰·弗里德曼（John Friedmann）在他的代表作《极化发展的通论》（1972）一文中，试图将极化发展理论思想提炼为一种普遍适应于发达国家与发展中国家空间规划基础的"通论"。这种"通论"实际是建立在其"核心—外围"理论模式的基础之上[6]。发达国家

①颜鹏飞，马瑞. 经济增长极现论的演变和最新进展 [J]. 福建论坛，人文社会科学版，2003（1）.

②〔法〕弗朗索瓦·佩鲁. 增长极概念 [J]. 经济译丛，1988（9）.

③刘增荣. 区域经济系统论纲 [M]. 北京：科学出版社，2011.

④高洪深. 区域经济学 [M]. 北京：中国人民大学出版社，2010.

⑤〔德〕赫希曼，经济发展战略 [M]. 曹征海，潘照东，译. 北京：经济科学出版社，1991.

⑥聂华林，李泉，杨建国. 发展区域经济学通论 [M]. 北京：中国社会科学出版社，2006.

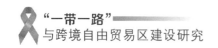

和发展中国家这种"一般理论"实际上是基于其"核心—边缘"理论模型。进入 20 世纪 80 年代后，国际经济区域内的资源整合力度不断增加，区域一体化趋势明显加快。作为区域发展中最重要的理论之一的增长极理论也得到了延伸和扩展。由此产生的政策主张进一步得到了完善，主要体现在：（1）梯度推移理论。梯度推移理论基于弗农（Vernon）等人对"工业生产的生命循环论"① 研究基础之上的。区域经济学者通过研究区域产业周期，将生命周期理论应用于区域产业发展过程。他们认为某一地区产业结构的优势和劣势及其转移是区域经济发展的决定性因素之一，而该地区主要专业部门的产业生命周期所处的阶段直接决定了该地区产业优劣。此外，根据梯度理论，日本学者赤松（Kaname Akamatsu）提出雁行模型。他根据战后不同亚洲国家的经济发展水平和产业现代化水平，将日本、亚洲、东南亚诸国、中国等国家列为不同的发展梯度，生动地将它们描述为第一、第二、第三、第四批大雁，并将其命名为雁行模型。（2）点轴发展理论。沃纳·松巴特（Werner Sombart）等人提出了增长极可由点到线，进而演变为增长轴的点轴开发理论②。

综观国内外的研究，可以将对沿边地区经济发展和经济合作的影响归纳为两个方面。一方面，它是两个经济区域系统之间的分界线，是国家对外经济贸易政策的集中体现。例如，关税和非关税贸易壁垒的建立是为了保护国家产业和国内市场，设置沿边两侧不匹配的基础设施、不同的海关规则、语言与文化的差异以及信息传递障碍，以限制跨境生产要素的商品、服务和资本的自由流动，阻碍各国之间的经济联系，降低资源配置和市场利用的效率；另一方面，沿边地区经济合作的参与者都是边界两侧地理空间狭小的地区，边界不仅是经济区域的分界线，也是当前经济全球化和区域经济集团背景下各国经济交往的接触面，沿边带来的经济合作机会使边界两边的区域经济交流具有天然优势。

一方面，在边界开放条件下，沿边地区的经济得到发展。企业是区域经济活动的主体，经济活动的内在联系及其区位选址往往是区域经济发展

①聂华林，李泉，杨建国. 发展区域经济学通论［M］. 北京：中国社会科学出版社，2006.

②周茂权. 点轴理论的渊源发展［J］. 经济地理，1992（2）.

的初始动力。区位理论作为区域经济学的理论来源，主要研究经济活动的空间组织规律，特别是企业区位选择在促进区域经济发展中的作用。定位理论认为，边界的内在本质限制了市场的扩张，扭曲了中心市场的空间组织，大大降低了企业的市场潜力。因此，企业倾向于选择在远离沿边的国家经济中心投资建厂，导致沿边地区经济活动密度稀疏。另一方面，在开放边界的情况下，考虑到运输成本对企业选址的影响，沿边地区由于消除和减少贸易壁垒和低进入，已成为企业的有利选址区域，因其成本接近邻近市场。新经济地理学从开放边界对经济活动空间调整的角度分析了经济一体化对沿边地区经济发展的影响。企业和劳动力的区位决策导致空间均衡，劳动力和企业的空间均衡取决于向心力和离心力。如果向心力占上风，将出现经济活动稀疏的边缘区。空间均衡的离心力来自相对稀缺和不可流动的生产要素，无法进行运输的商品和聚集的外部经济。在边界封闭的经济体中，经济活动的区位取向是向内的；但在边界开放的经济体中，经济活动的区位取向则是向外的。在这种情况下，国内市场的重要性降低，国内市场原有中心区域对企业的吸引力降低。这可能导致企业从原来的中心市场区位搬迁到新的区位，从而重新调整国家的经济活动。新经济地理学的市场潜力模型认为，在一个边界对贸易和要素流动没有任何阻碍作用的极端情况下，从大尺度区域的角度来考虑沿边区，则可以将其看成是中心区，这要求有效的跨边界的前后向联系。换句话说，贸易自由化和经济一体化倾向于将沿边地区从国内边缘区转变成大尺度区域共同市场的中心区的倾向。沿边地区的经济发展和经济合作受边界的影响很大。关于如何减少边界的显性和隐性效应已经有很多研究。从目前的研究成果来看，各国之间的协调机制有利于减少边界的显性影响，而网络建设和制度安排对减少边界的隐性影响起着重要作用。

二、国内研究现状

目前，在学术界，对我国沿边地区的发展已经有了一定数量和深度的研究积累，主要表现在专注于基础理论研究。周四成（2002 年）研究分析了中国区域经济发展战略的演变过程，并充分展示了以往战略模式的成果，结合我国区域经济发展的现状，借鉴国外区域经济发展的成功经验，探讨了新形势下中国东、中、西部地区协调发展的对策及实施西部大开发

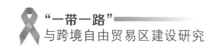

战略的新思路。宗文（2004）运用区域经济理论，以县域经济为研究对象，重点分析了区域经济的基本理论和发展趋势，探讨了我国中西部地区县域经济发展中存在的问题及原因。罗贞礼（2007）提出了边缘地区经济发展的基本问题，在边缘地区可持续发展、资源开发和土地利用管理研究的基础上，分析了边缘地区产业结构的调整和优化方法。

（一）中国沿边开放的研究

对中国沿边开放的总体性研究。程云川《中国沿边开放的态势与前景》、崔玉斌《我国沿边开放的回顾与展望》、付卡佳《沿边开放与城市发展》、张国坤《中国沿边口岸体系研究》等提出我国沿边开放进入第二轮发展态势，并对沿边开放的特点、沿边开放城市功能、沿边开放对于区域经济发展的作用以及沿边开放对策建议等问题都进行分析研究。

中国沿边开放模式研究。张丽君《毗邻中外沿边城市功能互动研究》（中国经济出版社，2006年版）首先讨论了沿边城市的形成历史、功能和模式选择、邻近城市功能互动。然后选择四组中越沿边城市来分析互动的条件和可能性。崔玉斌的《我国沿边开放和沿边经济区的发展及建议》和《提升沿边开放水平的对策思考》都对沿边开放模式进行了深入探讨，提出新时期应创新沿边开发开放模式，重点是建立以国际区域合作为重点的开放模式，包括建设自由贸易区、跨国经济合作区、出口加工区和其他经济特区。经过40多年的改革开放，虽然中国沿边地区贸易规模不断扩大，但在发展速度和效益方面仍然远远落后于沿海地区的国际贸易（杨晓娟，2013）。通过促进西部大开发、促进兴边富民工作、沿边次区域经济合作安排，影响边境贸易发展的负面屏障因素越来越少（廖乐环，2011）。但由于缺乏将各种积极因素有效整合的综合机制，各种中介效应因素无法得到充分发挥，边界效应仍然很高，边境贸易增长乏力（胡超，2009）。长期以来，沿边地区的产业主要是自然资源，产业结构调整缓慢，产业竞争力不足（李朝辉，邓翔，2011；黄晶晶，2010）。在东部沿海地区进行制造业产业转移的过程中，沿边地区的表现也不尽如人意，并没有赢得东部沿海地区产业转移的"青睐"（李亚，傅润敏，2010；刘尔思，2011）。沿边地区的产业承接具有明显的粗放型、被动性和无序性，产业集聚严重缺乏，进而引致沿边地区经济开放滞后（范建勇，2004；郭丽娟，邓玲，

2013）。如何充分利用我国沿边和少数民族地区的地缘优势，加大沿边地区的开发开放力度，实现沿边地区的稳定与发展，是推动"一带一路"战略实施的重要保障（林文勋，2015）。"一带一路"的战略构想首先对西部地区尤其是沿边省区的发展来说具有重要意义，不但使沿边省区从物流的"末梢"变为"前沿"，也使它们从边远省区一跃而为"区域中心"（吕文利，2015）。"一带一路"规划的战略布局，使我国民族地区从边缘地带一跃成为面向中亚、西亚和东南亚地区对外对内开放的桥头堡，成为基础设施互联互通、能源基地建设的重点地区，成为国家构建全方位开放格局的前沿地带（蒋利辉，2015）。现代化的沿边治理可以有效地实现中国东部与中西部、内地与沿边以及中国与中亚、欧洲之间治理理念、治理体系与治理能力的有机衔接，从而形成"一带一路"战略实施的重要支撑（姚德超，冯道军，2016）。

（二）民族地区沿边开放的研究

由于我国沿边地区多为少数民族聚集地区，因此对于民族地区的沿边开放研究成果较多。

1. 对广西沿边地区开发开放战略的研究

由国家民委发起编写，葛忠兴主编的"兴边富民行动"文集《兴边富民行动》（1—4辑，2004年版）收集了中国西部大开发的系列文章，其中包括有关沿边发展战略的文章，介绍了相关政策和广西、云南、内蒙古、东北三省和西藏的实践经验。黄启学在《广西兴边富民研究》中，论述了广西兴边富民行动对沿边开发优势资源和促进边境贸易的积极作用及其需要解决的问题。区济文《桂西南经济发展战略研究》对发展边境贸易的调查并提出了相关对策和建议。但总体上未能对沿边发展战略进行宏观分析，还需要结合国际形势和全国的发展进行新的研究。郭承民硕士论文《满洲里国际化发展战略研究》通过SWOT分析沿边城市满洲里的国际化发展，进一步构建了其发展模式和战略。何五星《对民族地区沿边开放战略的构想》，对为西部民族地区开放提出了相关建议。

2. 对西部沿边城市的发展进行研究

王延祥、张立军的《西部沿边城市发展模式研究》讨论了西部少数民族地区经济发展的概况、沿边开放背景下的城市以及沿边城市的起源和发

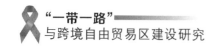

展；并通过纵向和横向的比较，结合沿边城市发展的实际情况，提出西部沿边城市发展的新模式，即根据沿边口岸城镇的功能定位来决定口岸城镇的规划布局和产业建设。张卉硕士论文《西部毗邻中外沿边城市地缘经济效应研究》分析了西部毗邻中外沿边城市的地缘经济效应，并指出与其他国家沿边城市的地缘合作是一体的。

已有的研究成果为本书的进一步深入研究提供了理论框架和基本内容。现有对沿边开发开放的研究多是一种普遍性的研究，不能突出某一区域的特点。因此，本书的研究为东兴试验区推进沿边开发开放打开了一定的思路。

3. 沿边地区发展战略和趋势的探索

结合某一特定的地区从不同角度对其发展战略进行研究分析。张丽君（2006 年）分析了毗邻中外国家沿边地区开展区域经济合作的态势，提出中外沿边城市功能互补问题，并在介绍沿边城市功能和经济合作模式的选择的基础上，又实证分析了满洲里和后贝加尔斯克、二连浩特和扎门乌德、瑞丽和缅甸木姐、中国凭祥和越南谅山等沿边城市间的发展情况和合作前景。郭承民（2006 年）结合我国宏观经济政策，采用战略管理理论，在中俄、中蒙贸易常规化发展的大背景下，以满洲里之沿边口岸城市的国际化发展战略作为研究对象，在对满洲里发展的内部外部环境以及相关因素进行分析的基础上，结合满洲里自身的资源禀赋和区位优势，客观地分析了满洲里经济社会目前的发展情况，明确提出了满洲里国际化发展的战略目标以及实现的对策。王迪（2010 年）将区域经济发展相关理论研究与佳木斯市产业发展实践相结合，提出了发展生态旅游业、绿色农业、和资源回收产业的发展战略，寻求佳木斯市经济持续发展的途径。沉恒（2010）对广西防城港市目前的产业发展状况进行了研究和分析，并从其独特的地理位置环境因素入手，分析了沿海和沿边城市产业发展的优势和条件，大胆探讨了未来的发展趋势。罗明义、徐南媛、朱晓辉（2010）研究了沿边地区旅游业发展的新模式，论述了沿边地区旅游业改革发展的背景和现状，提出了沿边地区旅游业改革发展的布局和建设重点，实证分析了保山腾冲旅游业改革的发展战略和总体规划。任志华（2011 年）在借鉴国内外城市群发展的研究经验的基础上，对黑龙江沿边开放带的发展战略运用 SWOT 的方法进行研究分析。魏格坤（2016）从区域一体化背景出发，对建设东西部综合交通走廊、建设珠江—西江经济带和海上丝绸的桥头堡等进行考察，指出这是中国促进区域均衡发展的主要体现，也是中国跨省区域发展模式的新探索。张鑫、朱春燕（2016），沿边地区经济开发开放是我国构建全方位开放格局的重要组成部分，而加快沿边地区产业集聚和打造沿边特色产业经济带是沿边开放发展的重要举措，中国南宁至新加坡经济走廊南崇经济带是我国西南地区沿边开放的重要支撑经济带。任保平（2015）文章谈到，习近平主席指出，丝绸之路经济带的建设要以点带面，从线到片，逐步形成区域大合作，丝绸之路经济带是一个长期战略，从实施的重点和时序来看，首要的是积极参与并推动区域经济一体化。王军等（2015）提出将新疆沿边经济带作为我国"丝绸之路经济带"战略的重要支撑点、推进向西开放的前沿地带、保障国家安全的战略屏障、各民族团结和共同发展繁荣的示范区。

改革开放以来，国家实施支持中西部地区的经济发展的政策，随着西部大开发特别是兴边富民行动的开展，沿边地区的经济获得了快速发展，极大地改善了沿边地区少数民族的生活和经济状况。沿边开发开放的实施有着内在的学术理论性，国外的研究则主要集中在边界效应上，而国内的研究则主要集中在国家政策的准备、实施和论证上。

柯思乐（2007）认为，从边界集聚效应、政府政策和经济合作模式等方面可以讨论中国与东北亚的能源合作。沿边开放的初始形式主要是边境贸易，其研究还侧重于贸易政策开放的研究。根据国内外的研究情况，开放程度主要取决于对外贸易的依赖程度，即对外贸易在国内生产总值中的比重，从而反映出该国或地区的整体经济的开放程度。这也是国内学者用来衡量对外开放程度的重要指标。陈耀庭（2000）在分析对外贸易和外资依存度的基础上，对中国与其他国家的开放程度进行了比较研究，提出经济开放的主要指标应注意其经济开放度的合理性、开放性。黄繁华（2001）[1] 从中国对外贸易和对外投资入手，对中国商品和服务贸易的直接和间接投资进行了测算，从而对中国的经济开放做了系统的总结。李毅（2008）用案例分析和比较分析对包括中国在内的 15 个国家的国际贸易，国际金融和国际投资进行了深入分析。

---

[1]黄繁华. 中国经济开放度及其国际比较研究［J］. 国际贸易问题，2001.

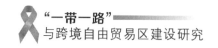

由于边境贸易已成为沿边开发开放的主要形式，从对外贸易到边境贸易的讨论，开始成为国内学者关于沿边开发开放的研究重点。黄平晃（1998）① 回顾了新疆边境贸易的发展，指出边境贸易产业结构不合理、边境贸易规模小、边境贸易单一等问题。庞英（2004）通过构建计量经济模型，从进出口贸易和对外直接投资两个方面，对西部地区的对外贸易和经济增长进行相关指标对比，科学分析对外贸易对西部经济的重要影响，指出西部省区应充分利用沿边区域优势进一步发展边境贸易。涂玉春（2005）从少数民族地区沿边地区开放的角度出发，采取区域经济和国际贸易理论，从目前西部民族地区开发开放的战略重点和主要措施等方面论述了西部沿边开放的重要意义。

随着沿边开发开放政策的实施与不断推进，更多的国内学者开始关注沿边地区对外开放的现状分析，总结相关政策对沿边开发开放的影响。杜发春（2000）② 对中国沿边地区的发展和现代化建设进展进行了概括分析，他认为在沿边地区开发开放是发展和改善沿边少数民族地区经济的重要途径。在文中，他还提到中国西部大开发战略的实施、加入 WTO 的现实背景对中沿边开放的深刻影响。杨筠、杨兴礼（2003）从中国沿边开放现状进行了全面的分析，发现沿边开发开放中存在的主要问题，强调沿边开放对国家安全和战略部署具有深远的影响。商庆军（2005）对中国沿边开放现状进行了详细描述，总结了沿边开发开放的创新形式和特点。他认为在开放内容、开放区域、开放形式各方面都应该强调统筹城乡发展，制定与沿边地区相适应的发展政策，以战略眼光实现中国全方位对外开放的目标。张丽君（2010）等人对中国以往沿边开放政策进行了梳理归纳，从经济和社会方面对政策实施效果进行了总体评价。吴建国等（2010）从"兴边富民"的角度对沿边开发开放进行研究，进一步强调对沿边地区的重要意义，对沿边开发开放的具体问题和任务进行了分析，最后提出具体的政策建议。

国家发改委、外交部、商务部（2015）结合共建丝绸之路经济带和21世纪海上丝绸之路的愿景与行动，进一步的明确了对广西衔接"一带一

---

① 黄平晃. 抓住大开发基于促进新疆外经贸发展 [J]. 新疆财经，2002 (5).
② 杜发春. 沿边贸易与沿边民族地区的经济发展 [J]. 民族研究，2000 (1).

路"重要门户的战略定位。黎攀、罗猛、魏恒（2015）深刻领会总书记"一带一路"新的战略定位，认为广西要实施更加积极主动的开放战略，构建更有活力的开放型经济体系，扩大和深化同东盟的开放合作，构筑沿海沿江沿边全方位对外开放平台，在开放中加强交流与合作，在竞争中争取先机和主动。邢广程（2015）认为"一带一路"建设中，西南地区主要指广西壮族自治区、云南省和西藏自治区。黄志勇、颜洁（2014）呼吁广西应不失时机地实施以开放为主导的跨越式发展战略，走后发跨越发展新路子，加快把广西建设成为中国西南中南地区开放发展新的战略支点、21世纪海上丝绸之路新门户新枢纽、中国—东盟合作高地，形成海上丝绸之路与丝绸之路经济带有机衔接的重要门户。宋泽楠（2015）在分析广西开放型经济的发展历史和现状的基础上，提出"一带一路"背景下广西开放型发展的政策建议。颜艳（2015）认为新形势下，广西积极参与 GMS 经济走廊建设对于进一步扩大我国对沿边国家和地区的辐射力和影响力，推进形成以我国为龙头的国际区域分工合作体系具有重要的战略意义；曹冬英（2015）提出为推进"一带一路"战略的全面实施及广西区与东盟国家的深度合作，采用 SWOT 分析法对广西区在"一带一路"战略中的优势、劣势、机会和威胁展开全面分析，并在此基础上探究广西区在这一战略实施过程中的发展途径。

针对经济发展现状的分析与对政策的整理，国内学者借鉴经济理论将沿边开发开放的研究落脚在发展战略上。李澜等（2001）着重分析了中外沿边城市的功能互动，对比分析了中国少数民族地区经济发展，将沿边城市的发展模式和与毗邻国家沿边地区的经济一体化发展作为主要的发展战略。苏真（2006）认为中国西部沿边地区作为少数民族聚居区域，应充分利用沿边的区位优势和国家的政策优势，借助泛珠三角建设、东盟合作等机遇积极构建与沿边国家良性互动的经济发展模式。李世泽（2007）总结了泛北部湾经济合作的模式特点，认为沿边地区的经济合作应该充分考虑其经济、政治等战略地位，不断拓展开放式的合作。

随着经济全球化和区域经济一体化的迅速发展，跨界经济合作区悄然兴起，成为区域经济合作的重要形式。跨境合作区是指相互接壤的国家或地区，在形成合作共识的基础上，依照有关法律，按照一定的合作计划共同划分相应的土地面积，建立专门的经济监管区，并实施特殊经济政策，

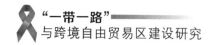

充分发挥合作区，利用两国或两国以上的资源和市场，促进相关地区的经济发展。随着"一带一路"建设的推进和中国—东盟自由贸易区的深入发展，广西可以充分利用与东盟国家相邻的地缘优势，积极开展与越南的跨境经济合作区域建设。跨区经济合作区作为区域经济合作的一种模式，有助于深化和促进区域经济一体化，提高广西沿边开放水平，促进沿边经济发展。

第三节　我国沿边开发开放的起缘

沿边开发开放，就是要在沿边地区进行自然、社会资源的开发，利用沿边地区的特殊地理、人文优势实行对外开放，通过边境贸易、对外投资等多种方式大力发展当地经济，带动社会进步。本章首先回顾沿边地区的发展和开放。

一、沿边开发开放政策准备阶段（1982年—1991年）

新中国成立以来，我国沿边地区的经济发展经历了沿边开放政策的准备阶段到第一轮沿边开放再到第二轮沿边开放的历程。

1982年，中国与苏联交换文本，批准恢复黑龙江与苏联之间的边界开放，绥芬河、黑河被指定为通商口岸。1982年，国家正式批准新疆开展当地沿边开放。1983年，内蒙古恢复了与苏联和蒙古的贸易。[1] 1984年，《沿边小额贸易暂行管理方法》公布，成为中国第一个沿边开放特别政策。1988年，《关于加快和深化对外贸易体制改革若干问题的规定》发布，使沿边开放成为一种特殊的进出口贸易形式。90年代末，国家先后出台了《关于进一步改革和完善对外贸易体制若干问题的决定》和《关于积极发展沿边开放和经济合作促进沿边繁荣稳定的意见》，规范沿边口岸开放的混乱状况。[2] 1992年，《国务院关于进一步对外开放黑河等四个沿边城市

---

①汤国辉. 沿边贸易与沿边发展战略 [J]. 营销管理，1990（4）.
②张丽君，陶山山，郑颖超. 中国沿边开放政策实施效果评价及思考 [J]. 民族研究，2011（8）.

的通知》，揭开了中国沿边开放政策正式实施的序幕。

二、第一轮沿边开发开放（1992—2008 年）

第一轮沿边开放始于1992年实施国家沿边开放政策。沿边开放政策的实施，使沿边地区经济、社会在第一轮开放中有了翻天覆地的变化。

（一）沿边开发开放实施和调整阶段

1992 年《国务院关于进一步对外开放黑河等四个沿边城市的通知》，为沿边地区的对外贸易和对外开放创造了有利的政策环境。

为加强沿边开放秩序的整改，国家对部分税收和出口政策实施了各种限制，恢复了部分进出口商品的配额管理，实行严格的审批制度。1998 年国家出台《关于进一步发展边境贸易的补充规定的通知》，进一步加大了原有沿边优惠政策的倾斜力度。①

（二）西部大开发和兴边富民的实施阶段

在第一轮沿边开放中，国家实施了西部大开发和兴边富民的行动，更加直接有效地促进了沿边对外开放。2000 年国务院第 33 号文件明确指出，"兴边富民行动"具有富民、兴边、强国、睦邻的深刻内涵。"兴边富民行动"作为沿边建设项目，主要目的是帮助沿边地区的经济发展，使边民脱贫致富。2007 年，《兴边富民行动"十一五"规划》的实施有效优化了沿边地区的投资环境。

（三）第一轮沿边开发开放的基市经验

1. 提升沿边开发开放是国家实施全面开放和区域协调发展战略的必然选择

第一轮开放时期，沿边地区经济发展步伐明显快于前期。但与同期的全国和沿海相比，规模小、增速慢，对区域经济的拉动有限。

---

① 雷娜. 改革开放以来我国沿边贸易政策的演变及影响 [J]. 市场论坛，2008（9）.

表 2-1　沿边占全国指标比重变化　　　　　　　（单位：%）

	1991 年	2008 年
进出口总额	5.61	3.96
出口总额	7.24	4.14
实际利用外商直接投资	10.29	6.41
国际经济技术合作营业额	5.33	4.43
国际旅游外汇收入	8.37	8.63
中方对外实际直接投资（非金融领域）	2.47	1.75

注：据《1992 年中国对外经济贸易年鉴》《1992 年中国统计年鉴》、商务部网站统计公布（国外经济合作）2009 年 1 月 16 日、2008 年国家和各省统计年报计算。

从表 2-1 可以看出，在对外开放的六项指标中，沿边地区在全国的比重下降了五项，由略高于 1 个百分点下降到略高于 3 个百分点。国际旅游比重略有上升。沿边与全国和沿海的差距进一步扩大。

沿边与全国对外开放与经济发展差距：1991 年沿边与全国对外贸和人均国内生产总值的依赖分别为 12.78%、33.17%，1867 元和 1893 元；2008 年，这两个指标分别为 16.75%、58.22%，19175 元、22640 元。对外贸易依存度的绝对差异由 20 个百分点提高到 41 个百分点，扩大了 21 个百分点；相对差距从低于国家水平的 61.5% 上升到 71.2%，增长了 10 个百分点左右。人均国内生产总值绝对差额由 26 元发展到 3465 元，扩大了 3429 元；相对差距由低于全国 1.4%，发展到低于 15.3%，扩大了 14 个百分点左右。见表 2-2。

表 2-2　沿边与全国的差距

	1991 年				2008 年				1992—2008 年	
	沿边	全国	绝对差距	相对差距%	沿边	全国	绝对差距	相对差距%	绝对差距扩大	相对差距扩大%
依存度%	12.788	33.177	20	61.5	16.755	58.222	41	71.2	21	10
人均GDP 元	1867	1893	26	1.4	19175	22640	3465	15.3	3429	14

注：据《1992 年中国统计年鉴》、2008 年国家和各省统计年报计算。

与沿海的差距：外贸依存度、人均 GDP 两项指标，1991 年沿边与沿海分别为 12.78％、73.62％，1887 元、2611 元；2008 年分别达到 16.75％、81.44％，19175 元、36805 元。外贸依存度的绝对差距由 61 个百分点发展到 65 个百分点，扩大了 4 个百分点；相对差距由低于沿海 82.6％，发展到低于 79.5％，缩小了 3％左右。人均 GDP 的绝对差距由 744 元，发展到 17630 元，扩大 16886 元；相对差距由低于沿海 8.5％，发展到低于 47.9％，扩大 39 个百分点左右。见表 2-3。

表 2-3　沿边与沿海的差距

	1991 年				2008 年				1992—2008 年	
	沿边	沿海	绝对差距	相对差距%	沿边	沿海	绝对差距	相对差距%	绝对差距扩大	相对差距扩大%
依存度%	12.78	73.62	61	82.60	16.75	81.44	65	79.50	4	−3
人均GDP元	1867	2611	744	8.50	19175	36805	17630	47.90	16886	39.40

注：据《1992 年中国统计年鉴》、2008 年国家和各省统计年报计算。

2. 要建立一套促进沿边开放科学发展的工作机制

经过多年的实践，各级政府逐步探索出促进沿边开放科学发展的工作机制，既有连续性又有创新性。例如，黑龙江省制定了"南联北开"的全面开放战略，将各项任务划分为若干个五年计划，并以年度计划实施。2005 年，根据与俄罗斯贸易的新形势变化，提出用 6 年两个阶段实施与俄罗斯经贸科技合作的战略升级；2008 年，提出与俄罗斯建立"哈牡绥东"贸易加工区，进一步探索促进沿边开放的新途径。

3. 以沿边国家为主要市场，大力发展区域经济合作

沿边省、自治区逐步明确对外开放的思路和市场定位，完成了从单一边境贸易向区域合作发展的转变。实现了贸易、经济合作和投资相结合，实现了"引进来"和"走出去"相结合。黑龙江省提出"南联北开"全面

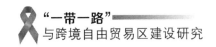
开放的战略,定位于"我国开拓俄罗斯与东欧市场的桥头堡"、发展与东北亚国家经贸关系的"平台";内蒙古确定了"东联、北开、西出"的开放思路;新疆坚持"东联西出、西来东去"的方针,提出要把新疆建设成为我国向西开放的"重要门户"、向西出口加工的基地和商品集散地、国家能源资源陆上大通道;云南则是面向东盟、南亚,定位于连接中国、东南亚和南亚三大区域、三大市场的"大通道、桥梁和枢纽"。

4. 坚持内外结合,以内资为主、外资为辅的引资策略

我国沿边地区投资环境与经济发达地区存在较大差距。很难从美国、日本和欧盟吸引资本。同时,邻国的资金比中国少,不能向中国出口资金。中国对外开放的实践经验证明,尽管经济不发达地区的投资环境质量不如经济发达地区,但利用内资的比较优势大于利用外资。因此,与发达地区发展互利合作是吸引外资的现实可行选择。2008年,黑龙江省实际到位外资比例为3.5:1,吉林为12:1,内蒙古为11:1,广西为22.4:1。国内资本在不同程度上大于外资。

5. 要把建立出口生产基地与开辟国际市场结合起来

建立沿边省区基地和开放市场的主要措施,一是培育优势特色产业,大力发展外向型经济;二是利用和改造现有各类园区,强化出口功能;三是在国内外建立各类专业出口基地和园区;四是打造自主出口品牌;五是建立营销体系。包括建立营销机构,建立营销渠道、各种专业市场和贸易中心,开展广告和会展活动;六是利用金融和经济杠杆来支持,如专项财政支出、外贸出口资金、补贴、贴息、退税等。

6. 国家坚持大力"扶边、支边、惠边"的政策

沿边开放以来,国家的"惠边"政策是以对外开放区域布局为理念,辅以经济发展的区域布局。20世纪80年代,国家实行边境贸易自由化,国务院颁布了《沿边小额贸易暂行管理办法》(即12条),对发展边境贸易的目的、原则和管理做出了规定。实施沿边开放后,1996年国务院依据沿边开放中出现的问题及国外新情况,发布了《关于边境贸易有关问题的通知》,按照国际惯例对我国边境贸易进行了规范,还明确规定了沿边小额贸易企业、国家统一管理的商品、进出口配额和许可证管理的经营权,给

予边境贸易企业大力支持和优惠待遇。①

三、第二轮沿边开发开放（2008 年 11 月—2013 年 9 月）

2008 年，党的十七大提出进一步"提升沿边开放水平"，成为中国实施第二轮沿边开放的重要标志。同年，财政部颁布了《关于促进沿边开放发展有关财税政策的通知》，将边境贸易免税额提高到每人每日 8000 元人民币，放宽关税管制，对国家级沿边经济合作区执行国家级经济技术开发区基础设施项目贷款实行财政贴息优惠政策，考虑扩大沿边地区人民币结算试点。2010 年 6 月，中共中央、国务院印发《关于深入实施西部大开发战略的若干意见》，提出积极建设广西东兴、云南瑞丽、内蒙古满洲里等重点开发开放试验区。第二轮对外开放政策实施以来，在诸多优惠政策的支持下，沿边开发开放得到快速而稳定的发展。2012 年，党十八大提出"全面提高开放型经济水平。创新开放模式，促进沿海内陆沿边开放优势互补，形成引领国际经济合作和竞争的开放区域。统筹双边、多边、次区域开放合作，加快实施自由贸易区战略，推动同沿边国家互联互通"。2013 年，十八届三中全会进一步提出"要放宽投资准入，加快自由贸易区建设，扩大内陆沿边开放"。2014 年 1 月，国务院下发《关于加快沿边地区开发开放的若干意见》，明确提出"研究设立广西凭祥、云南磨憨、内蒙古二连浩特、黑龙江绥芬河、吉林延吉、辽宁丹东重点开发开放试验区"。

四、第三轮沿边开发开放（2013 年 9 月至今）

改革开放以来，我国经济发展经历了高速增长阶段，继而已逐步进入高质量发展阶段。2013 年 9 月 7 日，习近平主席在出访中亚国家期间，首次提出共建"丝绸之路经济带"。同年 10 月，他在出访东南亚国家期间又提出共同建设"21 世纪海上丝绸之路"，二者共同构成了"一带一路"重大倡议。"一带一路"是进一步深化改革开放的必然要求，是我国深化改革开放、释放发展潜能、加快转型升级、实现动能转换的重要平台。

---

① 崔玉斌. 我国沿边开放的回顾与展望［J］. 沿边经济与文化，2010（10）.

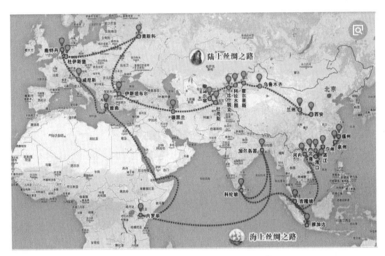

图 2-1　　"一带一路"示意图①

（一）"一带一路"倡议提出的背景

共建"一带一路"倡议，符合国际社会的根本利益，彰显了人类社会的共同理想和美好追求，是积极探索国际合作和全球治理的新模式，将为世界和平发展增添新的正能量。

"一带一路"建设致力于亚欧非大陆与沿边海域的连通，全面建设多方位、多层次、复合型的互联互通网络，实现沿线国家多元、独立、均衡、可持续发展。"一带一路"互联互通项目将促进沿线国家发展战略的对接与耦合，开拓区域市场潜力，促进投资和消费，创造需求和就业，增强沿线各国人民之间的文明交流互鉴，使各国人民相互认识、相互信任、相互尊重，共享和谐、和平、繁荣的生活。

（二）"一带一路"倡议的主要内容

2015 年 3 月，《推动共建丝绸之路经济带和 21 世纪海上丝绸之路的愿景与行动》（以下简称《愿景与行动》）颁布。《愿景与行动》提出了"一带一路"国家合作的主要内容，包括政策沟通、设施联通、贸易畅通、资金融通、民心相通在内的"五通"，将成为未来沿线国家间合作的重点领域。其中，加强政策沟通是"一带一路"建设的重要保障；基础设施互联

_____

①资料来源：360 图片。

互通是"一带一路"建设的优先领域。①

1. 政策沟通

加强政府间合作，积极构建多层次的政府间宏观政策交流机制，深化利益一体化，增进政治互信，达成合作新的共识。沿线国家可以充分交流和对接经济发展战略，共同制定促进区域合作的计划和措施，协商解决合作中的问题，共同为大型项目的实际合作和实施提供政策支持。

2. 设施联通

在尊重有关国家主权和安全的基础上，沿线国家应加强基础设施建设规划和技术标准体系的联系，共同推进国际骨干通道建设，逐步形成连接亚洲各次区域及亚欧非之间的基础设施网络。推动建立统一的全程运输协调机制，促进国际通关，转运和多式联运的有机衔接。推进口岸基础设施建设，畅通水陆联运渠道，促进口岸合作，增加海上航线和轮班，加强海运物流信息合作。

3. 贸易畅通

着力解决投资和贸易便利化问题，消除投资和贸易壁垒，构建区域内和各国良好的营商环境，积极与沿线国家和地区共建共商自由贸易区。

4. 资金融通

深化金融合作，推进亚洲货币稳定体系、投融资体系和信用体系建设，扩大沿线国家本币双边兑换结算的范围和规模，推动亚洲债券市场的开放和发展，共同推动亚洲基础设施投资银行和金砖国家开发银行工作。加快丝绸之路基金的建立和运作，深化中国—东盟银行联合体和上海合作组织银行联合体务实合作，通过银团贷款和银行信贷开展多边金融合作。支持沿线国家政府、信用评级较高的企业和金融机构在中国发行人民币债券。符合条件的中国金融机构和企业可以在境外发行人民币债券和外币债券，并鼓励使用沿线国家筹集的资金。

5. 民心相通

广泛开展文化交流、学术交流、人才交流与合作、媒体合作、青年交流和妇女交流、志愿者服务。扩大留学生的规模、深化沿线国家间的人才

①国家发展改革委，外交部，商务部. 推动共建丝绸之路经济带和21世纪海上丝绸之路的愿景与行动 [EB/OL]. 2015-03-28.

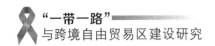

交流与合作。加强旅游合作，扩大旅游规模。加强与沿边国家在传染病疫情信息交流、防控技术交流和专业人员培训等方面的合作。加强科技合作，共建联合实验室（研究中心）、国际技术转移中心和海洋合作中心。

（三）"一带一路"倡议的六大经济走廊①

1. 中巴经济走廊

中巴经济走廊主要涉及中国和巴基斯坦两个国家，双方同意以中巴经济走廊为先导，以瓜达尔港、能源、交通基础设施和产业合作为重点，形成"1＋4"经济合作格局。中巴两国政府初步制定了修建新疆喀什市到巴方西南口岸瓜达尔港的公路、铁路、油气管道及光缆覆盖"四位一体"通道的远景规划。

2. 孟中印缅经济走廊

孟中印缅经济走廊主要覆盖孟加拉国、中国、印度和缅甸。它的主要路线是从中国西南地区出发，连接印度东部、缅甸，最终连接孟加拉。孟中印缅经济走廊将成为连接太平洋和印度洋的桥梁。建设孟中印缅"经济走廊"可以延伸到四个国家，带动亚洲经济最重要的三个地区。

3. 新亚欧大陆桥

新亚欧大陆桥（New Eurasian Continental Bridge）又称第二亚欧大陆桥，是从江苏省连云港市到荷兰鹿特丹港的国际铁路运输干线。它由中国的陇海铁路和兰新铁路与哈萨克斯坦铁路接轨，经俄罗斯、白俄罗斯、波兰、德国，到荷兰鹿特丹港，全长 10900 公里，辐射世界 30 多个国家和地区。

4. 中蒙俄经济走廊

中国、蒙古和俄罗斯之间的经济走廊分为两条路线：一条是从华北的京津冀到呼和浩特，然后到蒙古和俄罗斯；另一条是从中国东北的大连、沈阳、长春、哈尔滨、满洲里到俄罗斯的赤塔。两条走廊互动互补，相辅相成，形成新的开放发展经济带，统称为中蒙俄经济走廊。

5. 中国—中南半岛经济走廊

中国—中南半岛经济走廊从东部的珠江三角洲经济区开始，沿南广高

①数说"一带一路"：6 大经济走廊战略支柱联结 60 余国〔EB/OL〕. 2017-05-13.

速公路接桂广高速铁路，经南宁、凭祥和越南的河内至新加坡。

6.中国—中亚—西亚经济走廊

中国—中亚—西亚经济走廊主要涉及五个中亚国家（哈萨克斯坦、吉尔吉斯斯坦、塔吉克斯坦、乌兹别克斯坦、土库曼斯坦）和西亚的伊朗及土耳其等国。

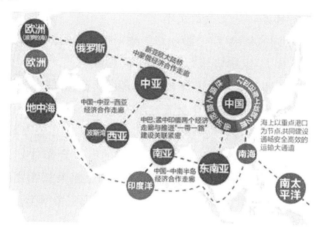

图 2-2 "一带一路"倡议中的六大经济走廊①

（四）"一带一路"倡议取得的主要成绩

"一带一路"倡议提出以来，得到了全球积极响应和参与，经过数年的实践，"一带一路"建设从理念、愿景转化为现实行动，取得了重大进展。②

1.增进战略互信，凝聚国际共识

共建"一带一路"倡议和共商共建共享的核心理念已经写入联合国等重要国际机构成果文件，已有 103 个国家和国际组织同中国签署 118 份"一带一路"方面的合作协议。

2.狠抓合作项目，形成示范效应

以"六廊六路多国多港"主骨架，推动一系列合作项目取得实质性进展。2018 年 8 月 26 日，中欧班列累计开行数量突破 1 万列，到达欧洲 15 个国家 43 个城市，已达到"去三回二"，重箱率达 85%。

① 资料来源：360 图片。

② 国新办举行共建"一带一路"5 年进展情况及展望发布会［EB/OL］. 2018-08-28.

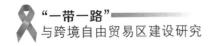

3. 促进合作共赢，实现共同发展

截至 2018 年 6 月，与沿线国家的货物贸易总额超过 5 万亿美元，外国直接投资超过 700 亿美元。沿线国家建立的海外经贸合作区已投资 200 多亿美元，创造了数十万个就业机会，为各地创造了数十亿美元的税收收入。

4. 完善服务体系，强化金融支撑

中国与 17 个国家核准《"一带一路"融资指导原则》，加快推进金融机构海外布局，已有 11 家中资银行设立 71 家一级机构。与非洲开发银行、泛美开发银行、欧洲复兴开发银行等多边开发银行开展联合融资合作。

5. 秉持开放包容，密切文化交流

积极开展教育、科技、文化等领域的合作，制定并公布教育、科技、金融、能源、农业、检验检疫、标准等领域的专项合作计划。通过实施"丝绸之路"奖学金计划和在国外设立办学机构，将为丝绸之路沿线国家培养技术管理人才。2017 年，来我国留学的沿线国家留学生达 30 多万人，我国赴沿线国家留学的人数 6 万多人。

五、沿边开发开放的主要途径

（一）沿边地区的边境贸易

边境贸易作为国际贸易的一种形式，也是中国发展和开放沿边的重要手段，它承担沿边开放的主要沟通渠道的功能。所谓边境贸易可分为边民的相互市场贸易和边民的小规模贸易。如此划分的标准主要基于贸易双方的手续。边民互市贸易是指沿边人员在政府批准的开放点或指定市场上，在沿边地区进行一定数量的商品交换活动。沿边小额贸易是指国家批准的沿陆地沿边线对外开放的沿边县（市）有沿边小额贸易经营权的企业与毗邻国家沿边地区的企业或其他贸易机构通过国家指定的陆路口岸进行的贸易活动。

1. 早期边境贸易规模小、层次低

随着沿边开发开放的不断深入，边境贸易规模不断扩大，交易形式也不断增多。边境贸易通常是根据沿边国家和沿边人民的经济发展和生活需要而设立的贸易形式，深受当地贸易传统和风俗习惯的影响，具有很强的地方特色。根据国际惯例，开展边境贸易的双方可以通过磋商达成协议，给予对方沿边地区货物的税收减免、简化进出口手续等优惠待遇。因为沿边地区与沿边国家人民的密切联系，自古以来就有贸易的传统，现在的沿边地区对外开放的往往是历史上的贸易中心或交通枢纽。

2. 边境贸易不断被规范化、程序化

沿边地区的边境贸易往往规模较小，也没有得到足够的重视。改革开放以来，在相关优惠政策的刺激下，边境贸易发展迅速。但由于缺乏政策引导，边境贸易秩序混乱，走私活动一度猖獗，假冒伪劣产品泛滥。为此，国家出台了系列相关政策，整顿边境贸易秩序，引导边境贸易规范有序发展。目前，国家在边境贸易口岸等地区做出了较为明确的规定，颁布了有关税收结算的规定，鼓励出口创汇，鼓励沿边小企业发展出口业务。

3. 边境贸易成为沿边地区经济发展的推动力量

改革开放以来中国经济的持续快速发展，加上国际局势比较稳定的有利条件，在新疆、西藏、云南、广西等地的一些传统沿边小额贸易和边民互市又开始逐渐恢复起来。随着国家优惠政策的实施，沿边地区的边境贸易日趋活跃，小额贸易收入成为当地居民经济收入的主要来源，极大地带动了沿边地区其他产业的发展。

（二）外向型的边境贸易区

边境贸易是与国际市场沟通的主要桥梁，是沿边开发开放过程中发展相邻经贸合作的主要形式。边境贸易的不断扩大，带动了沿边地区其他产业的发展，推动了整个地区的经济增长。在沿边开发开放的过程中，仍有必要探索新的沿边开放模式和方法，以更大规模、更高层次、更有效的方式提升沿边开放水平。

1. 重点加强沿边地区基础设施建设，打造现代化边境贸易口岸

随着边境贸易口岸的发展和开放，出现了能源短缺、交通运输短缺、信息滞后等问题，成为制约边境贸易进一步发展的制约因素。因此，发展沿边开放地区，不断探索新的开放方式，建设现代化的边境贸易区已成为深化沿边区域开放的共识。目前，沿边地区已开始建设沿边开放贸易区，重点加强口岸等基础设施建设，不断扩大边境贸易市场的范围。在建设出口导向型保税区的同时，还需要注重加强引进外资，利用重点项目支持建

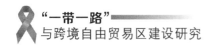
设保税区。

2. 全方位深化对外开放，形成多渠道、多形式的贸易格局

在边境贸易区内，要重视边境贸易管理制度的建立和完善，促进沿边地区对外合作。必须不断地创新边境贸易体制，从沿边地区的现实出发，充分考虑当地的经济和社会资源，制定切实可行的规划。

3. 探索建立跨境自由贸易区和保税加工贸易区

在经济全球化和区域经济一体化的背景下，国际合作不断深化，国际贸易形式更加多样化。因此，应该积极探索中国沿边开发开放的互利合作模式。应该争取国内财政和技术资源，减轻沿边地区发展的障碍。同时，应该加强国际合作，寻求市场和资金，探索建设跨境自由贸易区和保税加工贸易区，可以最大限度地促进区内资源互通，规避贸易壁垒，促进对外全方位合作和交流。

六、当前我国沿边开发开放的新趋势新特点

当前中国的沿边开放实际上已经进入了一个提升与深化时期，新一轮沿边开放的创新点和调整方向正在逐步显现出来。

（一）国家调整政策，继续支持沿边开放

从单纯支持边境贸易到支持沿边地区经济发展的政策调整于 2008 年 10 月启动。1996 年开始实行的沿边经济和贸易政策，核心是国家对小规模边境贸易征收进口关税和增值税，税率为法定税率的减半征收，即进口税收"双减半"政策已不再适合十余年后的新形势。2008 年的沿边经贸政策的要点是：增加财政支持边境贸易的发展，采取专项转移支付，继续提高沿边地区边民互市贸易的进口免税额度，将免税额度提高到每人每日人民币 8000 元；优先扩大沿边地区出口退税人民币结算试点；实施沿边经济特区基础设施建设项目贷款财政贴息政策；清理与边境贸易企业有关的费用；支持沿边口岸建设。[①] 2015 年 12 月，国务院发布《关于加快实施自由贸易区战略的若干意见》，提出把"一带一路"打造成畅通之路、商贸之

---

①财政部，海关总署，税务总局. 关于促进沿边贸易发展有关财税政策的通知 [J]. 中国对外经济贸易公告，2008（6）.

路、开放之路。同时国务院公布的《关于支持沿边重点地区开发开放若干政策措施的意见》指出，重点开发开放试验区、沿边国家级口岸、沿边城市、沿边经济合作区和跨境经济合作区等。沿边重点地区是我国深化与沿边国家和地区合作的重要平台，正在成为实施"一带一路"战略的先手棋和排头兵，在全国改革发展大局中具有十分重要的地位。《西部大开发"十三五"规划》强调，以"一带一路"建设为统领，加快内陆沿边开放步伐，培育多层次开放合作机制，推进同有关国家的务实合作，加强国际产能和装备制造合作，打造陆海内外联动、东西双向开放的全面开放新格局。2017年国务院政府工作报告中也强调积极扩大对外开放。2017年多个相关政策文件如《西部大开发"十三五"规划》《北部湾城市群发展规划》《兴边富民行动"十三五"规划》等也进一步强调深化沿边对内对外开放格局，促进沿边地区经济发展，推动沿边地区融入"一带一路"建设，促进沿边地区经济繁荣发展。

广西壮族自治区政府2017年相继印发《广西沿边地区开发开放"十三五"规划》《广西扩大开放合作和促进开放型经济发展"十三五"规划》等规划文件，大力推进沿边开发开放，助推兴边富民。国家的新政策，一方面是转型的政策，即由税收优惠为主转为财政转移支付为主。另一方面，又是一个全面配套的政策。它涵盖财政、税收、金融和行政管理，涉及沿边小额贸易和边民互市贸易、沿边特殊经济区和口岸建设等有关主要方面，延续并将进一步扩大以前政策对沿边经济贸易的优惠和支持，给边贸企业发展注入了强大的动力和活力。这无疑会对改善优化环境，提升沿边开放水平产生全面和深远的影响。

从目前的边境贸易政策可以看出，沿边开发开放政策已经从税收优惠转向财政转移支付，对沿边地区从事贸易的企业和人员给予更加直接的支持。新政策还清理规范了与边境贸易有关的各项收费项目，减轻了边境贸易企业的负担，为边境贸易企业的发展创造了更加宽松的条件。

不仅如此，新政策对在边贸地区开发开放过程中新兴起的口岸建设和边境贸易区等也重点关注，给予更多的优惠和支持性条件。新的边贸政策规定，国家每年安排沿边口岸重要检验设施专项资金，以资金支持地方口岸建设。为了满足沿边地区开发开放，顺应全球经济一体化的趋势，新的边境贸易政策集中在沿边经济特区的建立，统筹考虑在沿边地区设立保税

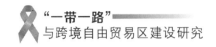

区、自由贸易区、跨境经济合作区等。这些新的开发模式将体现在未来制定全国性的海关特殊监管区域的宏观布局规划中。从长远看,这是为了支持沿边地区经贸发展,而不是单纯的边境贸易,具有很强的针对性、支持性和可操作性。

(二)发展区域合作,深化沿边开发开放

从中国沿边开发开放的发展历程,我们可以看到,在沿边开放初期,沿边地区多将当地的开放层次定位在发展边境贸易这种简单的对外开放形式上,发展理念仅限于单纯的边境贸易的发展。东北沿边地区对外开放的是消费品、劳务和部分技术的出口,以此对外交换生产资料和资本,而这样的循环还是继续发展边境贸易,以边境贸易为主要经济来源;以新疆为主要沿边开放的西北地区,则是充分利用当地资源,逐渐发展能源、化工、冶金等支柱产业,与能源丰富、交通便利的中亚和东欧国家建立了经济联系;而沿边线较长的西南地区则主要利用沿边地区跨界居住的各民族之间的血缘关系,并遵循土著民族的文化和历史渊源,由临时边境贸易向固定边境贸易发展,从小规模的民间贸易向正常贸易发展,由表及里地不断扩大对外经济贸易往来。

随着第二轮沿边开放的推进,沿边开发开放的内容与形式都在不断深化和创新,沿边地区的对外贸易向着更深层次推进,对外交流形式和开发层次远远超过了以往。并且,随着世界经济不断融合,有的沿边地区已经形成了区域间的经济、社会和文化交往,区域合作已经是沿边开发开放的大趋势。随着开放程度的深化和提高,沿边地区对外开放的思路和市场定位正在逐步明确和清晰。目前的沿边开发开放,已经基本从边境贸易的单一性向区域合作的多元性转变。沿边地区在开发开放中将逐步实现贸易提升、经济合作扩大化与投资多元化相结合,将从实质上遵循引进来与走出去相结合的发展战略思路,不断提升沿边地区在中国经济中的地位和作用,为民族团结和共同富裕而努力。

(三)实施大项目工程,支撑沿边开发开放

在沿边各省区年度新上项目中,大型项目在总投资中的比重不断上升,大部分已达 70%~80%。这些项目类型各异,既有境内项目,也有跨境项目。① 呈现如下特点：其一，将这些对外开放功能区项目打造成"增长极"。如黑龙江省的对俄铁路和界桥项目、石化和重大装备项目；广西在建的千万吨炼油项目、林浆纸一体化项目、钢铁和核电项目等。其二，以这些支柱和新兴产业项目为依托，构建经济大省。吉林省争取用五年时间作为产业结构优化升级的目标是做大做强支柱产业：年产200万辆汽车、百万吨乙烯、百万吨化醇、千万吨玉米深加工等。其三，靠这些优势特色产业项目做大特色经济。如内蒙古把煤炭、风能和农产品加工等作为中期产业结构优化升级的目标，加大投资力度。再如云南把烟草、电力、冶金和医药等作为投资的重点目标。

（四）加快沿边地区开发开放，推进跨境自由贸易区建设

1. 跨境自由贸易区建设是沿边开发开放的深化

一是由边境贸易向全方位贸易发展。现有的沿边开发开放区域，边境贸易以较单纯的过境贸易为主，沿边口岸主要作为一个商品交易区域和物流过境点，与商品产地和市场基本分离。跨境自由贸易区则通过"境内关外"的保税区特征和运作模式，推进贸易区域内部的贸易自由度，放大区域的市场效应，形成区域比较优势，带动产业集聚，推动产业升级，形成人力、资本、制造、农业等产业的全方位贸易。二是由跨境经济合作提升到跨境自由贸易。广西沿边开发开放区域达成了与越南的初步合作，建立中越凭祥—同登、东兴—芒街、龙邦—茶岭等三个经济合作区，跨境自由贸易区建设则在三个经济合作区的基础上发展，推进双方在政府、市场、管理机制、法律法规、产业转移、劳动力雇佣等方面实现更高层次的合作，推动制造业在自由贸易区内集聚，利用两国国内和国际市场，短期内迅速消除内部贸易壁垒，实现贸易自由化。

2. 跨境自由贸易区建设有助于沿边地区形成经济增长极，推动沿边地区开发开放

广西沿边开发开放区域经济发展不平衡，缺少具有区域带动力的中心城市。跨境自由贸易区建设围绕沿边三个重点跨境经济合作区建设，尤其是以东兴、凭祥两个国家重点开发开放实验区为中心，实施重点规划，有

---

① 崔玉斌. 沿边开放的新趋势新特点［N］. 中国经济时报，2009-12-07.

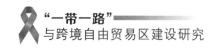
助于形成区域经济增长极，带动沿边地区开发开放。一是有利于利用两城市具有的交通、基础设施、产业发展等优势，避免资金、人力等要素的分散化，提高投资的集约效率，迅速地形成产业集聚点。二是，利用两城市均与越南建立跨境经济合作区的条件，迅速形成"境内关外"的自由贸易区，通过削除关税、配额等贸易壁垒，迅速地利用区域外市场，产生市场扩大效应，形成"多米诺效应"带动沿边地区的开发开放。

七、第三轮沿边开发开放的发展趋势展望

（一）创造性地落实"惠边"政策，营造提升沿边开放的软环境

国家和沿边省区要尽快制定新政策的实施办法，科学合理分配国家财政专项转移支付的资金；各级地方政府要从实际出发，在充分调查摸底的基础上，制订具体的配套政策和措施；要跟踪研究边贸发展中的新情况、新问题，不断丰富和完善政策，提高沿边开放软环境的质量。

（二）积极培育市场主体，打造提升沿边开发开放的企业舰队

建设沿边开放的企业舰队，要坚持"两条腿走路"的原则。一方面，要培育本土企业；另一方面，要引进国外企业。大力吸引外资和省级实力大企业到沿边地区落户、投资兴业，加强沿边企业队伍建设。打造沿边企业舰队，一是坚持和完善"惠企"政策，为企业"减负加油"，落实现有的扶持企业政策，也要根据形势的发展调整和创新政策；二是坚持和完善联系服务企业的制度，与重点企业建立定期联系机制，主动到企业进行调研协商，解决政策支持、资本项目、市场开发、资质申请、运输协调等具体问题，为企业成长和发展提供优质服务；三是坚持和完善企业保护制度，对重点企业进行登记和挂牌，到企业检查等影响正常经营的活动必须经有关部门批准。

（三）建立和发展沿边特殊经济区，创新提升沿边开发开放的模式

沿边经济特区是根据沿边地区的条件和需要而设立的沿边经济合作区、互市贸易区和出口加工区，是推进沿边开放的一种特殊模式。沿边国家和省级政府应该统筹规划和布局沿边特殊经济区的建设，并坚持互利双赢的原则，要办出特色。各级政府要在用地、资金、税收和外贸等方面给

予必要的支持。只有这样，才能调动有关国家和企业的积极性，保证特殊经济区健康发展。

（四）加强口岸建设，构建提升沿边开发开放的桥头堡

我国沿边口岸建设既需要软件又需要硬件。要在科学规划的基础上，搞好口岸、车站、码头、公路、交通、水电等基础设施的扩建和改造，提高口岸综合吞吐能力；做好与沿边国家口岸、运输线路互联互通，实现资源共享，提高口岸国际合作水平。按照大商务理念，整合和改革口岸体制机制，提高贸易便利化水平，提高口岸工作效率，促进沿边开放和发展。

（五）坚持"一带一路"倡议，纵深推进沿边开发开放和发展

中国陆地边界从广西北部湾到辽宁鸭绿江口全长 2.28 万公里，分布在 9 个省（市、区）的 136 个沿边县（旗、市、市辖区）和新疆生产建设兵团 58 个沿边团场，与沿边 14 个国家和地区毗邻，总面积 21.2 万平方公里，人口 2354 万，对外开放潜力巨大。沿边重点地区是我国深化同沿边国家和地区合作的重要平台，是体现我国与邻为善、与邻为伴、睦邻安邻富邻的重要窗口，是古丝绸之路沿线的重要区域。加快沿边开放步伐，深化沿边重点领域和沿边国家的合作，是推进"一带一路"建设的重要组成部分，也是构建东西共济、海陆并举的全方位对外开放新格局的内在要求。沿边重点地区与沿边国家的长期友好交往有着良好的合作基础和巨大的合作潜力，正在成为"一带一路"发展的先锋和排头兵。中央政府和有关部门积极推动"一带一路"建设，加强与沿线国家沟通与磋商，推动与沿边国家的务实合作，制定颁布了《推动共建丝绸之路经济带和 21 世纪海上丝绸之路的愿景与行动》，实施了一系列政策措施，推动亚洲基础设施投资银行筹建，发起设立丝路基金，推进"一带一路"建设取得切实实效。这些都为沿边重点地区发挥独特的区位优势、文化优势，加快发展开放合作提供了前所未有的重大机遇。

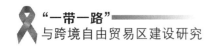

第三章　国内外沿边开发开放的
探索实践及其经验

区域经济一体化是世界经济发展的必然趋势，次区域经济合作是中国沿边地区与毗邻周边国家国际竞争与合作的必然模式。世界三大经济合作区美加墨、欧盟和东盟等各国区域经济合作及沿边地区次区域经济合作的成功经验为中国沿边地区与毗邻国家推进区域经济一体化提供了有益借鉴。

第一节　国外沿边开发开放的实践及其主要经验

一、美墨沿边自由贸易区

美国、加拿大和墨西哥的沿边地区，是指美国与加拿大和墨西哥相邻的陆地沿边地区，其中以北靠加拿大、南邻墨西哥为中心的美国所形成的地域范围。美国和墨西哥的沿边地区经济和社会发展对北美和世界的经济生产有着重大影响。

《北美自由贸易协定》成功的关键条件，一是在整个地区通过分工形成的国家工业的基础上，大力发展各具本国特色工业，不仅实现了规模经济，而且能有效地利用先进国家的资本。二是发展中国家可以利用经济的主体和主导作用的美国在这一领域的国力和巨大的经济贡献，获得远远大于其他国家的利益，可以从美国和加拿大的自由贸易中获利，实现双方的双赢。

（一）美国、墨西哥沿边地区概况

这一地区的代表性城市包括莫卡里、瓦利斯、西纳莱岛和马塔莫罗斯周围的 10 多个城市。在这一区域，墨西哥政府由于经济劣势，不能满足经济发展的基本需求。为了解决墨西哥的发展问题，墨西哥政府在 1939 年决定推动墨西哥与美国边境的沿边地区发展。

随着美墨跨境贸易的发展，市场产生了巨大需求和杠杆作用，墨西哥的消费继续扩大，美墨的商业贸易已经从简单的进口转向本地生产，特别是劳动密集型产品，利用地理和人力资源的地理优势在美国周边的贸易结构中进行大规模的发展。为了降低成本和开发廉价的劳动力市，墨西哥向美国制造了大量的劳动密集型商品。在沿边地区，墨西哥有来自美国的投资和技术改造，由此提高了墨西哥的产业结构，提高了以自由贸易区为基础的出口业务的功能。[1]

20 世纪 70 年代，墨西哥政府公布了鼓励企业投资的政策和法规，如税收、支持金融信贷、实行货币自由兑换政策和进口政策等，并通过吸引外部的投资进行投资，使出口设施和自由出口设施不断提升，改善了其产业结构，优化了投资环境。美墨边境自由贸易区已经成为一个实际的出口加工区域，产业结构已经从低价值向高价值转变，生产水平不断提高。

（二）美墨马魁拉多工业园区的建设

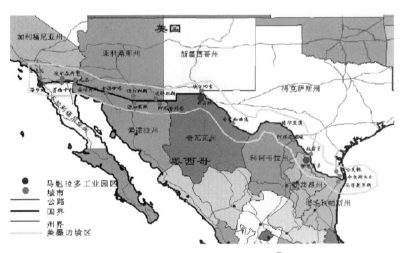

图 3-1　美墨沿边区位示意图[2]

①李颖. 论墨西哥和美国边界环境问题的协调机制 [D] 湘潭：湘潭大学，2006.

②李铁立. 边界效应与跨边界次区域经济合作研究 [M]. 北京：中国金融出版社，2015.

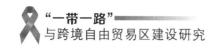

马魁拉多工业园是一个典型的沿边工业集中区，其主要功能是激活美国沿边协作区和距离美国边境沿线近 6 万平方公里的区域，是北美自由贸易区最大的工业区。

历史上美国与墨西哥之间曾发生过很多激烈的冲突和竞争，经济交流具有潜在的安全效应。但是随着北美自由贸易协定的签订，两国之间的经济交往越来越密切。墨西哥北部地区比较偏远，但与美国大部分地区仅一天的车程。墨西哥在 1939 年将这一地区划分为自由贸易区，沿边效开始应由"屏蔽效应"向"中介效应"转变，两国的合作就开始了。

前期，美国的小电子公司为了获得更高利润。将部分加工生产转移到墨西哥沿边地区，尤其是出口加工工业区，有效地解决了墨西哥的失业问题。墨西哥政府优先考虑边境出口加工区的建设，通过加工工人培训，提高劳动力素质，降低工业设备和原材料的进口关税，为沿边地区的企业创造良好的生产环境。

到 20 世纪 80 年代，美墨沿边地区已经发展成了一流的边境自由贸易区，新的经济效应已经形成，拥有精密工程技术的美国公司和墨西哥的一些公司也同时在当地社区建厂，以减少制造业和装备业之间的空间联系，提高经济集聚效益。美国已经将一系列的制造工序转移到墨西哥沿边地区，只保留核心业务比如生产计划、研究、市场等在本土。跨国公司通过追求低劳动力成本，高工作水平，努力开拓墨西哥的市场。为了让墨西哥的公司进入工业产业结构，墨西哥政府已经建立了工业园区，允许在工业园区的产品在本国销售。

（三）北美自由贸易区建立对美国和加拿大的影响

美国、加拿大和墨西哥于 1992 年 8 月 12 日就北美自由贸易达成协定，并于 1994 年 1 月 1 日生效。该协定的宗旨是：消除贸易壁垒，创造公平条件，增加投资机会，保护知识产权，建立执行协定和解决贸易争端的有效机制，促进三边或多边合作。

美利坚合众国是加拿大唯一的邻国，拥有 5500 多公里的陆地边界线，两国的语言和文化都比较相同。美国是加拿大最大的商业伙伴，加拿大外汇高度依赖美国市场，在美国进行的交易约有 3/4。

北美自由贸易区的建立为加拿大和墨西哥减少了关税和非关税壁垒，

并为美国、加拿大、墨西哥经济和贸易起到重要的作用，成为拉丁美洲最大的共同市场，其大部分货物都能够自由进出北美市场。

（四）美墨沿边地区成功经验借鉴

1. 自由贸易区的建立极大促进了墨西哥沿边地区经济发展

墨西哥和美国之间的经济和贸易发展，在很大程度上取决于墨西哥的自由贸易区。目前，墨西哥有五个自由贸易区，墨西哥半岛的自由贸易区，包括的主要港口和城市有恩塞纳达市，墨西哥、蒂华纳、拉巴斯和圣罗萨里奥自由贸易区。其中前三个城市组成的自由贸易区更为著名。索诺拉西北部的自由贸易区，包括圣路易斯、索诺依塔、诺加莱斯和阿瓜普里塔地区等。在金塔纳罗奥自由贸易区中，最著名的自由贸易区是坎昆自由贸易区、墨西哥—危地马拉边境区和萨利纳瓦哈吉自由贸易区。根据《墨西哥海关法》，自由贸易协定享有以下好处：不与墨西哥产品类似的产品免征进口税，只缴纳增值税减免的 6%；在该区域建立的加工企业可临时进口包装材料，免收包装费，用于生产出口产品的零部件、机械设备、仪器模具、耐用工具等。

2. 加入北美自由贸易区使墨西哥出口潜力从北方沿边扩展到墨西哥全境

通过五个自由贸易区的设计和开发，墨西哥很容易进入北美边境的商业领域，从而增加了就业，商业繁荣、交通发达、旅游业旺盛。

二、欧洲—莱茵河地区跨境合作

（一）欧洲跨境合作概况

20 世纪 50 年代，欧洲出现了各类跨境合作。1958 年，"Euregio"模型出现在荷德边界上（Perkmann，2003）。这是一种生态关系，一个经济合作框架越过了欧洲边界，促进了世界经济的发展。

欧盟的成立和扩大为成员国间的沿边合作带来了新的机遇，于是开始大力发展跨境经济合作区建设。1990 年欧盟有 30 个跨境经济合作区。到 2000 年，这个数字已经上升到 73 个（Natalie Chen，2004）。跨地区、跨国界合作已成为欧洲一体化的引擎。

欧洲边境的区域合作，带动了国际伙伴关系的发展，使沿边经济融入当地区域发展，对解决周边问题起到了非常重要的作用。截至 2012 年底，欧盟地区共有 70 多个跨境合作区（见表 3-1）。

表 3-1 欧盟区域内跨境合作区统计简表

年度	名称	参与国家
1958	ERREGIO	联邦德国、荷兰
1964	奥瑞桑德区域	丹麦、瑞典
1972	克瓦尔肯会议	瑞典、芬兰
1974	法国—日内瓦区域委员会	瑞士、法国
1980	四角合作	丹麦、瑞典
1985	Jura 工作社区	瑞士、法国
1989	大西洋弧合作区	西班牙、法国、葡萄牙、英国、爱尔兰
1998	蒂罗尔合作区	奥地利、意大利
1999	Ipoly 合作区	奥地利、斯洛伐克

欧盟跨境合作的主要类型有：欧元区及类似形式、工作社区等组织、Interreg 和欧盟项目的具体组织[①]。这三种组织形式以不同程度的合作开展跨境合作。现在，从欧盟到本地区，从正式到非正式的机构和组织都已经建立起来。合作领域从经济扩展到文化、教育、科研、规划和社会生活各领域[②]。建立了欧洲沿边地区合作协会、欧盟区域基金、三国议会、上莱茵地区沿边合作区委员会、上莱茵南部合作区理事会等组织[③]。以莱茵河跨境经济合作为例，欧盟为莱茵河跨境经济合作提供了专项资金，提供有效支持，增强沿边地区的竞争力。目前，在这条河上投资的项目已有150 多个。

---

① 甄颖. 探析欧盟跨境合作中的治理机制 [D]. 石家庄：河北师范大学，2007.
② 王亚梅. 欧盟跨境合作政策述评 [J]. 德国研究，2006 (3)：11-16.
③ 徐驰. 跨境经济合作理论与中国参与图们江跨境经济合作研究 [D]. 北京：外交学院，2008.

探出一条成功的国际合作形式，推动了人类、社会、民族和其他国家的自由和融合。

（二）上莱茵沿边区建设的经验

1. 地区概况及区位优势

图 3-2　上莱茵地区区位示意图①

上莱茵沿边区位于莱茵河上游，它包括法国的阿尔萨斯地区、德国的巴登地区和瑞士西北部的五个联邦区，面积 18600 平方公里，人口约 600 万。上莱茵地区的语言、风俗习惯等方面具有相似性。它处于欧洲南北经济的中心，经济发达，交通便利，有助于发展跨境经济合作。②（见图 3-2）

莱茵河上游跨境合作始于 1963 年。20 世纪 60 年代，随着德法两国关系的改善，来自德国、瑞士等国的企业聚集德法边境阿尔萨斯地区，经济得到了发展。1975 年，德国、法国和瑞士政府签署了《波恩协定》，开始全面合作建设上莱茵沿边区。20 世纪 90 年代以后，欧洲统一市场的建立和欧盟对该地区相关产业的投资力度加大，产业间的联系也显著增加。

---

①李铁立．边界效应与跨边界次区域经济合作研究［M］．北京：中国金融出版社，2015：89．

②李秀敏，刘丽琴．"增长三角"的形成发展机制探讨［J］．世界地理研究，2003（3）：79-85．

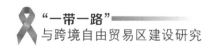

表 3-2　阿尔萨斯与法国巴黎区主要工业产业部门出口率对比表①　　　（单位：%）

产业结构	汽车	化工产品	电子产品	设备制造业	金属制造业	建筑机械
阿尔萨斯	63.3	57.9	50.2	48.8	48.7	46.5
法国巴黎区	40.0	39.9	33.3	29.1	32.2	34.6

　　汽车贸易、化工、电子产品、制造等方面，已经成为德法边境地区最大的合作产业。它带动了大部分相关企业的贸易往来，同时也为沿边地区的产业升级、地区国际商务合作提供了条件（见表 3-2）。巴塞尔在该地区有着坚实的基础，如银行、保险、贸易等产业发展迅速，汽车等先进技术已成为该地区的一大产业。跨境合作区内的经济、文化、教育、科研、规划、社会生活等方面，都具有复合性和层次感。

　　2. 实质性合作内容

　　上莱茵将跨境区的合作性质可以分为两类：一类是协商和讨论在合作中出现的问题，提出对策，解决问题；另一类是，针对发展问题，制定共同发展战略，通过发挥各自优势，促进区域合作和跨境项目的发展。考虑到周边国家行政权力和决策的不对称性，跨境合作区将合作性组织机构建设作为合作的中心任务，跨境合作发展战略由组织机构组织实施，保证了跨境合作的顺利运行。

　　（三）欧洲跨境经济合作区实践的启示

　　1. 欧洲内部的跨境经济合作有着明确的目标

　　国际合作在促进地区经济增长的同时，也是国家与国家之间未来发展合作的重要标志。要加强两国之间的信任，需要增强政治体制、经济体制、经济差异与经济、生态环境完整性相结合的指导力度和配合能力，切实取得实效。

　　边境地区的跨境合作的发展对欧洲产生了的积极影响。创造了金融稳定、贸易增长和风险分担的经济发展奇迹，提高了经济增长的能力，促进了经济增长。

---

　　①资料来源：根据 http：//www.alsace—cahr.com 有关数据整理 // 李铁立. 边界效应与跨边界次区域经济合作研究［M］. 北京：中国金融出版社，2015：91.

2. 欧洲跨境经济合作有着明确的合作模式

跨境经济合作并不意味着一个国家发起行动，其他国家参与合作，而是在建设一种新型伙伴关系，涉及跨国合作的日常和项目发展，甚至是全方位更广义的经济合作。

3. 欧洲内部跨境经济合作的区域大部分建立了永久性的工作机构

永久性的工作机构有助于协调各合作国家的协作功能，提高跨境经济合作的有效性。其主要机构有：（1）管理委员会。如奥瑞桑德委员会、上莱茵河委员会等。（2）理事会。由跨境双方人员组成，负责处理本地区的一般合作事宜。（3）秘书处。秘书处主要职责是：筹建跨境合作委员会大会，负责对跨境合作委员会大会的执行情况进行监督并向大会报告工作，负责跨境合作基金的管理、分配和使用。

4. 欧洲内部跨境经济合作大都获得有效的基金支持

为支持跨境经济合作，联合会编撰了"欧盟共同体创新计划"（Interreg），以完善社区发展为目的，在跨边界地区、国家之间、区域之间建立和制定了众多关于基础设施建设、共同劳动力市场开发、中小企业扶持、科技、文化与教育协调发展等众多计划。

三、新马印"增长三角"

1989 年，新加坡前副总理吴作栋首次提出发展规划，以新的政治经济学为基础，建立增长三角。地区包括新加坡，马来西亚和印度尼西亚沿边地区，新（新加坡）—柔（马来西亚的柔佛州）—廖（印尼的廖内群岛中的巴淡岛）建立跨境"增长三角"，以推动三国经济合作，发展新产业①（见图 3-3）。

---

①魏燕慎. 亚洲增长三角经济合作区研究［M］. 北京：中国物价出版社，1998：70.

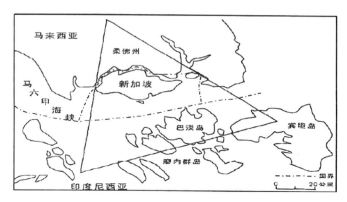

图 3-3　新马印"增长三角"区位示意图

（一）"增长三角"建设概况

柔佛州靠近新加坡，与堤道相连约 2 公里，它是新加坡在经济增长三角洲之前开发的，成为新加坡的边境线，然而巴淡岛距离新加坡只有 20 英里，有一些小村民居和设施倒塌和损坏。自 1978 年印尼政府成立巴淡自由区以来，新加坡政府主要投资巴淡岛，使之成为新加坡边境管理的重要组成部分。由于新加坡土地产品的价格比较高，劳动力价格也相对较高，所以它需要推动三角洲的合作，增加要素的流动，减少新加坡的生产费用，也可以促进柔佛的经济和提高巴淡岛人均收入水平。

1. "增长三角"促进了三方各自涵盖地区的经济发展

新加坡在 20 世纪 80 年代末和 90 年代初提出了其国际经济发展战略，其"增长三角"作为一个重要组成部分，外国直接投资在柔佛、廖内等地占有重要地位。由于印度尼西亚和新加坡之间的经济合作，巴淡岛的经济发展在 20 世纪 90 年代取得了显著成就。外国投资、出口贸易和工业园区等基础设施都有发展或正在提升。柔佛州的经济发展也得益于"增长三角"模式的实施。对外贸易一直在增长，基础设施如"第二通道"和工业园区得到改善。例如，在 1990 年至 1995 年期间，马来西亚总投资的 56％集中在柔佛州。1994 年，在巴淡工业园区的 62 个企业中，有 17 个在日本之后来自新加坡。新加坡在柔佛、巴淡等地的投资为新加坡带来了可观的回报。这是因为马来西亚和印度尼西亚的资本回报率高于新加坡。例如，印度尼西亚、马来西亚和新加坡 1990 年的回报率分别为 20.3％、23.6％

和14.3%，1993年为28.9%、43.5%和27.4%。此外，印度尼西亚、马来西亚和新加坡的利率差别很大。1989年至1997年期间，印度尼西亚、马来西亚和新加坡的平均（存款）利率分别为17.33%、6.59%和3.76%。这样，资金持有人就可以从利率较低的新加坡向利率较高的印度尼西亚和马来西亚转移资金，使他们能够从利差中获得相当大的收益。

"增长三角"中的工业转移促使成员国工业结构的重组和升级，部分实现了成员国在提出"增长三角"时确定的战略目标。在三国政府的协助下，新加坡的许多公司已迁往柔佛和巴淡岛附近，而且是大部分企业把生产过程中劳动密集的生产环节迁到那里，总部仍然设在新加坡。这导致了"增长三角"内的国际纵向劳动分工网络以及这三个国家工业结构的变化。

第一，巴淡岛的工业结构发生了重大变化。巴淡岛的工业结构通过其面向出口的经济发展战略直接反映在出口产品结构中。1989年，巴淡岛的出口主要是石油设备（64.2%）、钢管和成衣。1995年，巴淡岛的大部分出口产品变成电子产品，占总出口的83.2%。然而，以前占主导地位的石油设备现已排在第3位。印度尼西亚总体工业结构的变化也与此相关。1990年至1997年期间，印度尼西亚工业在产业结构中的份额从1990年的27.0%增加到1997年的34.4%。巴塔姆岛的经济发展占印度尼西亚全部电子产品的1/3以上，1990年至1995年期间平均年出口增长172.73%，生产技术含量高、附加值高的电子产品，是印度尼西亚生产结构转变的一个重要因素。

第二，国家的发展目标在一定程度上已经实现。由于大量外国投资的流入，柔佛州的经济发展正日益面向"2005年愿望"。1990年，柔佛州制定了一项新的发展目标，即到2005年将柔佛的工人人数增加一倍，达到25万人，而新加坡仅在1990—1992年期间对柔佛的投资就创造了3.7万个就业机会。与此同时，柔佛州工业区在旧工业区的基础上建立了9个新的工业区，为大量企业进入和增加就业创造了重要条件。同时，新加坡的人均国内生产总值从1991年的5374林吉特增加到1995年的5654林吉特，新加坡提出的国际经济发展战略也有了很大的变化。近年来，新加坡的工业结构发生了重大变化，大量的劳动密集型企业被转移到低成本地区，如柔佛和巴淡。制造业中资本和技术密集型运输机械和设备所占比例从1980年的44%增加到1995年的59%，这表明新加坡制造业的技术含量、附加

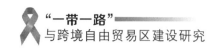
值有了显著提高；同时，90 年代以来新加坡发展的一个重点是尽可能使自己成为跨国公司的经营总部，即设法使跨国公司向外转移劳动密集型生产环节同时，把其经营总部仍留在新加坡，这一做法不仅使新加坡保持了其在该地区的技术优势，也使其服务业持续发展。1990 年至 1997 年，服务业在其产品结构中所占的平均份额达到 54.5%，这与许多跨国公司在新加坡的区域总部和继续向其在新加坡的子公司提供技术、信息和其他服务直接相关。从这一观点来看，新加坡的国际发展战略取得了重大进展（见表 3-3）。

表 3-3　新—柔—廖三方的经济比较优势

产业	新加坡	柔佛州和巴淡岛
电子业	电子制造业区域中心、国际电子业原材料重要采购地	土地价格和劳动力成本低廉、劳动密集型装配业
石油业	炼油、石油加工、贸易、储藏和运输	廖内群岛拥有天然的石油储藏环境
海洋服务业	造船、修补船和养护船的全方位	提供造船和修补船的场所
电讯和商业服务	世界一流的信息技术基础设施和广泛的商业服务，跨国公司的功能性总部	制造业、行销业、采购业、技术支持等需要跨国公司的帮助
基础设施和运输	卓越的电讯和交通设施及基础设施的管理服务	出口制造业需要交通和基础设施管理的支持
R&D	R&D 研究人员和工程师集聚地、R&D 人力资源培训地	跨国公司产品需应用性 R&D 支持和符合本土的设计
旅游业	卓越的旅游空运中心、地区海洋旅游中心、都市购物理想地和多元文化城市	丰富的休闲资源、文化多样性
农业	食品加工技术和生物技术开发能力先进	拥有农业和畜牧业发展的土地资源

实施"增长三角"给这三个成员国带来了经济利益，但这些利益的程度因国而异。总的来说，廖内省的经济增长与预期的大致相同，而柔佛、新加坡从"增长三角"实施中获益尚不如期望的那么多。

2. 使该地区的政治、安全格局更趋于稳定

在冷战结束后，超级大国权力的削弱加剧了亚洲一些国家的政治竞争。吴作栋提出的"战略增长三角"的目标是促进经济增长和区域合作，提高其自身和国家的威望。

新加坡"增长三角"的另一个目标是实现其战略防御，从而确保国家安全，通过发展一个"增长三角"，在其与两个穆斯林邻国之间建立经济互补性关系。考虑到双方的共同利益和廖内的参与，印度尼西亚当局自然没有像 20 世纪 60 年代那样采取对抗新加坡的战略。20 世纪 90 年代"增长三角"的成功运作加强了这三个国家的贸易与投资之间的经济联系。其中，新加坡与马来西亚之间的贸易从 1993 年的 396.11 亿美元增加到 1996 年的 595.51 亿美元。印度尼西亚与马来西亚之间的贸易从 1992 年的 10.12 亿美元增加到 1995 年的 17.53 亿美元。同一时期，印度尼西亚与新加坡的贸易从 48.65 亿美元增加到 50.24 亿美元。马来西亚与印度尼西亚的贸易从 1993 年的 41 亿美元增加到 1997 年的 71.89 亿美元。马来西亚与新加坡的贸易从 441.32 亿美元增加到 730.62 亿美元。

已有 30 年历史的"增长三角"战略及其安全计划的现实意义，将继续成为这些国家继续制定未来计划的重要动力。

（二）"增长三角"经济合作模式在东亚经济合作中的影响

1. "增长三角"经济合作模式在东亚整体经济合作中的影响

"增长三角"与东亚形势相适应，对 20 世纪 80 年代末 90 年代初的区域经济合作发挥了积极作用，是世界经济的一次重大经济变革，从这个意义上说，"增长三角"是亚洲国家为促进融合进程而提出的一种新的研究形式，它不仅是各国经济合作的第一种形式，也是殖民地国民的基础。同时，中国将继续在东亚经济中发挥积极作用。

2. "增长三角"经济合作模式在东亚整体经济合作中的前景

"增长三角"格局只是东亚整体经济合作的第二位，最新的"三角"样本是新加坡提出的，而泰国提出的阿拉伯湾自由区计划是未来《条约》经济合作的主要任务，而"增长三角"只是东盟共同经济合作的一个补充。另一方面，一个预先发展好的三角形形式是该协会计划发展自由贸易区的一个补充，这个三角形经常与一部分国家相连。尽管政府对这一试验

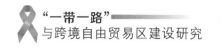

领域很重视，但必须意识到该地区平衡。发展中国家的能源和金融状况已众所周知。"增长三角"形式只是一种暂时的形式，而不是经济合作的最后目标。

（三）"增长三角"合作模式的前景

虽然"增长三角"模式在东亚经济发展中不居于主导地位，也并非东亚各国推动地区经济一体化的重点，且受到金融危机的冲击，但在今后较长一段时期内仍将对东盟经济合作的推进发挥积极作用。其原因有如下三个方面。

1. 促进大规模经济合作的障碍仍然存在

柬埔寨于1999年4月加入东盟，标志着东盟实现了建立包括东南亚所有10个国家在内的"大东盟"的长期承诺。金融危机使东南亚国家的经济发展出现了严重的问题，但并没有带来经济效益，就业问题始终是一个难以解决的问题。在"三角"发展的运作中，马来西亚和新加坡在柔佛州的合作发展中特别关注华人利益。马来西亚担心这种情况会破坏马来西亚和新加坡等国的平衡，这使得印尼华商在巴淡岛等岛屿的建设上具有一定优势，也造成了当地民众的不便，金融危机发生后种族对抗已成为"成长三角"未来发展的一个重要问题。

2. 危机的发生，增强了东亚国家开展经济合作的愿望。

金融危机突出了东盟系统的结构问题。印度尼西亚劳动密集型工业的出口增长率从1990年的58.28％下降到1996年的7.73％，马来西亚从1990年的35.98％下降到1996年的10.88％，这说明80年代中期以后东盟赖以高速增长的劳动密集型产业已经面临困境，这一问题可以通过持续的工业现代化来解决，以此提高出口产品的水平和竞争力。在危机之后，东盟国家在西方国际经济组织的帮助下，以沉重的代价走出危机，并认识到需要进一步加强东盟内部的经济合作，防止危机再次发生，保持健康的经济发展，并为此采取了进一步措施。

3. 亚洲其他地区的经济发展也对东南亚未来的发展构成威胁。

东南亚面临着中国大陆的竞争，过去以出口为导向的东南亚面临着劳动力短缺和工资增加的问题，在劳动密集型工业的眼中，这已不再是一个理想的地区。然而，由于国内市场的巨大吸引力，中国大陆加入世贸组织创造更多的贸易机会，从而使大量外国投资流入中国大陆，包括在东南亚的初始投资。这些问题不能单靠一个国家来解决，真正的解决办法是加强经济合作和实现一体化。同时，经济发展水平的差异，利益分歧的复杂性和持续存在的族裔矛盾妨碍了更广泛的经济合作，这使得在更小范围经济合作的土壤将长期存在，同时也决定了"增长三角"在今后东盟的发展和经济一体化进程中仍将发挥积极的促进作用。

第二节　国内沿边开发开放的实践及其主要经验

一、黑龙江省绥芬河口岸跨境经济合作区

（一）黑龙江沿边开发开放概况

黑龙江省是中国的一个重要沿边省份，与俄罗斯远东沿海地区及其西伯利亚沿海地区、哈巴罗夫斯克沿海地区、犹太自治区、阿姆鲁地区和距离边境线 2891 公里的拜卡尔湖沿岸地区接壤。黑龙江省拥有优越的地理位置、丰富的自然资源和坚实的工业基础，拥有一批讲俄语的专业人员，并得到国家政策的支持和指导，在与俄罗斯的经济和贸易合作中具有独特的优势。自 1992 年以来，中国与俄罗斯联邦在黑龙江两岸开展经贸合作的情况发生了重大变化。当时俄罗斯联邦启动了边境开放战略和中俄一些毗邻城市利用这一机会，大力推动边境开放，积极展开贸易，扩大贸易范围，优化货物贸易结构和工程合作。在与俄罗斯联邦的订约承办事务以及在农业投资、能源和基础设施方面的合作中，黑龙江省沿边地区的发展得到振兴，促进了区域发展和该地区的经济迅速增长。

（二）绥芬河沿边合作区的建设实践

1. 绥芬河沿边合作区

绥芬河市西面、北面和南面与黑龙江省东宁区接壤。东面直对俄罗斯境内经济贸易程度最繁荣的波格拉齐尼区，这是我方沿 26.7 公里边界进入俄罗斯的主要过境点。绥芬河口岸包括铁路口岸和公路口岸，作为国际贸

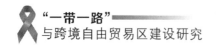

易口岸已有 100 多年的历史，自 20 世纪中叶东方铁路开始运营以来，随着改革开放，绥芬河市进入了河流贸易大幅度扩展的时期。1988 年，黑龙江省政府批准在绥芬河建立一个贸易促进试验区。1992 年，国务院批准开放绥芬河。2017 年，绥芬河对外贸易额为 26.3 亿美元，其中对俄贸易额为18.3 亿美元，口岸过货连续多年占全省 85% 以上[1]（见图 3-4）。

图 3-4　绥芬河市区位示意图[2]

　　绥芬河沿岸的经济合作区是国家一级经济合作区，1992 年 3 月根据国务委员会区域办事处的命令设立，预计面积为 5 平方公里，是黑龙江省的"进出口加工"车辆和俄罗斯联邦贸易加工区的一个主要枢纽。为了使该经济合作区成为对外开放的先锋地区，黑龙江在边界经济合作区方圆 4 平方公里的范围内组织了 80 个工业项目，100 亿美元的固定资本投资，工业生产总值将达到 200 亿美元，利润税将达到 15 亿美元。2020 年沿边界的经济合作区将组成工业集团，重点是进出口加工、现代服务和新工业和石油化工加工业，争做黑龙江省改革开放、工业结构调整和改造示范区等方

---

①绥芬河：打造中俄地方合作交流先行区，中国经济新闻联播 [Z]. 2018-07-02.
②陈铁锋. 绥芬河市对俄经贸合作升级研究 [D]. 哈尔滨：哈尔滨工程大学，2011.

面的先驱，充当先进制造业和现代服务业协同发展的重要基础平台，成为区域经济发展和实行区域发展战略的重要工具（见图 3-5）。

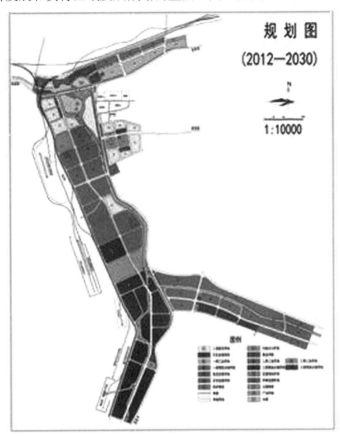

图 3-5　绥芬河沿边经济合作区总体规划[①]

2. 中俄绥芬河－波格拉尼奇内贸易综合体

1997 年 5 月，黑龙江省政府批准建立俄绥芬河－波格拉尼奇商业综合体（绥－波贸易综合体）。1999 年 6 月，俄罗斯联邦政府和中国政府通过外交信函确认了该综合体的存在。该地区位于黑龙江省绥芬河市的边境哨所与沿海岸线与博格拉尼奇区的边界之间，该地区的边界线被认为是一个重要的过境点。2004 年 6 月，国家发展和改革委员会与俄罗斯联邦经济和贸易部共同批准在俄滨海沿边区米哈伊洛夫卡区设立绥芬河－远东（中

---

① 绥芬河沿边经济合作区 ［EB/OL］. 2016-09-09.

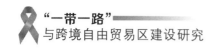
俄）建立一个工业园区。包括一个轻型工业加工区、一个电动机械产品加工区和一个工业加工区。2009年4月国务院批准建立绥芬河综合保税区。这是我国第六个一体化税收区，也是自批准建立工业园区以来东北部第一个一体化税收区。目前，来自摩尔多瓦、德国、俄罗斯和意大利等国的190多家公司设在该地区。2012年，该区进出口量为5.6万吨，贸易额为2.5亿美元，收入约为3亿美元。

2012年1月8日，俄罗斯联邦投资14.5亿卢布，在俄罗斯联邦边界附近的河流过境点修建了一个新的过境点。这个新口岸建成后，每年的货物和旅客运输量将达到500万吨和500万人，比目前的清关能力高出10倍。①

2018年2月7日，在哈尔滨启动了中国—俄罗斯地方合作交流年。俄罗斯远东发展部副部长库鲁迪科夫说，俄罗斯和中国投资者将在跨界经济合作区"波格拉尼奇内—绥芬河"投资15亿美元。库鲁迪科夫还表示，其他投资项目还包括哈巴罗夫斯克附近地区的联合纸浆生产公司、中国高铁公司、海参崴公司等以及一系列畜牧业综合企业。

3. 绥芬河综合保税区

黑龙江省绥芬河综合保税区积极探索园区的功能创新，并大力促进工业结构调整，以适应发展变化情况。2017年，有56家新公司注册，贸易额为2.42亿美元，增长43.58％。年过货量实现104.5万吨，比同一时期增加226.8％，年度财政收入4360万美元，增加141％，总公共预算收入2229万美元，增加66.5％②。并且增加了2.3亿美元的固定资产新投资，以充分利用政策红利。自由贸易区积极复制自由贸易区的政策，探讨先进的管理和服务模式，努力简化海关手续，向发展中国家提供优质便利的服务。2017年7月，在一体化的自由贸易区设立了一个投资服务中心，为企业提供全面服务，从招聘和接收到登记、管理、业务和促进产品开发并发布一个负面清单制度，以解决入区审批门槛高，隐藏的条件和多重的授权，通过加强海关管制制度，在自由贸易区复制货物分类管理制度。此外，定期举行联席会议，听取各系统各组织的意见，各部门共同参与企业

---

① 绥芬河对面俄罗斯波格拉尼奇内口岸加快建设［EB/OL］. 2017-06-15.
② 绥芬河综合保税区官方网站［EB/OL］.

发展，并充分支持该区域经济发展①。

随着《中国东北地区与俄罗斯远东及东西伯利亚地区合作规划纲要（2009—2018 年）》的签订，中俄区域合作向着更高级的层次发展。绥芬河是全国和黑龙江全省对俄交流最活跃的地区之一，正在努力打造成为全域旅游示范区、中俄创新创业集聚区、中俄研学旅游试验区、中俄文化艺术展示区、中俄体育交流引领区、中俄医养结合样板区等六个中俄地方合作交流先行区（见图 3-6）。

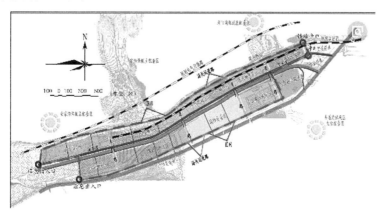

图 3-6　黑龙江绥芬河综合保税区规划方案图②

二、内蒙古口岸跨境经济合作区

（一）内蒙古沿边开发开放概况

边境是内蒙古最宝贵的资源，发展沿边经济是内蒙古的新经济增长点。一是口岸系统已经建立，运作良好。二连浩特两个陆路口岸为重点，各季节性口岸为补充，按照空中、陆地、水运三个方面构筑设施，现代化、服务优质化、功能多样化的国际大通道的基本发展思路加快建设，加强管理，初步形成了内蒙古全方位、多功能、水陆空立体交叉的口岸开放新格局，已经成为加快内蒙古对外经贸发展的重要载体。二是基础设施建设的加速和一体化功能的改善。满洲里、二连浩特等的口岸基础设施状况

①黑龙江绥芬河综合保税区跨境产业取得新突破［EB/OL］. 2018-03-17.
②资料来源：360 图片。

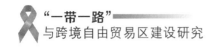

有所改善，以策克口岸为代表的其他新兴口岸的基础设施投资有所增加。室韦口岸界河大桥正式投入使用，成为内蒙古沿边第一座永久性桥梁。珠恩嘎达布其、阿日哈沙特口岸的基础设施建设也进展迅速。三是加强管理协调工作，进一步提升口岸形象。自治区有关部门在加强口岸基础设施建设的同时，加强了与国家有关部委的联系，加强了各部门之间的合作与沟通。一方面，积极促成《中蒙沿边口岸及其管理制度协定》中涉及的内蒙古珠恩嘎达布其口岸、甘其毛道、策克等季节性口岸升格为常年开放口岸，阿日哈沙特口岸为集中开放口岸。另一方面，开展创文明口岸活动，大力优化口岸环境。

2013年，内蒙古自治区结合外贸发展形势的变化，及时研究制定了《关于促进外贸稳定增长的实施意见》和《关于促进内蒙古外经贸和口岸发展的若干意见》，提出了促进外贸稳增长、调结构的具体扶持措施。为加快推进"一堡一带"建设，研究制定了《内蒙古自治区沿边开发开放经济带产业发展规划（2013—2020）》。

近年来，内蒙古自治区根据全面开放战略，与天津等12个省市自治区和东北三省签署了区域口岸合作协定、谅解备忘录和议定书，与宁夏、青岛、陕西签订了区域口岸合作协议，从而打破省区、关区和检区界限，把属地申报、口岸验放和直通式放行通关模式覆盖面扩大到合作的周边省区。

（二）满洲里口岸的建设实践

满洲里口岸位于东北亚中部，与俄罗斯、蒙古接壤（见图3-7）。自20世纪初以来，中国一直在进行沿边贸易。是中俄蒙三国开展跨境经济合作的重要沿边口岸城市。满洲里口岸主要由铁路口岸、公路口岸和航空口岸组成。其中，满洲里铁路口岸是东北地区对俄最重要的贸易口岸，占中俄贸易货运量的60%。满洲里地区资源丰富，拥有全国大型煤炭能源基地扎莱诺矿区。1988年，满洲里被国家确定为经济改革开放试验区。1992年，国务院批准满洲里为首批沿边开放城市，设立沿边经济合作区。同年，国务院批准建立中俄沿边满洲里—后贝加尔边民互市贸易区，建立唯一的跨境民族开发区，批准总面积0.2平方公里，建立出口加工区，综合工业园区和商业旅游区域。2002年，满洲里与深圳一起被确定为"十五"期间国

家重点建设和重点开发的两个陆路口岸。2010 年 7 月，中共中央、国务院
印发《关于深入实施西部大开发战略的若干意见》，确定满洲里为国家重
点开发开放实验区之一。满洲里以此为契机，进一步实施"俄蒙联动、融
入东北、辐射全国、走向世界"的战略，加快对外开放与合作步伐，促进
沿边贸易合作持续健康发展。目前，满洲里与日本、俄罗斯、波兰、匈牙
利、新加坡等 40 多个国家和地区建立了广泛的对外经贸合作关系，形成了
贸易、金融、运输、仓储等综合发展的合作体系。

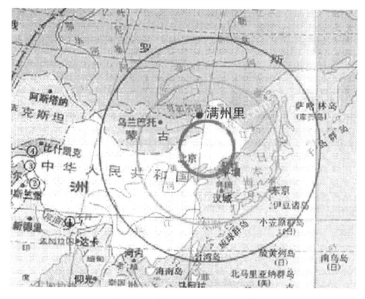

图 3-7　满洲里区位示意图①

2013 年 9 月"苏满欧"班号列车开始成功运行。截至 2017 年底，通
过满洲里铁路口岸的出境班列线路 31 条，进境线路 11 条。近年满洲里口
岸的进出班列已开通 2000 多条，货值超过 90 亿美元。主要集聚地包括苏
州、天津、武汉、长沙、广州、营口、大连、沈阳、大庆等 19 个省（自治
区、直辖市）的 60 多个城市，覆盖西南、华南、华东、东北等地区。中欧
班列连接着俄罗斯、独联体、欧洲等 12 个国家，凭借其安全、快捷的优
势，已成为连接亚欧国家和地区的陆路运输品牌，在中国与欧洲国家之间

---

①王力. 从东北亚区域发展看满洲里口岸的战略机遇 [J]. 中国城市经济，2008（10）:
40-44.

架起了互利共赢的桥梁。2017年，通过满洲里铁路口岸进出口岸中欧班列1302列，比上年同期增长25.68%。连续两年进出境班列达到1000列。

满洲里综合保税区发展投资有限公司于2015年7月14日在满洲里工商局注册成立。其基础设施项目有融资、建设、经营管理，国有土地的收购、储备、重组和经营，区内物业管理、公共设施投资、开发、建设和经营，信息平台建设与运营等。满洲里综合保税区是内蒙古自治区第一个综合保税区，于2016年12月20日正式封关运营，并开始办理相关业务。综合保税区的功能主要有保税加工、保税物流、保税仓储、保税展览交易、国际贸易等。满洲里综合自由贸易区的封关运营，将进一步促进内蒙古自治区产业升级、优势资源整合、发展水平提升，促进内蒙古区开放型经济发展。封关运行一年间，已有193份进出口报关单（备案清单）被满洲里海关受理。监管货运量131704吨，货值9.33亿元，税收总额46.98亿元。到2018年1月，已有17家企业签署入驻协议、6家企业开设了账户，主要包括保税物流业务、保税加工业务和分类监管业务。区内保税加工业务主要为松仁加工和芯片加工。进出该区的商品主要有：西伯利亚松子、小麦粉、葵花籽油、边贸展示仓储商品、芯片等（见图3-8）。

图3-8　满洲里综合保税区图

三、辽宁丹东口岸跨境经济合作区

丹东位于中朝边境，与朝鲜的新义市隔江相望。1981年9月，国务院批准恢复中朝边境贸易。1988年，丹东列入辽东半岛经济开发区。丹东是国务院设立的首批边境合作区之一,其发展和建设的优势,在税收、商业和全方位的旅游、口岸、高科技园区上等方面,与世界上十多个国家和地区建立了贸易关系,成立 1600 多家外企,共同发展沿海经济(见图 3-9)。

图 3-9 丹东区位示意图①

2015 年 6 月 23 日,《辽宁省人民政府关于同意设立丹东国门湾中朝边民互市贸易的批复》正式批准在丹东国门湾设立中朝边民互市贸易区,2016 年 6 月 26 日正式运行。它采取政府主导、市场运作、海关监管的运作模式,旨在加快沿边城市的发展,扩大中朝沿边人民的贸易往来。该贸易区占地面积 4 万平方米,总投资 10 亿元,建筑面积 2.4 万平方米。分为五个领域:展览与贸易、仓储与物流、停车与等候、联检与办公、管理服务。采用"互联网+互贸"的新模式,在专业实体店的基础上,展示线下实体店,同时建立"国门云购"综合电子商务平台,进行线上营销。中朝沿边贸易区有效促进丹东沿边贸易经济的快速发展,增加中朝沿边居民的收入,使丹东成为中朝贸易的集散中心和东北亚经济的新引擎。丹东是中国连接朝鲜半岛的主要陆路通道,也是中国与朝鲜最大的贸易口岸城市。在实施新一轮沿边开放和"一带一路"战略的新形势下,边民互市贸易区的建立对丹东乃至中朝两国贸易的发展具有重要意义。

①资料来源:谷歌地图。

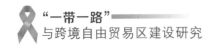
随着国家对东北沿边地区支持力度的加大,丹东跨境经济合作不断推进,基础设施建设加快,口岸产业集群快速发展,丹东口岸将逐步形成东北部地区专业化的物流中心。丹东背靠大东北,直面东北亚,"迈步就出国",具有得天独厚的区位、资源和基础设施优势,是东北地区开发开放的重要窗口,是"一带一路"的节点城市,是对外贸易、沿边贸易、现代物流业发展、跨国沿边旅游、对外加工制造等产业的理想之地。丹东充分发挥"东北振兴沿边开发开放先导区"的开放平台作用,实施更加积极的开放战略,创新开放方式,提高开放水平,实现沿边开放,振兴发展并将通过大开发、大开放,实现"辽宁对外开放新窗口、东北部出海新通道、东北亚地区国际化口岸城市"的战略目标。

四、吉林珲春口岸跨境经济区

(一)吉林省沿边开发开放概况

图们江流域是中俄朝三国交叉点。吉林省积极推进的图们江合作开发,大致分为两个阶段:一是20世纪90年代初发展"口岸经济",主要是建设口岸城市,拓展物流口岸功能,改善运输结构和海关环境,发挥优势,形成边境商贸中心。二是21世纪以来推动和加强地方政府为主体的次区域合作。通过在靠近俄罗斯和朝鲜的地区开展制度性合作,深化并扩大跨境合作。珲春市位于图们江中段中俄朝交汇处,是中国陆路进入日本海的重要通道。[①] 珲春沿边经济合作区、出口加工区和中俄互市贸易区经过多年建设,经济一体化程度不断提高,沿边经济合作区升级为跨境经济合作区的条件逐步成熟,吉林省计划在图们江跨境边境建立经济合作区。《中国图们江区域合作开发规划纲要——以长吉图为开发开放先导区》由国务院颁布实施,明确提出积极推进俄、中、朝跨境经济合作区建设。作为中俄、中朝经贸合作的重要载体,图们江跨境经济合作区建设将进一步推动三国资源和区位优势向经济优势转化,也将深化中俄朝双边合作,争取在中国境内沿边地区合作发展中发挥示范作用。图们江地区跨境经济合作区的初步构想是以珲春沿边经济合作区为核心,以周边配套区为延边地

---

① 李钟林. 大图们江地区开发 [M]. 延吉:延边大学出版社,2006:198.

区的区域范围。同时，朝鲜和俄罗斯分别把罗先、哈桑经济特区作为经济特区区域。各方共同成立了相应的机构，在本区域实施"一区两国、封闭运行、境内关外、自由贸易"的模式管理，努力实现珲春边境"一线放开，二线搞活"，利用好国家给予珲春的资金、税收、投资等特殊政策，实施海关特殊监管，吸引人流、物流、资金流、技术流等在该地区集聚互动。充分利用两种资源、两个市场，实现区域繁荣发展。逐步建成投资贸易、出口转型、国际物流为一体的多功能经济区，建设从珲春—哈桑、珲春—罗先跨境经济合作区，通过辐射效应引导沿边地区经济发展。各方共同推动跨境合作。整合珲春市所有类型的特殊经济区，建立具有配套功能的海关特殊监管区，根据国际惯例优化珲春市的城市管理体制，搭建与周边国家跨境合作平台。

（二）珲春口岸的建设实践

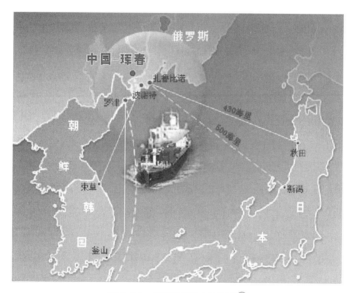

图 3-10　珲春区位示意图①

珲春地理位置优越，是中俄朝三国交界的几何中心。作为吉林省唯一与俄罗斯沿边接壤的陆路口岸，珲春是图们江地区开发开放战略的核心地带（见图 3-10）。珲春市东南与俄罗斯滨海沿边哈桑区接壤，西南与朝鲜罗津—先锋自由经济贸易区和咸境北道相邻，隔日本海与韩、日相望，周

①珲春市政府网站［EB/OL］.

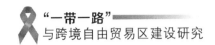

围对应着众多的俄罗斯和朝鲜的口岸，如波谢特、海参崴、罗津等，是国际客货海陆联运的枢纽，这些口岸均可通过公路或铁路与珲春相连。珲春口岸包括公路口岸和铁路口岸。1988年5月，经国务院批准，作为吉林省唯一对俄国际货物运输口岸的珲春口岸开始设立。1992年，国务院批准珲春市作为沿边开放城市，成立国家级沿边合作区。为方便多边经济贸易往来，国务院于1993年批准珲春口岸同时具备国际客货公路运输口岸资质，允许第三国人持有效证件通行。由此，珲春市开始进入沿边贸易大发展时期。特别是对朝、对俄沿边贸易大幅度上升。此后的2000年4月，国务院批准在珲春沿边贸易区内设立珲春出口加工区，2001年2月，在珲春口岸附近设立中俄互市贸易区。目前，这三个合作区已经成为具有工业生产、沿边互市、保税仓库、商业服务、居住旅游等多功能的国际合作开发区。2009年，国务院批复实施《中国图们江区域合作开发规划纲要——长吉图为开发开放先导区》，将珲春定为长吉图先导区的窗口。2012年4月，经国务院同意，正式批准在珲春市设立"中国图们江区域（珲春）国际合作示范区"，从九个方面赋予珲春特殊支持政策 。在中央的大力扶持之下，合作区的发展已初具规模。2012年，全区实现生产总值62.4亿元、财政收入3.75亿元、进出口总额8.47亿美元，同比分别增长30%、24%、26.4%。其中，出口加工区实现进出口总额3.2亿美元，同比增长20%；中俄互市贸易区实现对俄出口额4.3亿美元，同比增长4.9%，俄边民入区15.6万人次，同比增长20%。2012年2月，中方获得朝鲜罗先4、5、6号码头50年的使用权，并于同年8月同朝鲜签署了共同开发朝鲜罗先经济贸易区的相关协议，中朝罗先经济贸易区开发进入实质性阶段。此外，中俄共建的珲春—哈桑经济自由贸易区也有望实现重大突破。[①] 到2017年，全年实现地区生产总值149亿元，同比增长3.5%；规模以上工业总产值416.6亿元，同比增长3.4%；外贸进出口总额14.5亿美元，同比增长7.2%。[②] 中俄珲春铁路口岸位于珲春边境经济合作区南部，是连接中国、俄罗斯、日本、朝鲜等东北亚国家和地区陆海通道的重要节点。伴随口岸功能的不断扩展，已逐步成为长吉图规划和俄罗斯滨海2号规划实施

---

① 珲春市2011年政府工作报告 [EB/OL].
② 珲春市2017年政府工作报告 [EB/OL]. 2018-01-09.

的重要支柱，成为吉林省和沈阳铁路管辖的俄罗斯唯一铁路口岸。1998 年 12 月，国务院批准该口岸为国家一级口岸。珲春口岸距俄罗斯卡梅绍娃亚铁路口岸 26.7 公里。1999 年 5 月，珲春—卡梅绍娃亚站投入使用。2003 年 11 月，珲春—卡梅绍娃亚—马哈林诺铁路口岸试运行。在 2013 年，口岸常态化运行，并在当年年底进出口总量达到 1.1 万吨。2016 年，口岸的进口贸易获得"四大突破"，即首次进口杨树筷子、大规模进口面粉、进口煤炭 100 多万吨、进口大量板材、进口货物 200 多万吨。随着珲春铁路口岸功能的转变和增强，建立吉林省进出口的国际物流通道。[①]

在国家"一带一路"建设全面实施背景下，中俄就"冰上丝绸之路"建设达成共识，滨海 2 号线、"长珲欧"等合作项目继续推进。珲春要抓住机遇，不断提升向东连通俄口岸群面向日本海的开放合作水平，形成全方位开放新模式打造长吉图开发开放的桥头堡，不断谱写新时期珲春开放发展的新篇章（见表 3-4）。

表 3-4　珲春市享受的优惠政策

时间	政策支持
1992 年 12 月 9 日	《中国图们江下游珲春市开发大纲》是我国第一部有关图们江开发的规划，内容以项目支撑为主，规划范围是珲春市
1999 年	《中国图们江地区开发规划（1996—2020 年）》是我国第二部有关图们江开发的规划，规划范围是延边州
2003 年	国家关于振兴东北老工业基地的政策
2005 年 9 月	大图们江行动计划
2009 年 8 月 31 日	《中国图们江区域合作开发规划纲要—以长吉图为开发开放先导区》是我国关于图们江开发的第三个规划
2011 年 6 月 5 日	《兴边富民行动规划 2011—2015》

---

①中俄珲春铁路口岸 1—4 月进境货物量有望突破百万吨［EB/OL］. 2018-04-16.

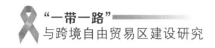
续表

时间	政策支持
2012 年	《国务院办公厅关于支持中国图们江区域（珲春）国际合作示范区建设的若干意见》
	国家赋予出口加工区的优惠政策
	国家赋予沿边经济合作区的优惠政策
	中俄互市贸易区优惠政策

五、新疆霍尔果斯国际边境合作中心

中哈霍尔果斯国际边境合作中心是在上海合作组织框架下国际区域经济合作的第一块试验田，是我国首个跨境经济贸易合作区和投资合作中心。根据 2004 年 9 月 24 日《关于建立中哈霍尔果斯国际边境合作中心的框架协议》、2005 年 7 月 4 日《中华人民共和国政府和哈萨克斯坦共和国政府关于霍尔果斯国际边境合作中心活动管理的协定》和 2006 年 3 月 17 日《国务院关于中国—哈萨克斯坦霍尔果斯国际边境合作中心有关问题的批复》成立。

（一）霍尔果斯口岸区位优势

霍尔果斯口岸具有十大商业优势：宏观环境优势、区位优势、国家通信优势、行政体制优势、功能优势、商标优势、进出口优势、内外部环境优势、气候优势，军事一体化优势。目前合作区内已提前建立了航空、铁路、公路、燃气等基础设施，便于合作区的功能定位。此外，中哈两国经济也有很大的市场和发展空间。从霍尔果斯出发，经阿拉木图、比什凯克、塔什干沿线，是中亚五国的人口密集区、市场中心和经济发展区，中亚五国的阿拉木图、塔什干两个市场中心也在其中，而且该区域也是我国轻工产品集散、消费的主要区域。因此中哈霍尔果斯国际合作中心将吸引大量国际与国内投资，对贸易投资产生乘数效应（见图 3-11）。

中哈优势互补，一是体现在产业方面，哈萨克斯坦的重工业与中国的生产服务业与轻工业相互互补；二是体现在要素方面，哈萨克斯坦具有资源优势，可以结合中国的资本效益与高新技术、劳动力、市场等。由于毗邻地理位置，中哈两国人文关系密切，文化经济发展方式和水平相近，这是中哈霍尔果斯国际边境合作中心发展的坚实基础。

图 3-11　霍尔果斯地理位置

合作中心的建设有两种经济合作形式，跨国经济合作开发区和跨境自由贸易区。该合作中心实行封闭统一的管理方针，人员和货物流动自由。总面积 5.28 平方公里，其中中国 3.43 平方公里，哈方 1.85 平方公里。其主要职能是贸易谈判、展览和销售、仓储和运输、酒店、商业服务、金融服务，以及一些举办各类区域性国际经济贸易展览会等。为了推霍尔果斯建设，使之成为中国通向中亚、西亚、欧洲，上海合作组织区域开放的、一体化的、自由贸易、投资、人员自由流动的国际贸易中心，建立了一个国际贸易模式。塑造一个大型的零售业，进而形成国际招标、订单采购平台，成为国际自由贸易口岸。并且，将在合作中心以南一公里的中国支助区建造 9.73 平方公里，以支持中心的发展，主要用于出口加工、保税物流、储存和运输①。

（二）发展现状

2011 年 2 月 25 日，中国新兴集团总公司与霍尔果斯特殊经济开发区

①竹效民. 中哈霍尔果斯国际边境合作中心功能定位及发展前景 [J]. 实事求是，2009
(1)：48-51.

管委会达成投资协议，计划投资 40 亿元建设五星级宾馆、高档写字楼、会议会展中心等设施。随着大企业大集团落户于此，形成良好的示范效应，预计今后 5 年，霍尔果斯口岸通关货物量将突破 5200 万吨，通关贸易额 405 亿美元，外贸企业实现进出口贸易额 110 亿美元，进入跨越式发展的黄金时期。

2012 年 1 月至 10 月，霍尔果斯口岸的海关货物运输量为 254 万吨，海关贸易额为 35 亿美元，比 2011 年同期增加了 4.37 倍和 1.57 倍。中方由"霍尔果斯国际边境合作中心投资开发有限责任公司"负责合作中心的开发建设工作。自 2006 年 6 月开工以来，开发和建设工作已进行了三年多，投资 8.8 亿美元，建造了 5 平方公里的基础设施，并在中部和各地区完成了部分围网工程。与此同时，作为支持中心发展的工业基地，补充区域规划区面积为 973 平方公里，累计投资 9.1 亿美元。哈萨克斯坦工业和贸易部在霍格斯边境合作中心设立了国有分支机构，专门负责哈萨克斯坦地区的发展、建设和管理，还拨款 230 亿坚戈作为基础设施建设资金，并已完成 90% 以上的建筑项目。霍尔果斯根据特别经济发展区投资促进中心提供的数据，加拿大高登仕集团、新疆华邦旅游开发公司和浙江神武石化公司、德商集团三个商业项目于 2010 年 9 月签订了投资协定。三个商业项目资金总额为 100 亿元。

2018 年 4 月，合作中心运行六年，成果显著，旅客人数增加。进出合作中心的人口已达 1779 万人，贸易额达 227 亿元，年平均增长率为 87% 和 225%。二是招商引资快速发展。推出 30 个投资项目，总投资额预计 300 亿人民币。其中，启动 18 个建筑项目，包括中免大厦、中哈黄金城、天盛国际、义乌商贸城等，4000 多个企业入驻中心，涉及数以万计的国内和国际商品。三是金融部门在不断创新。2014 年 3 月，中哈 18 个金融机构和法律援助会举行会议并商定就人民币创新进行合作。目前，合作中心设有 7 家商业银行，即中国银行、农业银行、工商银行、建设银行、邮政银行、农村商业银行。身为中国唯一一个与人民币基金有关的试点，项目中心可开展其国际投资融资和进出口业务。第一个跨界金融城市霍尔果斯于 2017 年 11 月 28 日成功落地。这个较小的金融城市侧重于新的金融产业结构，如租赁、供应链融资、商业保理和资金管理，充分利用人民币跨国界政策的创新优势，促进境外人民币的存款、贷款、清算和衍生工具交易，此外还建立了人民币清算中心和区域金融资产交易中心、区域黄金交易中心等资产交易平台，服务于"丝绸之路经济带"。

在"一带一路"合作倡议的框架内，合作中心已发展成为一艘载有"中国梦"和"丝绸之梦"的高速经济航空母舰在经济上持续繁荣，并且形式日益丰富、功能不断完善。与此同时，需要运用新的思想，发挥作为"大引擎"积极作用，并努力建设"一带一路"，促进互联互通的繁荣示范项目，促进霍尔果斯经济高质量发展。

六、云南省跨境合作区

云南具有独特的地理位置优势，"东连黔桂通沿海，北经川渝进中原，南下越老达泰柬，西接缅甸连印孟"，北上可连接丝绸之路经济带，南下可连接海上丝绸之路，是中国唯一能够通过陆路在东南亚和南亚之间进行联系的省份。习近平总书记在 2015 年 1 月访问云南时指出，云南需要建立一个促进民族团结的示范区、生态文明建设排头兵、面向南亚东南亚辐射中心。云南提出了中缅沿边地区的构想和定位，即积极主动提供服务，融入"一带一路"计划，围绕云南地区发展"三个新定位"，紧扣开发、开放两大主题，突出通道枢纽、产业基地、交流平台三大功能，努力将中缅沿边地区变成"一带一路"的重要一环，面向南亚东南亚辐射中心的关键节点，孟中印缅经济走廊建设的先行区。

云南省与周边国家在语言、文化、经济水平、自然资源和购买力等方面互为补充，建立了三个跨境经济合作区，即中越河口—老街跨境经济合作区、中缅瑞丽—木姐跨境经济合作区、中老磨憨—磨丁跨境经济合作区。以实现新的工业化以交通基础设施建设为保障，走新型工业化和特色经济、外向型经济之路，有效地促进经济走廊沿线国家和地区发展的良性互动。

（一）云南省区位优势

云南与越南、老挝和缅甸直接接壤，陆地边界 4060 公里，有 13 个第一类口岸和 7 个二类口岸。通过建立运输网络，独特的地理优势已成为经济和商业的优势，随着中国与东盟自由贸易区的建立，云南边陲的不利条件已成为国家走廊的优势，并在 2000 年，云南就成为连接东南亚和南亚的

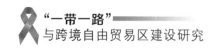

一条重要陆地通道，称为"南方古丝绸之路"。云南省与邻国在工业结构、资源结构、发展条件和能源消费水平方面的互补性是显而易见的。例如，在农业领域，泰国和越南是世界上主要的稻米出口国，云南省在水稻品种研究和开发以及农业水文学开发方面拥有相对较高的技术水平。因此，双方可以在农业方面相互合作，并鼓励出口农业机械和农业水利设施。另外，越南、老挝和缅甸森林资源丰富，森林覆盖率分别为 37％、40％ 和 67％。云南的木材加工技术更加突出，联合开发和联合使用将为这些国家和云南带来更多的经济机会和利益。与东南亚和南亚不同，进出口的商品结构也不同，云南省的进口商品中，木材、矿物和农业副产品占总进口的 80％ 以上。向其他国家出口的绝大多数为工业制成品，云南省建筑材料、纺织品、家用电器和机械设备是这些国家所需的商品。目前，云南口岸的出口商品化工产品占 24.23％，机电产品占 19.82％，农产品占 18.69％，贱金属品占 11.65％，轻纺类产品占 10.63％[①]。

在对外开放中，云南将建设成向东南亚转移东部工业和出口加工的基地。未来，云南应当积极采取"走出去"的战略，充分利用其技术、人力和财力优势，并与邻国开展经济和技术合作，为云南地区参与区域经济合作创造有利条件，促进云南地区经济开放。云南与越南、老挝和缅甸的边界地区在风土人情、习俗和语言之间大致相近。云南的河口、磨憨、姐告分别是昆明到河内海防、昆明经老挝到曼谷、昆明到仰光三条经济走廊的重要节点。尤其是，该地区的市镇和郡具有各自的地理优势：中国的河口县与越南老街市（老街省会）仅一河之隔，位于同一个坝区，通过中国—越南公路桥和滇越铁路桥贯通，形成了两国一城的态势。德宏州瑞丽城市与缅甸联邦接壤，与缅甸木姐共同构成一坝（瑞丽坝）、二国（中国、缅甸）、三省邦（云南省、克钦邦、掸邦）、四区（姐告沿边贸易区、畹町开发区、瑞丽沿边经济合作区、畹町合作区）、五城市（瑞丽、畹町、木姐、南坎、九谷）的沿边地理特色，同时还拥有两个国家级口岸、两个国家级沿边经济合作区以及中国唯一实行"境内关外"管理模式的沿边贸易区。

云南省对外开放的基本思路，坚持因地制宜、突出特色，坚持务实合作、互利共赢，坚持产业驱动、改革创新，坚持兴边富民、改善民生，统

---

①张静，陈智刚，张兴燕. 云南口岸物流发展初探 [J]. 集体经济，2009 (5).

筹沿边开发开放，以开放带动开发，以开发促进开放。继续深入实施兴边富民工程，增强沿边地区综合经济实力，促进我国重要沿边经济带的形成，为扩大沿边开放提供有力支撑；坚持错位发展和联动发展，加快推进开发开放试验区、边（跨）境经济合作区、海关特殊监管区建设，探索沿边自由贸易（试验）园区建设，构建形式多样、功能丰富、布局合理的多层次沿边开发开放平台；坚持体制机制创新，积极探索沿边地区开发开放的有效模式和经验，培育发展开放型特色优势产业，深化与周边国家的经贸合作和人文交流，为"一带一路"建设和孟中印缅经济走廊、中国—中南半岛经济走廊建设做出贡献。按照"一带、五支点、多平台"的战略布局，继续深入实施兴边富民工程，全面推进互联互通，促进各类开放平台和开发开放功能区建设取得明显成效，拓展深化与周边经贸交流合作，进一步提升云南沿边开发开放水平。[①]

一带（沿边境线开放经济带）：以沿边、跨境铁路公路等基础设施为依托，加快形成沿边经济带。

五支点：在国家规划建设的孟中印缅经济走廊、中国—中南半岛经济走廊战略方向上，结合云南省沿边地区实际，依托一个或一个以上的国家级开发开放平台，加快建设瑞丽、临沧、腾冲、勐腊（磨憨）、河口五个我国面向西南开放的沿边战略支点。

多平台：在基础设施相互连接的基础上，建立一个多层次、多样化、功能完善和结构完善的发展平台。重点强调开发开放的试验区、沿边界的经济合作区、跨境经济合作区、特别海关管制区，边界沿线自由贸易（试验）园区等。

到2020年，云南开放经济的新体制将基本建立起来，沿边地区的综合实力将增加到新的水平，生活水平将大大提高，加强边界沿线的和谐与安宁。瑞丽、勐腊（磨憨）重点开发开放试验区战略支点作用日渐凸显，中缅、中老、中越边（跨）境经济合作区全面建成，海关特殊监管区和职能相对完善，边境自由贸易（试验）园区的建设（试点）证明是成功的，已全面建成形式多样、功能丰富、布局合理的多层次沿边开发开放平台体系。并继续完善了与邻国的合作机制，扩大了合作领域，加强了与邻国的

---

①不断推进云南沿边开发开放［N］．云南日报，2017-04-21．

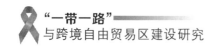
合作。边界对外开放的水平和效力都有所提高，对外贸易大幅度扩大，开放程度大幅度提高。

（二）跨境经济合作区的功能定位

中越河口—老街跨境经济合作区是云南省率先启动建设，目前配套设施最完善、条件最成熟的跨境经济合作区。2005 年，云南红河州与越南老街省签署了《中国红河—越南老街经济合作区方案》，该方案明确了跨境经济合作区建设的范围，即红河州以州府蒙自为中心，投资 70 亿元人民币，建设 65 平方公里的红河工业园区，在河口县投资 12 亿元人民币，作为跨境经济合作区的中方范围。越南老街市投资 5 万越盾，规划建设 62.5 平方公里的老街国际口岸、贵沙矿区、金城商贸区，以及腾龙工业区、老街新坡东南方工业区、老街北沿海工业区，作为跨境经济合作区越方范围，以及 2.85 平方公里的河口北山口岸区共同构建。按照云南省政府和越南老街省人民委员会签署的《关于进一步推进中国河口—越南老街跨境经济合作区建设的框架协议》，跨境合作区分为核心区域和扩展区域。其中，中国河口县的北山片区和越南老街市的金城商贸区对接形成的 5.35 平方公里"围栏封闭"的核心区域，着力发展现代物流、国际会展、进出口保税加工、金融保险服务、宾馆餐饮等产业。在此区域内，中越双方交通、海关、公安、检验检疫、边防、商务等部门将相互配合、协调解决合作区内相关问题，建成"投资优惠、贸易便利、高度开放"的合作机制。同时将河口北山片区、蒙自红河工业园区、越南老街口岸经济区及腾龙工业区总面积为 129.85 平方公里的区域规划为扩展区域，重点发展农林牧渔产品深加工、特产资源和有色金属深加工、化工及化肥生产、机电产品加工和保税区等特色工业园区，目标是建成承接发达地区产业转移的出口加工基地。扩展区不封闭，实行双方"计划和规划协调分工合作、互惠互利"的管理模式。跨境经济合作区计划在区内开展八个方面的合作：合作开展基础设施建设，合作开放双方优势自然资源，相互合作促进结构调整，合作创造投资环境和招商引资，合作技术研发、技术推广，促进贸易和投资便利化，积极开展社会事业合作，加强环境保护和司法互助的合作。

中缅瑞丽—木姐跨境经济合作区覆盖了中国瑞丽和缅甸木姐的整个行政区。瑞丽方面积预计为 285.6 平方公里，缅甸方面积为 300 平方公里。

其中在"缅甸内外"边境商业区与拜明南河区莫埃地区沿边境商业区建造缅甸—中国跨界商业活动中心。其主要职能是进出口贸易、保税仓储、资源开发和服务创新。其主要职能是为缅甸和南亚国家生产和组装工业产品，并为中国市场深入开发以资源为基础的产品。以昆明—仰光经济走廊、昆明—南亚经济走廊、沿边地区的传统商业供应区是中国—缅甸跨国界合作区的经济中心，该项目分为三个职能领域，即中缅跨境合作区主体区、中缅跨境合作中心姐告、畹町中缅跨境工业区，根据需要整合这三个领域的资源。同时，将在三个职能地区开展人民币边境化的前期试点活动、税收优惠、贷款发放等工作。建立综合经济合作区的跨界贸易，包括国际贸易、保税仓储、进出口产品装配、国际会展、跨境金融保险服务、跨境旅游业的采购、跨境投资和边境社会发展合作。

通过建立一个中老跨境经济合作区，提高云南边境沿线的总体开放水平。各方分配了 3 平方公里的土地，并将磨憨市与老挝磨丁市划为经济合作区。合作区范围分为核心区和支撑区分为两部分：中方核心区为中方批准的磨憨沿边经济贸易区，周边支撑区为西双版纳；老方核心区为磨丁金城经济特区，周边支撑区为南塔省。合作区的基础将是在昆明—新加坡之间建立一条国际大通道和经济走廊，并将成为口岸旅游和商业服务、仓储物流（包括铁路物流区）、保税区、替代工业加工区和综合服务合作区，努力建立一个新的经济合作区"两国一城"，成为一个真正一体的综合贸易区，包括贸易、加工、物流、旅游和会展等部门。

（三）发展现状

1. 中越河口—老街跨境经济合作区发展现状

中越河口—老街跨境经济合作区是在云南省建立的第一个跨境经济合作区，也是在河口省建立的最发达和最成熟的跨境经济合作区。2010 年 6 月 8 日，云南省政府和越南老街省人民委员会正式签署了《关于进一步推进中国河口—越南老街跨境经济合作区建设的框架协议》。根据协定，跨境经济合作区的第一阶段是建设位于北山的越南中部商业区，面积为 2.58 平方公里，和位于越南老街的金城商贸区域的中越红河商贸区，面积为 2.5 平方公里。商务区总面积 5.35 平方公里，由中越红河商务桥连接，构成跨境经济的核心区。在中部地区，主要发展现代化物流、进出口税加

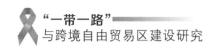
工、金融保险服务、国际交易会、旅馆业、酒店餐饮等产业。第二阶段主要是扩大北部山区、红河工业园区、越南老街口岸、天龙工业区和吉矿业区的跨界经济合作区。规划面积已扩展到129.85平方公里。其重点是能源合作、矿物资源合作、技术资源合作、农林业产品合作以及产品加工方面的贸易合作。2013年3月，"三区一体"管理委员会成立，由河口经济合作区、跨境经济合作区和进出口加工工业园区组成，目的是建立一个集中、精简、高效和务实的管理系统和业务机制，以加强和改进管理。

现在，由中国和越南在河口和老街轮流举办经济和贸易展览会，使河口与老街逐渐成为中越沿边地区经贸合作和昆河经济走廊。在管理体制上，在核心区域形成"两国一区、封闭运作、境内关外、自由贸易"的管理模式，并实施了自由贸易区政策。在贸易区采取的其他措施包括：有效证件的出入境、车辆和货物的流动、外汇自由、投资奖励和优惠。在扩展区实行"计划和规划协调、分工合作、互惠互利"的管理模式，进行统筹协调的规划和分工，利用双方经济上的互补性所形成的比较优势开展分工合作，为所有人创造了双赢的局面。此外，双方口岸管理部门之间建立了密切合作，以便及时、有效地解决口岸问题，并大大改善货物的清关条件。

2014年2月中方已着手制定一项详细的跨区域总计划和管理计划，并于4月由云南省商务部与发展和改革委员会共同发表了一份关于昆明河口建设总计划执行情况的定期报告，征求了有关省级部门的意见。2014年1月，河口区开始对土地使用总体规划进行评估。2016年6月，河口区开始对土地使用总体规划修订。根据该决议，经济合作区建设的总面积为486.22公顷，按照土地利用总计划的规定为125.44公顷。

2016年11月12日举行了隆重的仪式[①]，启动了中国（河口）越南（老街）跨境经济合作区云南惠科（河口）电子信息产业园项目暨云南能投河口跨境经济合作区综合发展开发项目。云南省汇科（河口）电子信息工业园区是一个重要的筹资项目。主要目的是促进和发展电子信息基础设施和硬件，这也是跨境经济合作区的第一个重大工业投资项目。该项目建

---

①中国（河口）越南（老街）跨境经济合作区项目开工仪式隆重举行［EB/OL］. 2016-11-12.

设将分为三个阶段，总面积 553.81 亩，厂房面积 40 万平方米。到 2020 年，将同时创造 5 万个就业机会，总产值将达到 100 亿美元。

2017 年 12 月 12 日，在云南省河口区举行了跨境经济合作区高科技工业园区项目落成典礼。① 这是云南润盛科技投资 35 亿元建设的一个工业电子信息园区。该项目面积 20 公顷，将分三个阶段实施，主要制造智能电话、手环、平板电脑、儿童熊出没品牌产品和计算机云平台、北斗卫星通信产品、行车记录仪系统、车辆产品、智能住宅、有形网络和终端产品以及开发系统设计研发。2018 年 8 月完成第一阶段工程，年产量超过 20 亿元。项目完成后，年产值将超过 40 亿美元。

2. 中缅瑞丽—木姐跨境经济合作区发展现状

瑞丽的对外经济合作，在 20 世纪 80 年代已经开始探索。1990 年，姐告建立沿边商业区。2000 年 8 月 28 日，瑞丽建立了海关负责检疫进出口货物。由此，姐告成为边境检查站成为"境内关外"的跨界贸易区，并拥有特殊的管制模式和优惠政策。来自国内的货物进入姐告沿边贸易区即视为出口，不再受海关监管，而来自缅方的商品进入贸易区，在未越过姐告大桥中心横线进入市区前，不被视为进口，可免于向海关申报。2010 年 4 月，《中共中央国务院关于深入实施西部大开发战略的若干意见》提出"积极建设广西东兴、云南瑞丽、内蒙古满洲里等重点开发开放试验区"。在条件成熟的区域设立跨境经济合作区，是瑞丽一个巨大的飞跃，为发展和建立中缅瑞丽木姐的跨境经济合作区创造了新的历史性机会。根据相关规划，合作区中方范围包括瑞丽市全境（含畹町）1020 平方公里，缅方范围包括木姐市区、105 码贸易区和九谷市区 300 平方公里，合作区包括约 30 万人口（中方约 16 万人，缅方约 13 万人）。其中，以实施"特殊海关监管模式"的姐告和木姐市区为合作区的核心区，以瑞丽约 300 平方公里的坝区和木姐 300 平方公里共计 600 平方公里的范围共同构成合作区的主体功能区，中缅双方力争将合作区建成为多功能为一体的综合型跨境经济合作区。

该地区主要功能区比计划提前开始建设，主要功能区的水、电、通信、运输等基础设施的建设速度加快。关于该地区的外部运输，大瑞铁路

①云南河口跨境经济合作区高新产业园奠基［N］. 中国质量报，2017-12-13.

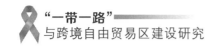
保瑞段，昆明至保山、保山至龙岭高速公路建成，龙岭至瑞丽二级公路的修建工作已经开始。中国—缅甸石油和天然气管道项目的建设为未来的发展提供了新的机会。中国的姐告由于多年来实施了特别管理模式和优惠政策，已成为中国和缅甸的一个后勤物流和信息中心，大大推动了合作的步伐与两国间的贸易和建设步伐。另外，早在 2000 年，中国瑞丽与缅甸木姐就建立了"中缅沿边经贸交易会"机制，并已成功举行多年，吸引了许多国家政府和公司的参与，影响力不断扩大。一系列合作机制和平台，如中国—缅甸网络嘉年华会和边境贸易当局定期会晤，也为建设和发展合作区打下良好基础。

2007 年初，德宏州委、州政府启动中缅瑞丽—木姐跨边界经济合作区示范项目工作。2013 年，缅甸初步接受经济合作区的构想。在 2017 年 5 月，签订了《中国商务部与缅甸商务部关于建设中缅边境经济合作区的谅解备忘录》，标志着中缅边境建立经济合作区方面取得了重大进展。中缅双边沿边经济合作区是中国与毗邻国家根据沿边地区经济发展状况和产业特点，在沿边接壤地区各自划出一定区域实行共同建设、共同管理、共同受益的特殊区域，是毗邻国家创新合作模式、加快沿边地区开放步伐的重要平台。特别是近年来，针对如何主动服务和融入"一带一路"倡议，根据省委书记陈豪关于中缅边合区"应边建设、边申报、边汇报，不等不靠，主动作为，切实加快我方区域总体规划和建设工作，确保我方区域建设水平优于对方区域"的指示要求，德宏州主动作为，先行先试，做了大量打基础、增后劲、利长远的工作，为扎实推进中缅边合区建设奠定了坚实基础。

3. 中老磨憨—磨丁跨境经济合作区发展现状

磨憨位于云南省最南端，与老挝磨丁口岸接壤，是我国通向老挝唯一的国家级口岸和通往东南亚最便捷的陆路通道。磨憨口岸 1992 年被批准为国家一类口岸，1993 年正式开通。2001 年，磨憨沿边贸易区正式成立，2006 年更名为"云南西双版纳磨憨经济开发区"。此后，随着昆曼公路于 2007 年建成通车，中国—东盟自由贸易区成立，磨憨口岸发展日益加快，中老沿边贸易迅速增长，都为中老跨境经济合作区的建设奠定了坚实的基础。2010 年 9 月 6 日，中国西双版纳磨憨经济开发区管理委员会与老挝磨丁经济特区管理委员会在老挝磨丁正式签订了《中国磨憨—老挝磨丁跨境经济合作区框架性协议》。根据协议，中老磨憨—磨丁跨境经济合作区的范围确定为核心区和支撑区两个部分。中方核心区为国家已批准的磨憨沿边经济贸易区，周边支撑区为西双版纳地域范围。老方以磨丁黄金城经济特区为核心区，周边支撑区为南塔省。合作区由口岸旅游贸易区、仓储物流区、保税区、替代产业加工区和综合服务区五个部分组成。2009 年 6 月 23 日，云南省政府与老挝有关政府部门正式签订《中国云南—老挝北部合作特别会议既工作组第四次会议纪要》，同意加快中国磨憨—磨丁跨境经济合作区的建议，并制订和出台了相互配套的跨境经济合作区优惠政策。在两国政府有关部门的大力推动下，各方累计投资近 1.6 亿元，完成了磨憨口岸大道、货场道路、自来水工程、水库道路等基础设施建设。磨憨口岸的口岸功能不断得到增强，口岸进出口人员、货物、交通运输工具快速通关的便利化工作在加紧进行。与此相适应，老挝的沿边贸易区一直受到老挝政府的高度重视和大力推进，其规划建设的商贸区、居住区、高尔夫别墅区、酒店四大功能区初具规模。目前，磨丁已被老挝政府批准为国家经济特区，老挝海关的口岸管理部门已后撤 18 公里，形成"境内关外"的特殊管理区域，享有一系列优惠政策。

2014 年 6 月，中老两国签署了《关于建设磨憨—磨丁经济合作区的谅解备忘录》。2015 年 8 月 31 日，在中国国家主席习近平和老挝国家主席朱马里·赛雅颂见证下，中国商务部部长高虎城与老挝副总理宋沙瓦·凌沙瓦在京分别代表两国政府正式签署《中国老挝磨憨—磨丁经济合作区建设共同总体方案》。2016 年 11 月，中老两国签署了《中国老挝磨憨—磨丁经济合作区共同发展总体规划（纲要）》。会议记录由双方在会后签署，表示双方支持在两国之间建立一个经济合作区，以便利云南和老挝企业从磨憨—磨丁口岸通关，提高效率和缩短通关时间。同时，双方建立了绿色窗口和专用通道，合作开展一体化查验，探索开展查验互认，保障中老铁路建设物资快速通关。另外，双方还将加强在信息交流和执法方面的合作，重点是打击走私粮食、濒危动植物种和毒品的活动。

中国的"一带一路"倡议，加快了中老跨境经济合作区建设，并将有序推进人民币国际化，满足中国与东南亚跨境金融合作和跨境融资的需要。老挝和中国的银行 2017 年 8 月 4 日在老挝磨丁经济特区设立磨丁分行借助磨憨—磨丁跨境经济合作区的政策和区位优势，借助磨丁经济特区建

设和中老铁路建设契机，最大限度地发挥混合银行的优势，安全、有效地向中国企业和海外投资商提供金融服务和金融产品，包括内部和外部结算，为深化中老经济合作提供一条快速通道。

在 2018 年 5 月 14 日，中国商务部副部长高燕与老挝计划与投资部副部长坎连·奔舍那在云南省昆明市共同主持召开了中国老挝磨憨—磨丁经济合作区联合协调理事会第一次会议，审议通过了中国老挝磨憨—磨丁经济合作区联合协调理事会工作方案，听取了关于园区和工作组工作的报告，并就共同关心的问题交换了意见，双方同意在建设合作园区、促进贸易、投资和人员流动方面共同努力，并根据理事会的机制，促进两国之间的工业合作。

（四）经验总结

云南省跨境经济合作区将边界的屏蔽效应向中介效应转化的重点放在了对空间和功能的划分方面，这样更有利于区位和资源优势的充分发挥。与此同时，按照三个跨境经济合作区发展的难易程度，采取先难后易、逐步推进的原则，促进边界的屏蔽效应向中介效应转化，从而辐射带动其他区域。中越河口—老街跨境经济合作区被分为核心区域和扩展区域，两个区域中所重点发展的产业不同，制定的发展目标也不同，从而更加有利于合作区的长远发展；中缅姐告—木姐跨境经济合作区被细化为三块功能区，有利于因地制宜，制定出更加切实有效的优惠政策和发展规划，使合作区更好更快地发展；中老磨憨—磨丁跨境经济合作区将范围划分为核心区和支撑区两部分，根据其沿边地区的实际情况，划分主次，制定符合区域实际情况的个性化发展规划与发展目标，能够有效地推进合作区的发展。在三个跨境经济合作区的建设中，由于所面对的三个国家在政治制度、经济发展进程与我国存在着一定的差异，因此，云南省政府提出先易后难、逐步推进的原则，采取"政府推进、企业运作、贸易先行、工业支撑、旅游拉动"的管理思路，以此来稳步推进跨境经济合作区的建设。中越河口—老街跨境经济合作区作为云南省率先启动建设、目前配套设施最完善、条件最成熟的跨境经济合作区，要带动其他合作区的发展。具备条件的要给予优先发展权，促进整体的进步，达到均衡协调发展。

跨境经济合作区建设是一项探索性、政策性很强的复杂的系统工作，没有现成的经验可借鉴，没有现成的路子可走。要以改革创新的思想和理念，从理论、实践层面进行积极研究和探索，正确梳理和处理好各种关系，全面推动各项工作，打造具有核心竞争力和独特吸引力的合作区。要进一步健全完善管理体制机制，体制机制创新是加快合作区建设发展的突破口和动力源。

第三节　国内外跨境经济合作区实践的经验启示

跨境经济合作区建立的目的就是最大程度的降低边界的屏蔽效应，充分利用其中介效应，进而促进经济的发展。对跨境经济合作区的理论与国内外成功的实践经验进行分析，可以得到以下启示。

一、国家地方企业多方推动是跨境经济合作区边界效应转化的动力机制

欧洲联盟内部的跨境合作管理机制是一个涉及超国家主权的多层次治理机制，涉及管理超国家主权、国家、次国家三个层面。各层面的作用是互补的，行动是相互依存的，目标是一致性。在超国家主权方面，其特殊性使欧洲联盟能够在整个欧洲地区汇集广泛的信息、技术和社会资源。以莱茵河区域跨境经济合作区为例，欧盟在促进跨界合作方面的作用主要是为小型但切实可行的项目提供专项资金，如边境信息和咨询中心、上莱茵委员会秘书处、三国工程学校等，以便有效支持跨界合作，提高沿边地区的竞争力。再看一看另一个跨境合作的成功实例。在美墨边境经济合作区内，还设立了跨国家区域跨界协调机构，从而使区域合作进入了一个实质性阶段。同时，两国之间的边界联络委员会在降低合作费用和解决问题方面发挥了重要作用。次国家层面是指该地区的地方基层在合作中发挥关键作用。跨国界的欧洲联盟各级治理机制极为重视地方政府，主要是通过权力下放的原则提高自主程度，地方政府独立解决问题。从某种意义上讲，将国家权力下放到次国家层次，就可以在所有方面及时有效地协调关系和解决问题。此外，跨国境经济合作区要取得成功，企业的充分运作是必不可少的。美墨沿边合作始于产业转移，随后是工业集中对经济的影响，更

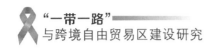

多的企业被吸引到集群中，而企业又推动了边境沿线的合作，使边境沿线的贸易充满活力。

二、产业集聚是跨境经济合作区建立的良好环境和条件

上述将产业集聚列为收益趋向型和成本趋向型，并得出结论认为，产业集聚的动态取决于所在地的条件和工业集中本身的主观需要。例如欧洲联盟提供的财政援助提高了产品的相对价格，优惠项目投资提供了基础设施服务。我国的跨界经济合作区具有地理优势，有着广泛的经济腹地和发展空间，可以满足发展中国家扩大市场的需要。

三、良好的双边关系是跨境经济合作取得成功的重要保障

跨境经济合作区建设有赖于各国之间的政治互信、良好的双边经济和贸易关系。建立跨境经济合作区在某种程度上涉及主权的转让，如果当事方不能达成协议，合作将是困难的。再以中哈霍尔果斯国际沿边合作中心为例。自 2003 年 6 月以来，哈萨克斯坦总统提议在中哈沿边地区霍尔果斯建立自由贸易区，中哈两国元首达成共识为中心的建立注入了巨大的动力。同时，中哈之间良好的双边经济和贸易关系是成功合作的基础。哈萨克斯坦是我们在中亚区域的主要贸易伙伴，双方在经济资源等方面具有很强的互补性，且双方一直保持着良好的经济和贸易关系。霍尔果斯口岸的海关货物通关量成为中哈对外贸易的一个重要部分。这些是中哈霍尔果斯国际沿边合作区取得成功的主要因素。

四、功能定位是跨境经济合作区实现差异化发展的前提

由于地理优势的不同，不同的跨界经济合作区也有不同的职能。因此，一个积极的经验是在他们自己的背景下强调他们所在地的优势。例如墨西哥和美国在马凯拉多建立工业园区，作为典型的出口加工区，其功能定位是墨西哥人力成本低，美国资本资源丰富，因此使园区以成本费用和市场为主。再如中哈霍尔果斯国际沿边合作中心的职能是以口岸位置优势为基础的。霍尔果斯口岸是中国与中亚五国、俄罗斯等"上海合作组织"其他成员国之间最大和最密切的贸易口岸，也是中国从中亚到西亚、中东和欧洲的过境桥梁。霍尔果斯口岸在长期的经济发展中积累了强大的对外

贸易和进出口优势。因此，该区是按照跨国经济合作区和跨界自由贸易区的经济合作模式建立的，充分利用了霍尔果斯口岸的地理位置优势。

五、特殊的优惠政策和协商机制是合作区建设的重要保障

中哈霍尔果斯跨境合作区的特殊优惠政策和美墨沿边合作区的政策，可以实现在合作区的自由贸易流动，关税及增值税的免征收，这是目前其他合作区所没有的。因此，跨境经济合作区建设过程中还需要不断地进行沟通协商，获得更多的财税优惠政策。

（一）加强资金保障，确保合作区建设目标顺利实现

建立跨境经济合作区，特别是发展基础设施，需要财政支持和帮助。在建立跨境经济合作区背景下，欧盟设立了特别基金，以支持经济区的建设。对上莱茵河流域，建立了学校和咨询公司，为该区域的发展提供人才保障。美国和墨西哥跨境经济合作区成立了北美开发银行，向企业提供财政援助。金融机构的开放和人民币自由兑换成为中哈霍尔果斯国际沿边合作中心发展的关键因素。在建立跨界经济区的过程中，需要扩大资金来源，解决资金不足的问题。努力激活民间投资，多方位、多渠道筹集建设资金，可以开辟国际援助的渠道，以获得国际技术和财政援助。

（二）加强科技和人才保障，不断提高合作区发展后劲

合作区要构建服务园区建设的科技创新体系，制定有利于科技进步的政策措施，鼓励技术入股、科技投资，不断提高合作区的科技含量。加紧高新技术领域和急需人才的培养，引进具有国内领先水平、积极参与国际科技竞争的学术带头人和各学科领域起骨干作用的高层次中青年专家，发掘人力资源在科技进步和经济增长中的巨大潜力。

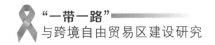
第四章　广西沿边开发开放的
实践探索及存在问题

　　广西处于华南经济圈、西南经济圈和东盟经济圈的交汇点。这是中国西南部最便捷的出海通道，也是中国与东盟开放合作的窗口。随着"一带一路"建设的深入推进，广西沿边地区已成为"一带一路"建设的试点对象，加快"走出去"和"引进来"步伐，成为实现"三大定位"、加快形成"四维支撑、四沿联动"新格局的关键地区。广西1020公里陆地边境线，是我国2.28万公里陆地边境线中的"黄金边境线"。建设通往东盟的重大国际通道，为西南地区和中南地区开放发展创造新的战略支点，为"一带一路"一体化建设重要门户。广西正致力于有机衔接陆路通道和海上通道，推进与东盟国家互联互通，加强通道建设和跨省区产业合作，有效服务中南和西南地区的产业发展。同时，以东盟合作为重点，建立一系列创新开放平台，采取了多领域与重点突破相结合的合作模式，把沿海沿边沿江的区位优势转化为开放发展的集成优势和综合优势。大力提升人民生产生活水平，促进地区经济社会持续健康发展，实现边疆和谐繁荣发展，构建全方位对外开放发展新格局。

第一节　广西沿边开发开放初步成效

　　改革开放以来，国家在整体发展战略设计、行业布局，财税状况等方面对广西有一系列优惠政策。

　　在"一带一路"建设全面进入实施的新时期，国家推出了《国务院关于支持沿边重点地区开发开放若干政策措施意见》《国务院关于加快实施自由贸易区战略的若干意见》《西部大开发十三五规划》《北部湾城市群发展规划》等文件，广西壮族自治区政府为参与建设丝绸之路经济带和21世纪海上丝绸之路，制定《广西沿边地区开发开放"十三五"规划》和《广西扩大开放合作和促进开放型经济发展"十三五"规划》等文件，使广西成为中国对外开放和"一带一路"建设的先锋，在区域发展总体战略和互利共赢开放战略中的地位和作用显著增强。一方面，陆续修建边境口岸，先后建设或改造了友谊关、东兴、水口、龙邦、凭祥等沿边一类口岸和北海、防城港、钦州等口岸基础设施，使口岸通关设施及其国家口岸形象进一步改善，口岸通关能力显著提高。边境贸易和边民互市贸易也显示出良好的发展势头。另一方面，据统计，2017 年广西货物进出口，总额为3866.34 亿元，同比增长 22.6%。出口 1855.2 亿元，增长 22.3%；进口2011.14 亿元，增长 22.9%。贸易逆差 155.94 亿元，比上年增加 36.19 亿元。对东盟国家的进出口总额为 1893.85 亿元，比上年增长 3.7%。其中出口 1062.46 亿元，增长 6.7%；进口总额为 831.39 亿元，与前一年持平。在 2017 年广西外贸进出口中，边境小额贸易和与东盟和"一带一路"沿线国家的贸易快速发展[1]。

第一，边境小额贸易迅速发展。2017 年，广西沿边贸易进出口总额（小额沿边贸易加上互市贸易）达到 1469.8 亿元人民币，同比增长 0.9%，占同期广西外贸总额的 38%。其中沿边小额贸易进出口 836.3 万元，增长5.8%且占有 21.6%；边民互市贸易出口总额 633.5 万元，下降 5%，占比 16.4%[2]。

第二，东盟和"一带一路"国家等重要市场发展良好。广西对东盟进出口 1893.9 亿元，增长 3.7%，占比 49%。其中，对越南进出口总额1626.3 亿元，增长 2.1%。在"一带一路"沿线国家中进出口总额 2100 亿元，增长 5.2%，占 54.3%。[3]

第三，边境贸易促进了居民的就业，中国和越南边境"东盟元素"口岸经济的发展推动了广西边境繁荣。龙州依靠口岸的优势，顺势发展以贸转工，凭借土地、资源和人力的优势，成为全区陆路口岸发展的黑马。中

---

① 资料来源：广西壮族自治区 2017 年国民经济和社会发展统计公报。

② 资料来源：中华人民共和国海关，2017 年广西外贸进出口快速发展外贸结构进一步优化。

③ 资料来源：中华人民共和国海关，2017 年广西外贸进出口快速发展外贸结构进一步优化。

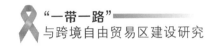

国每年从越南进口的腰果有 75％销往全国各地，龙州水口口岸已成为中国最大的腰果进口口岸。凭祥发展专业市场，促进口岸特色产业发展。专业市场的繁荣将促进行业的发展，进而促进专业市场的繁荣。红木产品是凭祥口岸边境贸易的一大特色。凭祥利用这一特点，利用口岸贸易的优势，推动了红木产业从初级的"过境贸易"向深加工的家具和红木工艺品的转型。经过 20 多年的发展，凭祥已成为中国最大的红木市场和中国最大的内陆口岸城市。东兴正在试点区内规划一批重点产业和试点项目，总投资 3078 亿元。项目设计将以边境地区为中心，推进到包括冲榄工业园、深圳产业园、跨境经济合作区、综合保税区等"两园两区"。

一、防城港市开发开放成效

防城港市地处中国东部沿海南端和西南沿边起点的交汇处、广西北部湾之滨，是中国仅有的两个沿边与沿海交汇的城市之一。口岸始建于 1968 年，1993 年设市，总面积 6222 平方公里，辖港口区、防城区、上思县、东兴市。有汉族、壮族、瑶族、靖族等 33 个民族。它是京族唯一的居住地，也是北部湾海洋文化的主要发源地之一。防城港市是 21 世纪"海上丝绸之路"的重要发端，也是国际海湾城市。

防城港市毗邻越南北部最大的开放城市芒街，是中国西部地区唯一连接陆地和海洋的城市，具有口岸位置、交通、物流、政策、产业、生态、资源等优质资源，是中国—东盟海陆主门户、大通道。防城港试验区建设为深入推进西部大开发，提高与东盟开放合作水平，实现睦邻的安全和繁荣，为国家沿边开发开放兴边富民探索路子。

防城港市充分利用城市的位置优势和中国—东盟自贸区建设的历史性机遇，努力创建面向东盟第一城，为沿边开放试点建设奠定坚实的基础。防城港市正在重点推进北仑河国际贸易中心、防城至东兴高速铁路、东兴新城、北部湾跨国旅游区、北仑河第二座桥、大型物流园区、进口资源加工区、国际邮轮码头和东兴—芒街跨境经济合作区建设与配套基础设施建设，打造符合国家发展战略定位，体现试验区功能定位、具有较强驱动力的标志性工程。

（一）开发开放经济实力显著增强

1. 防城港市经济发展概况

防城港市近年来经历了快速的经济增长，二产占比超过一半，工业地位占比明显。据初步统计，防城港市 2017 年全年生产总值 741.62 亿元，同比增长 6.7%（按可比价格计算，同比，下同）。按常住人口计算，人均国内生产总值为 79351 元。在产业部门，第一产业增加值为 89.27 亿元，增长 3.9%；第二产业增加值 421.23 亿元，增长 6.4%；第三产业增加值 231.12 亿元，增长 8.3%。三次产业对经济增长的贡献率分别为 6.8%、55.7% 和 37.5%，其中工业贡献 48.2%。从产业结构的角度，三次产业比由上年的 12.0：57.1：30.9 调整为 12.0：56.8：31.2，第一产业与上年持平，第二产业下降 0.3%，第三产业提高 0.3%。

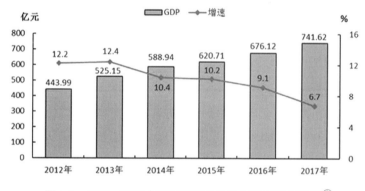

图 4-1　2012—2017 **年防城港市生产总值及其增长速度**[①]

2. 防城港市对外贸易发展概况

2017 年防城港全年货物进出口总额 768.54 亿元，增长 32.4%。其中出口 115.06 亿元，增长 2.9%；进口 653.48 亿元，增长 39.4%。外贸进出口规模居全区第 2 位，其中进口占全区进口总量的 32.5%，居全区第 1 位。全年沿边小额贸易（不含边民互市贸易）93.32 亿元，其中出口 90 亿元，增长 7.0%；进口 3.32 亿元，增长 190.3%。

---

① 资料来源：2017 年防城港市国民经济和社会发展统计公报。

图 4-2　2012—2017 年防城港市货物进出口总额①

3. 防城港市招商引资概况

据招商部门分析统计，防城港市 2017 年新增外商投资项目 173 个，新增外商投资项目到位资金有 573.64 亿元（含续建项目）。其中，内资到位资金就有 536.29 亿元，外资到位资金 37.35 亿元（折合 5.72 亿美元）。

（二）防城港市的优势分析

国家政策优先支持的主要战略区域。国家批准实施广西北部湾经济区发展规划，建立东兴开发开放试验区，防城港建设纳入国家战略。这座城市是广西北部湾经济区的核心，其管辖的东兴市也是国务院确定的国家级重点开放开发发展三个试验区之一。

全面开放合作的专区之城。防城港市拥有 5 个国家级口岸，广西 70%的关税是在防城港征收的，每年有 460 多万人出入境，居全国陆路口岸前列。东兴重点开发开放实验区规划定位为"西部深圳、沿边专区"。

地理位置有优势。东盟门户、海陆枢纽以及重要的"一带一路"门户。防城港位于广西北部湾经济区中心位置，是中国华南经济圈、中国西南经济圈和东盟经济圈的交汇处，与越南接壤，是中国唯一与东盟陆海相通的城市，中国内陆腹地进入东盟最便捷的主门户、大通道。

口岸条件很好。是中国西部最大的口岸。防城港是中国沿海 12 个主要枢纽港之一，也是西部最大的口岸。规划的海岸线长 106.3 公里，可建造 200 多万吨深水泊位。年潜吞吐能力超过 10 亿吨。有 115 个泊位，容量超

——————

①资料来源：2017 年防城港市国民经济和社会发展统计公报。

过 1 亿吨。它是中国靠近马六甲海峡的中心口岸，低物流成本，发展潜力最大。防城港海岸线长，航道深，台风少，是离南宁最近的深水港，与100 多个国家和地区的 250 多个港口通商通航。

布局大产业的口岸城市。防城港依靠钢铁、能源、化工、粮食、石油、物流等大型工业为主的口岸城市，是全国重点布局的钢铁能源基地、全国最大的磷酸加工出口基地和全国重要的粮油加工基地。

资源禀赋优越。防城港拥有丰富的口岸、海洋和资源。拥有 4 万平方公里海域，是中国沿海最清洁的海域之一，被权威专家认定为"中国大陆没有得到有效开发黄金海岸的最后一段"，是中国建设大规模冶金产业的风水宝地。

（三）突出建设南向海陆通道，构建开放型经济新体制

为着手实施"南向海陆通道三年行动计划"，深度参与国家"一带一路"建设，形成对外开放新模式，全方位和多层次的城市，打造一个新的开放的经济体系。

实施"南向海陆通道建设三年行动计划"。积极参与加快广西中新南向通道建设，结合防城港实际，制定三年行动计划。积极推动铁路、公路、口岸、物流、园区等基础设施建设，并专注于东湾多式联运基地和港航服务中心，以海铁运输为主，跨境公路运输为辅，与东盟国家建设多式联运新方式。加快建立处理集装箱铁路和运输中心，努力实现防城港至香港班轮"天天班"，完成国际贸易"单一窗口"，建设综合信息平台，推动与越南等东盟国家开展"两国一检"试点。经过三年的努力，充分利用陆海通道的新优势。

坚持以港兴市。着眼于大口岸建设，提升防城港集疏运能力。加快渔万港区 511—512 号泊位和 513—516 号泊位、榕木江西港点 1—6 号泊位等续建项目建设，力争开工建设东湾潭油航道、钢铁基地 20 万吨级 3 号码头。推进 40 万吨级码头及航道、潭油作业区 5—7 号泊位、云约江作业区17 号泊位等重点口岸项目前期工作，尽快启动赤沙作业区钢铁基地码头20 万吨级 1—2 号泊位、一个 10 万吨级泊位和 1.8 公里岸线码头规划，具备条件的抓紧开工建设。利用国务院新近批复防城港口岸扩大开放的契机，加快完善相关基础设施和监管设施，加快解决十余年来困扰防城港市临港

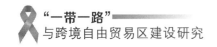

产业和口岸经济发展瓶颈问题。改革港口投融资模式，积极推进由政府主导向市场主导转变，开展港口投资和运营大招商，鼓励推动香港、天津和西南省市参与防城港市港口建设营运。积极开展从产业驱动物流发展到物流驱动产业发展模式的新探索，采取园区＋产业＋港航运输新模式，依照市场行为，鼓励有实力的多元主体开辟和营运新航线，加快发展向海经济。

坚持用额外的点来扩大表面，并建立侧向通道。对东兴铁路口岸建设、东兴港基础设施建设和桐中港基础设施建设进行规划。启动里火口岸现代化改造，加快中越峒中—横模大桥建设，推进中越里火—北峰生大桥建设。积极发展防城港边区居民之间的贸易，形成口岸经济的新增长点。加快完成北仑河二桥口岸综合服务区一期配套工程、二期工程、口岸通关智能化工程和多条通关道路建设，尽快开通北仑河二桥。东兴—芒街北仑河临时浮桥将用于改善东兴边境贸易，改变"少货多人"的现状，促进共同繁荣。要充分利用振兴东兴试验区的政策，扩大边民贸易转型，改善政策和海外劳务合作。利用国务院新近批复扩大开放东兴公路口岸、对外开放峒中（含里火通道）公路口岸的契机，探讨开放常设国际乘客运输服务和双边公路货物运输。加强规划和建造中越公路和铁路连接进出口岸，促进跨境货物大规模运输，加密中越跨境货物的公路道路交通，规划建立跨境物流基地，鼓励多式联运龙头企业和企业联盟，大力发展口岸经济。

开放平台载体的建设与开发。积极参与中国—东盟信息港建设，发展面向东盟的特色大数据产业，支持九次方大数据信息集团落户防城港，培养聚集一批开展数据分析、提供数据增值服务的企业。加快建设东兴试验区、跨境经济合作区、沿边金融改革试点地区、沿边经济合作区、跨境旅游合作区、海峡两岸产业合作区，深化试点开放的新经济体制建设，加快在沿边口岸复制推广国检试验区创新措施，建立东兴—芒街贸易与旅游交易会、中国—东盟海洋渔业论坛升级版。在交通、产业、政策等方面，积极主动参与粤港澳大湾区以及中新互联互通南向通道建设。

（四）防城港市加快试点试验带动开放创新

到 2016 年 5 月 5 日，防城港市成为全国首批 6 个"构建开放型经济新体制综合试点试验"城市之一。在 2016 年 8 月商务部公布了《防城港市构建开放型经济新体制综合试点试验方案要点》，标志着防城港建设开放型经济体制的综合试点项目进展进入全面实施阶段。在口岸管理、园区建设、国际金融业务、商业广告、跨境金融、跨境旅游、医疗等领域取得了一系列突破性进展。

防城港市被选为试点城市后，深化了执法体制改革，提高了行政效率和权力下放。东兴市市场管理创新和完善市场模式，"一个部门负全责，一个流程优化监管，一个窗口办审批，一支队伍管执法，一个平台助维权，一个中心搞检测"。2017年3月，防城口岸管委会办公室成立，整合贸易、物流、运输等部门职能，促进口岸经济发展。

防城港市加强制度建设，批准商市和行业制度，极大提高审批速度和简化审批程序，创造了一个良好的环境，为企业发展和吸引外国投资创造了良好的环境；以"简政放权"为中心，以"多证合一"为着手点，实施"一照通"登记制度改革，将34个审批事项整合到20个部门。与改革前相比，企业申请设立登记时必须提交的事先批准文件减少了85%。

在深化跨境劳务合作改革方面，防城港市建立了一个跨境劳务管理模式——"四证两险一中心"，扩大开放劳动力市场。2018年2月，防城港与越南广宁省签署了跨境劳工服务合作协议。到目前为止，跨境劳动力服务试点企业已增至13家，员工总数近2000人，劳动力成本每年降低3450万元。跨境劳动合作改革为防城港市建立外贸加工产业集中区提供了有力支持。

（五）防城港市培育沿边发展新优势

很长一段时间，防城港市进行了一系列探索，通过东兴开发开放试验区、沿边金融改革试验区、跨境经济合作区等国家级开放发展平台，促进沿边口岸、园区、贸易和金融平台的发展。试点项目获得批准后，在口岸管理、国际金融、跨境贸易、园区开发、跨境金融、跨境旅游、跨境医疗等领域取得了一系列新进展。

在口岸运营管理协调方面，加强与越南通关合作，探索东兴港"两国一检"监管新模式，以加快建立一个协调机制，确保口岸管理。采取国际贸易"单一窗口"和沿边贸易"一指通"全面上线运行，报关报检数据中

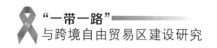

显示减少 66.8％，报关时间减少 2/3 以上。①

在开发区（园区）协同合作方面，防城港市不断提高建立沟通协商机制和跨境经济合作、跨国经济合作双边管理制度和工作机制，加快建设中国和越南之间的经济合作，加速扩大开放合作。截至 2017 年 3 月，已完成 30 个重点项目，投资 5.6 亿元。

促进跨境电子商务和跨境贸易相结合，以质量和效益为导向的对外贸易体系建设，以培育新的互联网经济。探索建设"互联网＋互市/正贸＋金融"新型进出口体系，促进跨境电子商务发展。据了解，防城港市已与东盟国家签署了一项价值约 6000 万美元的货物出口协议，以促进优势产业与东盟国家的合作。

推出开放金融服务的新举措，完善了东盟外汇交易服务平台（东兴试验区），进行了 14373 笔越南盾交易，总额 247.6 亿元。促进人民币资本项目可兑换，扩大跨境保险合作，建设面向越南和东盟国家国际金融渠道。②

构建全方位开放新格局方面，实施跨境自驾游常态化，跨界旅游建立一个旅游区，开展跨界国际游船项目，推动"两国四地"黄金旅游线路建设，着力培育跨境旅游开放新支点。仅 2017 年一季度，东兴港出境游人数就超过 943300 人次，同比增长 464.4％。③

二、东兴市开发开放成效

2010 年，广西东兴成为中国首个边境开发开放试验区，率先深化边境开发开放。东兴有其地域特色和文化习俗，在早期便是一个开放的边境地区。十多年后，东兴从一个沉睡的城市发展成为一个繁荣和谐的边境城市和边境口岸。东兴边疆经济的发展是中国边疆发展开放进程的缩影和见证，具有高度的代表性。

（一）东兴市开发开放历程

东兴市位于广西西南部，中国大陆海岸西南端，东南濒临北部湾。其西南部通过陆路和水路与越南相连。东兴市是 22 个较少数民族之一——京族的唯一居住地，具有独特的地域特色和人文气息。由于其历史渊源，它

---

①②③防城港市加快试点试验带动开放创新［N］.中国改革报，2017-07-11.

是边境贸易发展最早的地区。经过十多年的边疆开发开放，东兴从一个边疆小城发展成为一个繁荣和谐的边港城市。①

1. 东兴市的历史沿革

东兴市隶属于广西防城港市，是我国少数民族地区之一。京族是由越南各主要民族的传统和自然联系而成的少数民族。民国初期，东兴与越南在北仑河东岸保持着密切的贸易联系。它的开放和繁荣使它被称为"小香港"。东兴是中国通往越南和其他南亚国家最便捷的通道，也是中国大陆和中部通往东盟国家的重要口岸。早在1958年，东兴就被列为国家一级口岸。1992年，东兴被列为边境开放城市，并批准设立边境经济合作区——东兴经济开发区。东兴经济开发区由东兴、江平、马鲁等城市组成，行政面积549平方公里，陆地边界线27.8公里，海岸线54公里。该市的常住居民18万人，民族众多，包括汉、壮、京、瑶等11个民族。②

公元前214年东兴位于秦朝境内，建城历史悠久。中华人民共和国成立后，东兴市属于广东省南路专区。1950年，防城县成为广东省钦廉专区（后称钦州专区），由广西负责防城的管理工作。1952年，钦州专区正式划归广西管辖，东兴区防城划归广西管辖。然而，在1955年，防城县成为广东省新的合浦专区管辖。1957年，防城县部分管辖范围被分割，建立了以东兴为基地的十万大山壮族瑶族自治县。1958年，十万大山壮族的瑶族自治县正式更名为东兴各族自治县。同年，防城县撤销，行政区域被合并为东兴各族自治县。1959年，合浦专区撤销，东兴自治县被划归湛江专区管辖。1965年，东兴自治县改属为广西壮族自治区管辖。1971年，钦州专区改名为钦州地区，东兴随之改属。1978年，东兴各族自治县迁至防城镇，遂改名为防城各族自治县。

1993年批准建设防城港市管辖的东兴经济开发区。东兴市作为县级市成立于1996年，以东兴、江平、马路三个镇为其行政区域，由防城港市代管。

2. 东兴市沿边经济发展变迁

东兴市东南邻北部湾，西南部与越南的芒街县隔河相望，位于北仑河

---

①曾珊. 广西东兴沿边开发开放试验区战略研究［D］. 北京：中央民族大学，2012.

②杨必增. 基于增长极视角的东兴开发开放试验区发展研究［D］. 北京：中央民族大学，2012.

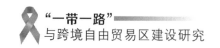

东兴段，与中越高速公路接壤。退潮时，北仑河可以涉过，自古以来就是中越两国人民进行贸易和交流的捷径。东兴市居住着少数民族京族，与越南本族有着天然的文化亲和力，经济社会联系密切。因此，东兴市沿线的发展开放具有特殊的地理优势和深厚的文化历史底蕴，沿线的发展开放有其特色。

（1）改革开放前的"小香港"

1895 年，在法国殖民统治越南期间，清政府被迫签署了《续议商务专条附件》，有权在东兴设立领事馆。1900 年东兴芒街铁桥建成后，东兴成为重要的商业口岸。随着陆路运输条件的改善和东兴港的进一步开放，全国各地的贸易商齐聚东兴，与东南亚国家开展贸易活动。在抗日战争中随着广州、香港相继失陷，商人逃到东兴经商，推动了东兴商贸的繁荣发展。由此，东兴被称为战时"小香港"。

东兴有 400 多年的历史，也是古中越贸易的前沿市场，中越公民可以在这里交换消费品、工艺品、农产品、海鲜和传统工艺品。在清朝早期，东兴"逼近安南（指现在的越南），民夷杂沓，私贩甚多"；东兴对面的安南街也是"内地商民与该国人民往来贸易"的市场。从 19 世纪末到 20 世纪 40 年代，东兴经历了一段辉煌的时期。经过 1885 年的中法战争，法国把越南变成西方的原材料供应地和商品销售市场，其产品通过凭祥、东兴、龙州进入中国大陆，东兴被卷进了殖民者经济侵略和国际商品流通的潮头，成为对外交往的水陆门户，各方商民纷纷构铺筑市。抗日战争期间，由于日本侵略者封锁中国东部沿海，东兴成了中国南方数省与东南亚国家以及美、法、英等国的重要通商口岸。在繁荣时期，东兴把所有的中外商人聚集在一起，吞吐了当地和海洋的商品，中国和西方的商人的加入，使其赢得了"小香港"的美誉。中华人民共和国成立后，在中越关系的影响下，东兴的身份和地位在"友好口岸"和"边境禁区"之间交替。从 20 世纪 50 年代到 70 年代中期，东兴是中越友好的交流口岸。为了提升东兴在越南关系中的政治地位，国家于 1950 年在东兴设市，1954 年将其改为县。1953 年，中国和越南民主共和国签署了一项协议，开放两国沿边小额贸易。1954 年 1 月先后打开广西边界凭祥、东兴、龙州等沿边城镇以及少量贸易口岸，在云南省和越南北部三省进行边境贸易。1957 年，横跨北奇河、连接东兴和蒙街的友谊桥建成。1958 年，东兴被命名为国家一级口岸。中国和越南在东兴边境线上的贸易仍然活跃，边境线的开放程度正在逐步提高。1954年，抗法战争结束后，越南进入和平建设时期，芒街地区在越南获得解放。随后，中越两国政府签署了建立边境开放的相关议定书，广西东兴口岸沿海地区作为边境居民的贸易港开放。在此期间，由于越南部分区域刚刚进入解放后的和平时期，国内生活生产物资呈现紧乏的状态，国营商业渠道不够完善，因此越南建设物资需求量激增，中越边境沿线成为越南边民引进物资的主要渠道。在中越边境开放的头几年，东兴市边境沿线的贸易和小规模贸易蓬勃发展。每一天都有数百人涉水越过北仑河，来到东兴口岸的河堤路等街头巷尾，将从越南国内携带的干鲜海产、药材等物品进行叫卖，以此换回生活必需品。这种边境贸易的繁荣一直持续到1978年，20世纪80年代末，中越关系逐渐解冻，东兴口岸开始复苏。1983年9月起，为恢复人民之间传统的贸易，满足人民之间商业交流的需要，广西有控制地开办了多个"草皮街"贸易点，非正式允许越南边民前来东兴参加集市贸易，从此越南前来参加沿边贸易的人数大量增加。东兴沿边处于低开放状态，经贸活动都以民间形式进行，且贸易往来局限在指定地点进行，贸易规模小、层次低，没有任何关税减让，沿边贸易只促进了东兴城镇发展商贸业，对东兴产业发展影响非常小。

（2）改革开放后的沿边开发开放"试验田"

随着中国经济的迅速发展和改革开放的深化，中国与越南的关系得到了改善。东兴口岸与越南之间边界沿线长期中断的贸易和商业交易已逐渐恢复。1990年，中国—越南双方继续在边境扩大开放。当时，因发展边境贸易有着自然优势，东兴已开发成为一个试验地区。东兴的当地京族人利用中国日益开放所带来的有利发展机会，充分利用地理优势，最大限度地利用同一种族越南人民的人文优势，分享同样的语言和习俗，以热情和积极的态度参与到中越沿边开放的活动中，东兴与越南之间的贸易进入了一个新的阶段。两国边民从东兴镇河堤路和木兰街进出码头，在东兴和越南之间建立了一个小型互市贸易点，西铁门码头，为两国在当时的港湾边界沿线贸易提供了方便的通道。在商业活动中，大多数语言交流都是用越南语进行的，越南人和京城人的居民充分利用他们的语言优势，作为翻译或中间人，开展贸易活动。

从1990年开始，双方进一步扩大了边界地区的开放。1992年国务院

批准包括广西凭祥市、东兴镇等 13 个沿边市、县、镇在内的开放，使中国的开放从沿海走向沿边。同年，东兴市建立了一个对外经济发展区和一个国家经济合作区，充分享受优惠政策。1996 年，为了鼓励沿边界的开放和与邻国的经济合作，国务院下发了《关于沿边开放有关问题的通知》，其中规定东兴市的沿边开放应以边民互市和沿边小额贸易两种形式进行管理。这也使得在全市范围内开放从个体的临时性行为转变为正式的制度化的商贸活动，并为商业活动管理提供了法律基础。1999 年国家制定了西部大开放政策，东兴市在资金、项目、人力资源方面得到了国家的优惠和支持，在中国西部地区的总体发展模式中起着"先行先试者"的作用。在对外开放的背景下，东兴市充分利用对外开放的政策、地理优势和历史传统优势，有效促进了经济和社会发展。传统的沿边小额贸易和边民互市广泛地发展始于 20 世纪 80 年代末，中越经济和贸易关系迅速发展，做到"边贸不边，小额不小"，对城市经济发展产生了积极影响。东兴市与越南之间的边境贸易量在 1997 年迅速增长，达到 20.3 亿美元。1998 年，由于亚洲金融危机的影响，东兴市与越南之间沿边界贸易量下降。随后几年，越南边境地区的贸易稳步增长，2006 年达到 33.7 亿元，比 1997 年增长 68.5%。在沿边境开放的过程中，各国不断调整完善其沿边境的贸易政策。2008 年我国颁布的新的边境贸易政策规定，增加边境地区居民的贸易免税额进一步促进了该地区开放和发展。

（3）东兴国家重点开发开放试验区建立

2010 年 6 月，国家进一步重视开放试验区的发展，提高开放程度。2012 年 7 月，国家批准了《东兴试验区建设实施方案》，要求"努力把东兴试验区建设成为深化我国与东盟战略合作的重要平台、沿边地区重要的经济增长极、通往东南亚国际通道重要枢纽和睦邻安邻富邻示范区"；"经过 10 年左右的努力，把东兴试验区建成经济繁荣、生态优美、和谐宜居、睦邻友好的边海新区"。2012 年 8 月，东兴试验区建设正式启动。2012 年 9 月，广西壮族自治区党委和人民政府决定，组建中共广西东兴国家重点开发开放试验区工作委员会，为自治区党委的派出机构；组建广西东兴国家重点开发开放试验区管理委员会（正厅级），为自治区人民政府的派出机构，与防城港市委、市人民政府共同运作，负责协调和管理广西东兴开放试验区。将开放试验区的规划、建造和管理结合起来。同年 12 月，自治区政府发布《加快推进东兴重点开发开放试验区建设的若干政策》，其中包括支持该地区的 34 项政策。2015 年 12 月，国务院出台《国务院关于支持沿边重点地区开发开放若干政策措施的意见》，明确在兴边富民、体制机制、财税、金融创新等 31 个方面给予东兴试验区一系列政策支持。[①]

东兴重点开发试验区及其管理委员会成立以来，建设和改革重点放在加快建立跨境经济合作区方面。2017 年 5 月，广西壮族自治区北部湾办公室在深入调查的基础上，经过六个多月的反复沟通和调查之后，不断修正和改进形成《东兴重点开发开放试验区管理体制改革总体方案》。东兴实验区管理体制改革方案主要内容是：

基本原则。主要是保持"三个不变"，理顺三个关系。即保持原有机构和级别不变，保持自治区财政经费保障不变，保持自治区扶持原则不变；理顺试验区与防城港市、试验区与跨境合作区、跨境合作区与东兴市三个关系；同时，实行实体化运作，聚焦跨境合作区开发建设，明确管理权限，搭建开发平台。

主要目标。用三年左右，形成一个有效、畅通、廉洁的运行机制。

主要重大改革，重点是加强管理体制建设。

一是成立防城港市试验区工作领导小组。

二是在现有试验区工、管委基础上组建跨境合作区管理机构。实行"派出机构、委托管理、属地协调、实体运营"。

三是调整编制和干部管理。

四是创新行政审批方式。将与跨境合作区发展相关的，经正式授权或授权的自治区与跨境合作区的发展有关的核准权限，直接授权或委托跨境合作区管委依法实施。跨境合作区管理委员会负责开发和建造工作；社会管理与服务由东兴市负责。

五是实行清单化管理。加大事后监督力度，精简办事流程，努力探索权力、责任、收费等方面的清单管理。

六是经济指标统计属地化。将地区生产总值、固定资产投资等经济指标纳入东兴市统计口径。

---

①广西北部湾经济区和东盟开放合作办公室. 东兴重点开发开放试验区管理体制改革总体方案［Z］.

此外，该方案改革主要内容还有：在财政结构、特别财政管理方面，
自治区本级税收的全部归还以及口岸、城市和合作区管理委员会税收的比
例分配。跨境的关于投资融资系统的问题，跨境合作区管理局（管制局）
负责建立投资平台，以促进资本的吸引和投资基金的建立。

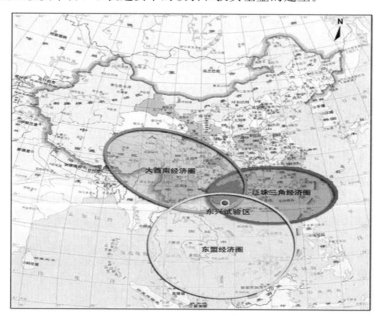

图 4-3　广西东兴试验区在中国—东盟的区位

东兴试验区包括广西防城港的东兴市和港口区，以及防城区内的防城
镇、江山镇、毛岭镇，总面积为 1226 平方公里。主要分为五个主要区域：
第一，国际经贸区。重点是国际贸易物流、进出口加工、文化旅游、国际
展览等，以及建立国际经济和贸易合作的基地和开放的国际旅游基地。第
二，口岸物流区。重点是口岸运输、国际物流和中转业务，保税经营，建
设现代物流基地。第三，国际商务区。重点发展商贸、金融、信息等现代
服务业，建设国际金融和商业服务基地。第四，临港工业区。重点发展临
港产业，加快产业转移，形成产业集群，建设先进装备体系。第五，农业
生态区。加强生态建设和环境保护，发展亚热带农业、生态旅游和娱乐性
农业，建造边海生态屏障。试验区总部设在东兴市的国际经济和贸易区，
是该城市试验场建设的先驱（见图 4-3）。

图 4-4　广西东兴试验区空间布局图

（二）广西东兴国家重点开发开放试验区取得的成绩

2017 年，东兴试验区的实现地区生产总值达到 583.33 亿元，增长 7.1%，工业生产总值达到 1570.55 亿元，增长 19.5%，固定资产投资完成 552.06 亿元，增长 11.3%。新签项目 100 个，外资到位资金 4.81 亿美元，内资到位资金 477.14 亿元。东兴试验区和跨境合作区呈现出快速发展的良好态势，并已进入一个新的发展起点。[①]

1. 跨境合作区开发建设取得新突破

（1）口岸开放取得新突破

2017 年 6 月 16 日，国务院正式批复同意东兴口岸扩大开放至北仑河二桥，口岸性质为国际性常年开放公路客货运输口岸。在二桥口岸"一桥一楼一路一场"等"四个一工程"中，北仑河二桥已经正式建成，具备通车条件；国门楼正在进行内外装修，2018 年 3 月具备入驻条件；楠木山大道已经正式开工，2018 年 3 月全面贯通；验货场已于 2018 年 1 月 10 日正式开工。

（2）基础设施建设取得新突破

2017 年，跨境合作区的重点是执行 30 个项目，总投资约 56 亿美元，

---

①资料来源：广西东兴试验区管委会，广西东兴国家重点开发开放试验区 2017 年度工作绩效展示。

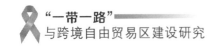

年累计投资超过 8 亿美元，年度完成投资超过 2 亿多元。跨境合作区"两纵一横一环"公路网处于初步阶段，中越北仑河二桥、友好大道、沿河大道一期已经建成，高速公路连接跨越大道和第一片区的道路基本贯通，罗浮西路、罗浮大道、兴悦路加快建设。二桥口岸综合服务区累计投资 2 亿多元，完成投资 1.9 亿元。友谊路（经三路）、经五路等一批项目加快推进。标准厂房二期工程等项目已经开始。

（3）规划体系完善取得新突破

一是积极与越南对接，在规划跨境合作区、围网、通关、工业布局、分阶段施工、特别政策等方面与越南积极互动，制定了第一个跨越中越合作区的合作规划图。2017 年 11 月 12 日，由习近平总书记和越共中央总书记阮富春见证，我国商务部部长钟山与越南工业贸易部长陈俊英正式签署《中国商务部与越南工贸部关于加快推进中越跨境经济合作区建设框架协议谈判进程的谅解备忘录》，为签署双边政府间协议迈出重要步的一步。二是加快制定建立跨境合作区的方案。国土资源部同意按 9.63 平方公里的面积进行申报，为制定合作区建设计划奠定了基础。三是继续完善中越北仑河二桥口岸国门楼和货物检查场的通关设计。

（4）招商引资取得新突破

2017 年，180 多家企业和 2000 多名企业家访问考察了跨境合作区纺织、机械制造、电子技术、新能源、汽车和纺织业等产业。全年新签约项目 12 个，签约全额 75 亿元，6 个注册公司，以及 21 个新储备项目。2017 年 11 月，中国纺织业排名前三的天虹集团在跨境合作区注册并开展活动。同年 12 月底，投资 1.5 亿美元的跨境合作区第一个高新技术工业项目"高新科技园"已经于 2018 年第二季度开始运作，总投资超过 30 亿元人民币的利嘉闽商国门商务中心、东兴国际金融城、中国—东盟特色商业街项目进展顺利。中国水马创新联盟新能源汽车产业园项目投资 50 多亿元，正在进行咨询和工厂规划设计。四川野马汽车、河南仙一控股、广西冠豪生物、南京世辉灯饰、东莞海滩服装制造、香港南益集团等多家大型民营企业、港台企业正在洽谈合作意向。

（5）征地搬迁取得新突破

围网区规划面积 9.9 平方公里应征 1.53 万亩，5423 英亩土地的征收工作已经完成，其中 2.06 平方公里（起步区）和 0.54 平方公里（安置区），应征 3900 英亩土地，征收 2886 英亩，完成 74％。

2. 东兴试验区改革创新取得新突破

（1）试验区管理体制改革扎实有序推进

2017 年 10 月 13 日，广西壮族自治区党委办公厅和政府办公厅发布《东兴重点开发开放试验区管理体制改革总体方案》（厅发〔2017〕42 号）。为确保改革措施的实施，试点工业管理委员会制定了工作方案，并设立了工作领导小组，通过确定负责人、责任制和完成时间表、时间投入和加强措施，进一步加快改革步伐。

（2）跨境合作区投融资体制机制加快完善

一是建立广西跨境经济发展投资有限公司，作为投融资平台公司和基础设施建设运营的主体。二是组织跨境合作区的前期投资和项目转移，加快理顺区市（县）的产权关系。三是积极探索在跨境合作区建立基础设施投资基金和产业投资基金，发挥领头作用，增强中央和自治区支持资金的支持效应。

（3）对越多层级协商长效机制持续巩固

中越两国已在国家层面、省级层面、东兴试验区管委会和越南广宁省口岸经济区管委会、东兴市和芒街市等四个层面建立起有效的沟通工作机制，东兴—芒街跨界合作区的发展得到了有效的促进。东兴试验区管理委员会和广宁港经济区管理委员会就园区开发和有待解决的双边问题及时沟通，共同商定了一个交流和定期会议的机制：每半年举行一次会晤，由双方轮流主办；每三个月或不定期进行磋商；工作层面每半个月会晤一次。

（4）开放合作体制改革取得新成果

在跨境合作领域的体制改革和创新，"以点带面"，正在东兴试验区和合作区的开放框架内得到积极推动。跨国界建立新的开放经济机构的试点项目工作得到评估方的赞赏。初步制定了"两国一检"方案，边贸转型升级取得新进展，沿边金融综合改革不断深化。中国农业银行东兴分行已获准开展人民币与越南盾的现钞点对点跨境双向转账业务，成为广西首家开展该项业务的商业银行。目前正在测试一个外国自然人登记试点项目，颁发《东兴市外国籍自然人经营户管理试行办法》。东兴和越南芒街之间的互市便民临时浮桥已成功开通。跨境自驾游的常态化以及沿边旅游的网上预约和认证系统已正式开通，跨境沿边旅游的人数累创新高，东兴口岸达

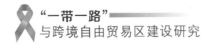

到 997 万人次。第二届中越跨境经济合作论坛暨跨境合作区专场推介会取得成功，缔结了 16 项合作协定，总价值达 86.22 亿美元。

（5）中越跨境劳务试点深入推进

推出《广西东兴国家重点开发开放试验区加快跨境劳务合作发展实施方案》，将试点扩大到整个实验区。2017 年，共批准 31 个跨境劳工合作试点企业，并批准在越南边境地区雇用 8060 名越南工人，这在很大程度上解决了招聘困难和费用问题，受到企业欢迎。

（三）东兴市沿边开发开放现状

东兴市地处广西北部湾经济区核心区域和西南、泛珠三角与东盟三大经济圈结合部，是国家推进"一带一路"建设的重要门户，是自治区实施"双核驱动"战略的重要平台，也是带动西南、中南地区开放发展的重要支点。东兴地区的开放历史悠久，是中国与东盟唯一海陆相连接的口岸城市，也是中国与东盟国家建立联系的主要阵地，以及与东盟经济和文化交流的信息中心。东兴市在其区域优势的基础上，积极参与边境沿线的发展和开放。边境贸易、旅游业和加工业已成为东兴市的三大支柱产业。

1. 以沿边贸易为主体的外向型经济快速发展

由于边境沿线的开放发展进程，边境贸易已成为经济发展的主要支柱。在"十一五"期间，东兴进出口总额年均增长 25.43%；边境成交额年均增长 31.57%，并在 2010 年超过 100 亿。整个城市开放的主要方式是沿边小额贸易和边民互市贸易，并不断积极寻找和创新沿边境的商业模式。沿边境贸易扩大上游和下游工业，通过边境贸易促进其他工业的繁荣。在东兴边境的商业活动中，出口产品包括纺织品（如织物）、家用电器（如电风扇和洗衣机）、建筑材料（如瓷砖和水泥）、食品（如饼干和啤酒）和机械产品（如摩托车、自行车）等。进口的主要产品是农副产品、工业原材料和海鲜类产品等。开放基础设施主要有罗浮国际货场、东兴边民互市贸易区和边地贸口岸潭吉作业区等，现代化、标准化的口岸配套设施有力地推动了东兴的边贸发展。

为应对日益繁荣和边境贸易的发展，东兴市更加注重发展现代物流，并努力建立与国内市场兼容的现代物流网络和商品分销中心。在国家沿边发展开发政策的支持下，东兴市按照国际化和标准化的要求建设一个一流的口岸城市，充分实施海关程序，不断改进口岸设施，并改进口岸一站式服务联合办公模式。为了提高通关效率，并满足日益发展的边境贸易需要，东兴市加快了罗浮货场信息平台建设，完成了东兴边民互市市场——东兴口岸一体化的物流基地的建设。随着中国与东盟自由贸易区在2010年建立和实施，位于中国—东盟陆海交汇点的东兴市成为东盟的主要入境点，并成为沿边境的口岸城市，与东盟开展更密切的经济和贸易合作。

2. 以跨国旅游为龙头的特色旅游蓬勃兴起

为了充分利用当地资源和深化对外开放，东兴市大力促进当地旅游业的全面发展，旅游服务得到改善，独特的旅游资源如城市旅游、自然旅游和海外民间旅游得到开发，从而逐步形成了上山下海又出国的一个独特的旅游品牌。据统计，每年有近300万人通过东兴口岸出入境，成为继深圳罗湖口岸和珠海拱北口岸之后的我国陆地出入境人数最多的三个陆路入境和出境点之一。2008年，东兴市成功举办了中国与越南之间的贸易和旅游博览会。东兴旅游业作为中国旅游业增长的龙头，积极创造旅游景点，制定并实施了一系列旅游发展政策，并完成了《东兴市旅游发展总体规划》等规划编制工作，旅游基础设施得到改善，并按标准完成了平丰红石谷的规划。在与越南的旅游交流框架中，与越南芒街市政府签订了《关于共同推进旅游发展的合作机制》，还设立了一个境外旅游合作机制。

3. 以口岸优势为带动的进出口加工业崭露头角

在发展对外贸易的同时，东兴市认真执行"工业强市"的发展战略，并大力推动产业由贸易型为主向以加工贸易型为主的转变。目前，东兴市有793家工业企业，其中大规模13家。电子电器加工、海鲜加工、红木加工、特色农产品加工等东兴特色加工业已初具规模。东兴市通过制定和颁布《东兴市贸工互动优惠暂行办法》来指导工业发展，依照"以工兴贸，以贸促工，贸工互动"的发展战略，在土地使用、项目建造和审批、税收和财政支助等方面，为边境地区的工商企业提供了一个宽松良好的发展环境。目前，东兴市共有266家以边境贸易为基础的加工企业，其中210家红木加工企业、18家海洋产品公司、13家橡胶公司和15家塑料公司，可以说，东兴市未来工业发展将打造一个"贸工互动"的良性发展模式。

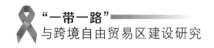

（四）东兴市开发开放优势

东兴市的开发开放有着深刻的历史根源和实际原因，因为其自身有着内在的开放条件，特别是在宏观管理和国家政策影响方面，成为中国沿边开发开放的前沿和窗口。因此需要分析这个城市开放的条件，并深入研究开放的原因。

1. 独特的沿海沿边区位优势

东兴市位于广西防城港市，位于中国大陆海岸线的最西南端。东南濒临北部湾，西南与越南水陆相连，既有陆地沿边线，又有海上沿边线，是中国与越南唯一海陆相连的国家一类口岸。同时是中国与越南经济和社会联系最密切、互补的地区，货物和人员进出口流量大。因此，东兴市的发展、开发和开放具有很强的地理位置优势。身为中国—东盟重要的水陆窗口和门户，东兴市在贸易、旅游和投资方面具有环境优势，这可以说是中国迈向东盟第一城。

在东兴市，公路特别是高速公路网贯穿全市，市内防东一级公路与南防、南北高速公路相连，距南宁市 178 公里，离口岸城 37 公里。对外具有绵长的路上和水上沿边线，距离越南首都河内 308 公里。市内的潭吉码头、京岛码头可与中国华南地区的各口岸码头和越南各大口岸码头对接通航。

2. 丰富的自然人文资源优势

东兴市背依山脉面朝大海，拥有丰富的农林、海洋和矿物资源，少数民族拥有独特的文化和旅游资源，这为沿边开发开放提供了浓厚的资源优势。东兴盛产各种亚热带水果，如柑橘、利奇、龙目、蜂蜜菠萝、黄果等。森林面积大，木材种类繁多，经济适用林主要为八角和橡胶等类。东兴面临着中国四大主要渔场之一的北部湾，海上经济资源十分丰富。东兴的金沙滩是一个质量很高的浅水区，光照充足并有丰富的自然饵料，不仅养殖虾、牡蛎和其他海洋生物，还生产其他海滩上不常见的具有很高价值的沙虫。

东兴市还具有特殊的人文历史资源。全市常住人口 18 万，主要有汉、壮、京、瑶等几个民族，有 1.6 万京族人口，是我国较少数民族京族的唯一聚居地。京族是一个跨国民族，它与越南的主要民族越族可谓一脉相承，具有共同语言、文化和习俗以及民间贸易往来。

东兴独特的边缘、海洋、山区和民族文化资源,既有京族的唯一岛屿景观,也是京族的唯一栖息地。东兴的金沙滩是中国为数不多的原始生态海滩之一,是一个自然的,非常适合海洋运动的海滩。东兴的自然景观如红树林、南部雪原、万鹤山等令人向往,异国风情可以被看作是这一特殊的旅游之路。这些独特优势形成经济发展形式和开放方式,如跨境贸易和跨境旅游业。

3. 多重的优惠政策优势

东兴市位于边境沿线,是中国的主要开放区,充分享受相关的优惠政策,如西部大开发、边境城镇的开放、边境经济合作区等。边界沿线的繁荣确保了该市的经济发展和对外合作交流。东兴也是一个少数民族集中的多民族地区,国家在少数民族地区推行扶贫政策。由于与越南相邻,而且由于历史的原因,东兴市越来越多的越南华人能够从中国对外国人的优惠政策中充分受益。2010 年,东兴市被列为重点开发开放试验区,获得了特殊政策和"前沿"发展机会。东兴市制定适合当地情况的发展战略目标,进一步推动了该市的发展,为第三产业部门的迅速发展、贸易和旅游业的兴旺和口岸经济的繁荣,创造了一个优越的政策环境,也为西部地区的政治稳定、民族团结和沿边巩固奠定了支撑性的政策环境基础。

4. 口岸优势

东兴试验区拥有西部第一大港和我国 12 个主要枢纽港之一——防城港。从万吨到 20 万吨的泊位有 30 个,与 100 多个国家和地区的 250 多个港口通商通航,是我国距离海上生命通道——马六甲海峡最近、物流成本最低和发展潜力最大的枢纽大港,年吞吐量超 10 亿吨,是国内重要的粮油加工基地、中国最大的磷酸盐出口加工基地、重要的镍产品加工基地和重要的煤炭储备配送中心。2012 年,口岸货物吞吐量已突破 1 亿吨大关。

5. 产业优势

东兴试验区产业发展基础好,腹地开阔。正在全面建设总投资超 2000 亿元的钢铁、能源、海洋工程装备制造、化工、有色金属、粮油、物流等若干千亿和百亿元级的临海大产业,加速形成企沙工业区、大西南产业园区、企沙东岛等千亿元园区,一个现代化的临港工业基地正迅速崛起。

6. 生态优势

东兴试验区有丰富的海洋资源,海域面积超过 4 万平方公里,有 500

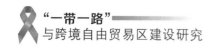
多种海产和1500多种林种资源。饮用水、沿海海洋和地表水以及城市环境中的空气质量全面优良率达到100%。拥有世界上唯一的天然金色花茶保护区和已得到联合国环境规划署的批准，纳入全球环境基金的三个国际红树林示范区（包括金滩、白浪滩和屏峰雨林公园3个4A级景区）以及国家非物质文化遗产京族"哈节""独弦琴"等知名品牌，被称为"中国白鹭之乡""中国长寿之乡""中国金花茶之乡"和"中国氧都"。

7. 政策优势

东兴试点地区也有许多政策优势，如中国在西部、沿海、边境、少数民族和中国—东盟自由贸易区的多重政策优惠。特别是随着国家和自治区赋予试验区的财政税收、投融资、产业与贸易、土地资源、对外开放、人才引进等特殊优惠政策的落地实施，这里将成为海内外投资和发展的宝地。

（五）东兴市开发开放的效应

自改革开放以来，东兴市一直以开放式发展为基础，将其作为一项基本战略，充分利用发展机会，取得发展的领先地位，充分利用地理优势，与越南开展贸易，迅速从一个封闭和落后的小城镇走向具有较大经济规模、具有一定知名度和影响力的沿边口岸城市。东兴市的发展和开放在促进社会发展、经济繁荣和民族团结，以及在促进和巩固我国与其邻国之间的睦邻关系等方面都发挥着非常重要的作用。在新的时期，东兴沿边开放试验区的发展和开放已经达到了一个新的历史水平，继续探索东兴试验区沿边开放新的路径。东兴市开放所产生的影响深刻地反映在经济和社会影响上，也反映在开放的发展过程中。

1. 经济效应

维持国家领土安全和实现国家统一与繁荣的唯一途径是提高沿海地区人民的生活水平和促进沿海地区的经济和社会发展。因此，东兴开放经济沿边开发开放经济效应这一重要因素应充分评估。

（1）经济总量高速增长，产业结构不断优化

自1992年建立东兴经济合作区和1996年建立东兴市以来，优惠政策促使东兴市的经济得到了显著发展。2012年全市实现GDP 624096万元，较上年增加103240万元，按可比价计算比上年同期增长19.01%，较上年

同期提高了 4.14 个百分点。其中，第一产业完成增加值 107501 万元，增长 5.03%；第二产业完成增加值 254012 万元，增长 28.33%；第三产业完成增加值 262583 万元，增长 14.68%。与上年同期比，除第二产业增速回落 6.82 个百分点外，第一、第三产业均有不同程度的增长，分别提高了 0.80 个百分点和 12.04 个百分点。[①]

在 2017 年全市生产总值 104 亿元，增长 7%；财政收入 13.2 亿元；固定资产投资 129.5 亿元，增长 7.4%；规模以上工业总产值 158.1 亿元，增长 11.1%；农林牧渔业总产值 30.8 亿元，增长 3.9%；外贸进出口总额 36 亿美元，增长 16.6%；社会消费品零售总额 27.6 亿元，增长 10.6%；城镇居民人均可支配收入 36218 元，增长 5%；农村居民人均可支配收入 16157 元，增长 8%。先后获得"广西科学发展进步县""自治区文明城市""中国十佳特色文化旅游名县"等荣誉称号。[②]

图 4-5　2012—2016 年东兴市地区生产总值和增长率[③]

（2）农业生产平稳增长

在 2016 年，该年农林牧渔业实现产值 27.88 亿元，增长 3.4%。其中，农业产值 3.93 亿元，增长 2.2%；林业产值 0.38 亿元，下降 1.5%；牧业产值 2.16 亿元，下降 1.0%；渔业产值 20.92 亿元，增长 4.2%；农林牧渔服务业产值 0.48 亿元，增长 3.2%。

---

①2012 年东兴市经济运行简况 [EB/OL]. 2013-08-05.

②资料来源：2018 年 2 月 2 日在东兴市第五届人民代表大会第三次会议，政府工作报告。

③资料来源：2016 年东兴市国民经济和社会发展统计公报。

表 4-1　2016 年东兴市主要农副产品产量及增速①　　（单位：万吨）

产　品	产　量	比上年增长％
粮　食	2.36	−0.9
稻　谷	1.93	−0.8
甘　蔗	1.49	−6.2
薯　类	0.26	−0.1
油　料	0.06	0.4
蔬　菜	4.28	0.5
水果产量	1.14	−0.3
肉类总产量	0.77	0.1
水产品产量	13.31	4.0
海水产品	12.36	4.1

（3）工业生产快速增长

2017 年 1—11 月，东兴市全市规上工业总产值完成 143.53 亿元，增长 12.0％；总量完成防城港市下达年初任务 164 亿元的 87.5％，增幅比防城港市下达年初目标 14％低 2.0 个百分点，比上年同期回落 8.8 个百分点。规上工业增加值实现 31.29 亿元，增长 12.1％，增幅比上年同期回落 3.6 个百分点。

支持工业生产增长的积极因素有：①轻工业继续领跑重工业，轻工业的附加值增加了 18.2％，对规上工业制造业增加贡献率为 71％，拉力增加了 8.6％；重工业的附加值增加了 6.7％，对规上工业附加值增加了 29％。拉动力占 3.5％。②重点行业企业拉动效果好。"农副食品加工业""白酒、饮料和精制茶制造业""非金属矿产品业""汽车制造业"共实现工业增加值 20.3 亿元，占全市工业总产值的 64.0％，共计共拉动全市规上工业总产值增长 14.6 个百分点。③工业企业效益及生产和销售衔接保持良好。工业销售产值 141.01 亿元，增长 12.8％，产销率 98.2％。实现主营业务收入 116.58 亿元，增长 6.6％，利润总额 600 亿元，增长 25.7％。④工业企

①资料来源：2016 年东兴市国民经济和社会发展统计公报。

业综合能源消耗量 9513 吨标准煤，下降 1.1 个百分点。

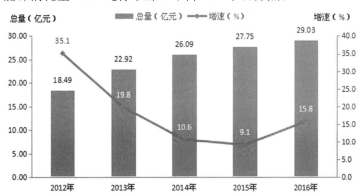

图 4-6　2012 年—2016 年东兴市规上工业增加值及增速①

（4）固定资产投资破百亿元大关，基本建设投资快速增长

2016 年，完成的固定资产投资（不包括农户）为 120.61 亿元，增长 8.5%，比上年回落 2.7%。其中项目投资 110.61 亿元，增长 16.2%。2017 年 1 月至 11 月，全市固定资产投资累计完成 121.70 亿元，增长 11.7%。总量完成防城港年初任务 132.7 亿元，完成 91.7%，增幅高于防城港年初目标 10%，比去年同期提高 5.7 个百分点。项目吸纳 112.81 亿元，增长 12.5%。房地产投资 8.90 亿元，增加 2.4%。首先，三项产业投资有相当大的动力。其中，第一产业完成投资 5.07 亿元，增长 53.9%，占 4.2% 的投资；第二产业完成投资 19.5 亿元，增长 3.3%，占 16.0% 的投资；第三产业已投资价值 97.14 亿元，所占比例增加 12.0%，投资所占比例 79.8%，拉动固定资产投资所占比例增长 9.5 个百分点。固定资产投资增长主要立足点是第三产业的投资；其次，今年可用资金来源 117.66 亿元，增长 6.9 个百分点，比上年同期增长 11.6 个百分点；最后，房地产销售面积持续下降，仅为 11.7 万平方米，降低 72.7%，比上年同期增长 73.1 个百分点。

---

①资料来源：2016 年东兴市国民经济和社会发展统计公报。

图 4-7   2012 年—2016 年东兴市固定资产投资及增速①

（5）消费品市场持续升温，农村增速快于城市

2017 年 1 月至 11 月，全市消费品零售总额 8.17 亿元，同比增长
7.6%，比上年同期下降 8.3 个百分点。其中，线上批发销售额为 65.99 亿
美元，下降 2.4%，同比增长 23.6 个百分点；线上零售总额 7.55 亿元，
比上年增长 8.9%，下降 7.8 个百分点；线上住宿行业营业额 1.09 亿元，
同比增长 18.5%，增长 3.1 个百分点；餐饮营业额 53 万元，同比增长
7.3%，下降 7.1 个百分点。

（6）财政收入稳步增长，增速回落

2017 年 1 月至 11 月，全市税收收入 13.8 亿元，比上年同期下降
3.2%，下降 20 个百分点。税收收入累计达到 8.81 亿元，下降 8.6%；公
共财政预算开支为 23.26 亿元，均速增长，财政八项开支为 1.768 亿元，
增加 15.0%，其中一般公共服务支出增长 5.3%，公共安全支出和城乡社
区事务提升 71.4%。

（7）金融运行平稳，信贷投放收窄

截至 2017 年 11 月，全市金融机构存款 137.20 亿元，增长 4.9%。其中储
蓄存款 105.12 亿元，增长 2.3%。金融机构贷款余额占 91.35 亿元，提
升 13.4%

（8）对外贸易和招商引资迅速发展

据海关统计，东兴市 2016 年对外贸易额 30.90 亿美元，同比增长

——————————
①资料来源：2016 年东兴市国民经济和社会发展统计公报。

9.5%，出口 14.06 万亿美元，同比下降 26.4%；进口总额 16.83 亿美元，比上年增长 85.1%。

据招商投资部统计，东兴市全年新增外来投资项目 17 个，资金投入 75.38 亿元，增长 14.8%。其中，国内资金投资 73.01 亿元，外资投资 0.34 亿美元。

2. 社会效应

随着沿边开发开放战略的实施，东兴市经济发展迅速，经济总量稳步增长，工业发展和产业结构有所改善，开放水平超过全国平均水平。经济发展必然会带来一定的社会变动，主要表现在以下几个方面：

（1）人民收入水平提升

东兴市现有总人口 12.5 万人，城镇居民人均可支配收入达 1.9 万。2016 年，东兴城市居民人均可支配收入 34993 元，增长 7.5%。农村居民人均可支配收入 14960 元，增长 10.0%

由此可以看出，经过将近 20 年的发展和开放边境沿线，东兴市经济发展取得了长足的发展，人们的收入显著增加。我国少数民族之一京族大部分居住于东兴，由于边疆的发展和开放，这个民族已经成为中国最富有的少数民族之一。随着边境贸易的发展，旅游业、海水养殖业、海产品加工等成为东兴的主要收入来源，海洋捕捞和农耕不再是东兴农民的主要收入来源。道路和电力等设施不断建设，电话和电视越来越受欢迎，现代化建筑一座座拔地而起。随着经济收入的快速增长，东兴的农民开始打破传统的生活方式，开始进入现代新式生活。

图 4-8　2012 年—2016 年东兴市城镇居民人均可支配收入及增速①

①资料来源：2016 年东兴市国民经济和社会发展统计公报。

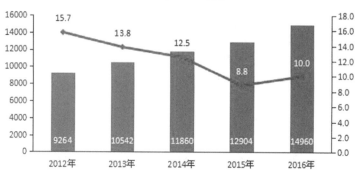

图 4-9 2012 年—2016 年东兴市农村居民人均可支配收入及增速[1]

（2）社会就业稳定

东兴市根据地方经济发展和对外开放，积极探索城乡就业新模式，促进地方就业。通过加快人力资源市场信息化，加强了就业培训，逐步提高了就业服务水平。同时，不断完善培训制度，充分利用企业和培训机构，培训工人技能，改善工人的职业水平，提高农村和城市地区经济收入。目前，东兴市的产业结构以对外贸易为主，与越南贸易的积极发展带来了更大的经济效益，吸收社会就业的能力也更强。随着边境经济贸易的不断深化开放，东兴市工业基地不断发展，各加工业不断涌现。跨越国界，依托自身资源，东兴工业设施不断发展，不同产业不断演进，重点发展物流、旅游业等成为主要的就业渠道。随着经济的发展，当地人民的收入越来越高，生活水平也越来越高。

（3）科学教育快速发展

东兴市是一个边境口岸，实施沿边开放政策以来，在经济和社会发展方面取得了可喜的成绩，在教育、文化等方面发生了重大变化，而科技产业和民营科技企业也发展到了一定水平。

东兴市最大限度地发挥沿海沿边的地理优势，加强和利用当地所有的特色资源，推动边境地区开发开放。东兴市已经形成了一些独特的新科技产业，主要有海洋生物、电子科技、电子信息、医疗器械、香料等，被列为西部星火科技产业的建设项目。目前，东兴的科技设施和技术形成了一系列

---

[1]资料来源：2016 年东兴市国民经济和社会发展统计公报。

的科技示范。在科技力量的助力和推动下，企业转型和生产不同产品的能力不断提升，在经济和科技网络建设方面取得了重要进展。

2016年，东兴组织实施科技项目3项，总投资160万；250项申请专利申请被受理，其中有231项发明，通过授权共获得10项专利。

（六）东兴市对外开发开放经济建设

东兴市需要充分利用好国家提供的五大开放合作平台机会，积极开展"一带一路"和"南向通道"建设，快速构建新的发展空间。

1. 加快完善对外开放平台

努力搭建跨境经济合作、旅游区经济合作的新平台，加快边民互市贸易往来。争取出台一系列新政策，率先试点成为经国家批准的进境肉类指定口岸，并在试点过程中实施《境外人员入境务工管理暂行办法》，打造中越跨境劳务示范园区。积极致力于国家商务部和其他部委批准的在该地区扩大和调整经济合作，加快与天津循环经济开发区合作，探讨区域合作模型，打造"一区三园一港"发展格局。

2. 积极主动参与"南向通道"建设

建设"海陆空铁桥"多式联运系统，积极参与中新互联南向通道建设。"海陆"的重点是整合潭吉港、京岛港、竹山港的资源，以及东兴港的建设规划。"陆路"主要推动东兴—凭祥、东兴—越南芒街—海防—河内高等级公路的规划和建设。"航空"主要负责东兴综合机场的规划和建设。"铁路"主要是为加快东线铁路的建设，促进东兴铁路港和东兴—越南茂柴—哈龙—河内铁路的规划和建设。"桥"主要致力于尽快开放二级桥口岸。加快"五路联通"建设，逐步外联东盟国家和我国西南、中南出海、出边大通道。

3. 加快跨境经济合作区建设

重点进行土地征用和搬迁，完成中央大道、交叉口大道、南目山大道等主干道建设，形成"一环两纵三横"区域公路网框架。在海关清关设施建设为关键，加快口岸服务基础设施建设，如国门大楼、验货场、临时查验办公区等口岸。实现北仑河二桥口岸通关运营，尽快成为中越跨境经济合作的第一个试点项目。

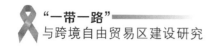
4. 加强对外交流与合作

加强与东盟国家在不同层次的政治沟通，加强与边境国家的交流与合作，建立更广泛的城市合作网络和战略联盟。设立东兴东盟展览中心，并在展览会上设立场馆。举办好国际贸易和旅游博览会、青年中心交流等活动。以提升"东兴景观树展览会""红木文化节""东盟海鲜美食节"规模层次，打造著名的国际展览品牌。继续深化交流与合作，与越南芒街市、印尼东勿里洞县、柬埔寨吴哥通县等国际友好城市来往交流，努力建立与南非奥克拉玛市的友好关系，促进交流与合作，在经贸、旅游等领域，提高国际影响力。

"产业提升年"作为重点，将经济发展三年行动计划加快实施，将其主要项目发展成跨境产业，如跨境贸易、旅游、金融、电子商务和物流等，实现改善"通道经济"向"口岸经济"的转型升级，这将使整个区域各县成为经济的前沿。

三、崇左市开发开放成效

（一）开发开放水平显著提升

崇左市位于广西西南部，成立于 2003 年 8 月，是随着中国—东盟自由贸易区的建立而发展起来的新兴城市，也是广西最年轻的城市。该市管辖 7 个区（市、区），总面积 1.73 万平方公里，总人口 250 万。崇左是一个有着光荣革命传统的红热之地，是邓小平等老一辈无产阶级革命家早年开始活动的地方之一，也是红八军的故乡。

崇左是中国的南大门。沿边、近海、邻首府、连东盟，"打开门就是越南，走两步就进东盟"，有四个县靠边境与越南接壤，边境线全长 533 公里，拥有国家一类口岸 5 个，二类口岸 2 个，边民互市贸易点 14 个，是中国陆地口岸最多的城市。这座城市是"一带一路"南通道的一个重要节点。崇左政策优势多重叠加，还享有北部湾经济区、珠江—西江经济区和左右江革命旧区"三大战略"的地级市，以及对外开放经济带、跨境旅游合作区、综合保税区、沿边经济合作区、沿边金融综合改革试验区、沿边贸易国检试验区等政策优势。2016 年 8 月，国务院批准在广西设立凭祥开发开放试验区，成为中国第七个人口最多的试验区。

崇左位于广西西部的资源区，是蔗糖、锰工业的重要基地，是"中国糖都""中国锰都""中国红木之都"。每年生产约200万吨糖，约占全国总产量的五分之一。锰矿资源占中国储量的19.41%，居全国首位。崇左还有丰富的矿产资源，如铝土矿、稀土、膨润土和铁矿石。崇左是生态旅游城市，森林覆盖率为54.92%，有世界珍稀动物白头叶猴，是"中国白头叶猴之乡""中国木棉之乡"和"国家珍贵树种培育示范城市"。2016年7月，左江花山岩画列为世界文化遗产，填补中国岩画类世界遗产的空白。亚洲第一跨国瀑布——德天瀑布和中国九大名关之一的友谊关，是广西四个主要旅游目的地之一。

近年来，崇左市充分利用其独特的地理优势和多重优势，口岸经济和文化旅游发展很快。奋力打好产业转型升级、农村全面脱贫、新型城镇化和基础设施建设"四大攻坚战"，保持了城市的经济发展和社会稳定，许多经济指标的增长率都是广西最高的。十九大提出"推动形成全面开放新格局"，崇左抓住重要机遇，沿边境的开放，坚持探索"引进来"和"走出去"，推动开放层次加深、质量提升，充分利用国家政策，促进口岸经济的发展，争当全国沿边开发开放排头兵。坚持生态发展的理念，抓住国家《"十三五"旅游业发展规划》中把崇左市作为"滇桂粤边海风景道"的一部分进行重点打造这一机遇，积极推动生态与旅游、文化、产业融合发展，加快文化旅游提档升级，力争用三到五年的时间把崇左建设成为国际知名的文化旅游胜地和旅游度假目的地，在广西形成"北桂林、南崇左"的新局面。

2017年，全市地区生产总值完成907.62亿元，增长9.3%；规模以上工业总产值完成938.86亿元，增长25.7%；规模以上工业增加值完成329.93亿元，增长10.8%；财政收入55.25亿元，完成年度目标任务；外贸进出口总额完成1339亿元，增长10%。①

2017年，全市经济社会发展呈现以下特点：一是经济运行总体平稳。全市地区生产总值增长9.3%。其中：一产增长4.4%，二产增长10.8%，三产增长10.6%；三次产业结构调整为20.0∶43.9∶36.1，其中一产比重下降0.9个百分点，二产比重提高3.4个百分点，三产比重下降1.5个百

---

① 资料来源：崇左市人民政府网站。

分点。二是投资和重大项目建设顺利推进。全年市级层面以上统筹推进重大项目 200 项，完成投资 202 亿元。其中自治区层面重大项目投资 59.8 亿元，完成年度计划的 119%，推动了全市固定资产投资增长 16.7%，比原订年度目标高 1.7 个百分点。三是工业实现较快增长。全市 195 家规模以上工业企业主营业务收入达到 775.1 亿元，增长了 25.6%；利润总额达到 134.9 亿元，增长了 28.3%；全年规模以上工业总产值增长了 25.7%，比原订年度目标高 10.7 个百分点；规模以上工业增加值增长了 10.8%，比原订年度目标高 2.8 个百分点。四是现代农业发展平稳。种植业生产稳定，2017 年、2018 年榨季原料蔗产量为 1550 万吨左右，全年全市农林牧渔业总产值为 287 亿元，增长了 4.2%。五是对外贸易回暖向好。全年外贸进出口额为 1339 亿元，增长了 10%，继续领跑全区。加快发展加工贸易，新增规模以上沿边口岸贸易加工企业 22 家，累计达到 40 家，口岸贸易加工业总产值达到 53.68 亿元，增长了 66.3%。六是城镇化建设稳步推进。全市城镇化率达到 38.65%，比 2016 年提高了 1.2 个百分点。七是脱贫攻坚全面推进。全年实现 9.5 万人脱贫、1 个县脱贫摘帽、83 个贫困村脱贫出列。八是社会民生持续改善。全市民生领域财政支出总额为 182.69 亿元，增长了 10.6%，占一般公共预算支出的 82.4%。居民收入水平不断提高，全体居民人均可支配收入增长了 10.3%，增速排全区前列。教育、卫生、医疗、社会保障等民生事业也在不断完善。[1] 2003—2017 年崇左市地区生产总值及其增长率见图 4-10。

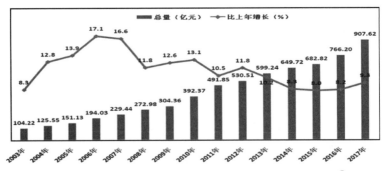

图 4-10　2003 年—2017 年崇左市地区生产总值及其增长率[2]

[1]资料来源：崇左市人民政府网站。
[2]资料来源：崇左市 2017 年国民经济和社会发展统计公报。

（二）加力开发开放合作，为崇左市跨越发展注入强大动力

近年来，崇左的一些优先事项取得了一定进展。经国务院批准设立的凭祥重点开发开放试验区，为中国第七个重点的开发开放试验区。与其他六个已批准成立的地区相比，凭祥是分布最广的一个地区，也是人口最多的区域，为一区多园，在空间布局上，可以利用交通网络把园区串联起来。最大限度促进区域经济协调发展，试验区具有较高的发展方向和要求，为促进崇左港经济发展和区域协调带来了历史性机遇。

作为一个"边境城市"，近年来，崇左市在充分利用其"边境"优势，积极参与"一带一路"建设，取得了显著成果。

第一是加速建立合作平台，南宁—崇左—凭祥改革试点区，是该区总计划的一部分。中国与东盟之间的国检试验区已成为中国的第一个国检试验区。

第二，海关通关便利化水平提升。关检合作和"三个一"检查的改革正在稳步进行，而海关"单一窗口"和"两国一检"的改革正在加速进行。

第三，强调贸易优势，到 2016 年，全市对外贸易总额达到 1230.8 亿元，占广西对外贸易总额的 38.8％，连续八年位居广西第一，这是中国最大的边贸城市。随着保税物流的迅速发展，跨境电子商务也加速了发展，凭祥处在中国百佳县电子商务区的前列。

第四，加强区域合作。建设中国—泰国工业园区，建立跨境经济合作区，与越南开展国际旅游合作。并与越南的谅山、高平省签订了跨境劳务合作协议。

崇左市依据当地条件，制定了"加力开放合作，加快南崇经济带建设"的"两加"工作方针，以加快南崇经济带的建设，使它成为下一个十年的重点，并为今后十年的重大发展和充分实现小康社会提供强大的动力。

2017 年，崇左全年外贸进出口总额为 198.52 亿美元，比上年增长了 7.98％（见图 4-11）。其中，出口额为 132.18 亿美元，比上年增长 21.72％；进口额为 66.33 亿美元，下降了 11.84％。进出口差额（出口减进口）为 65.85 亿美元。实际利用外资 370.23 万美元，下降 79.24％。

2017 年，全年入境旅游 40.31 万人次，比上年增长 5.27％。其中，台湾同胞 5.83 万人次，澳门同胞 3.80 万人次，香港同胞 5.19 万人次，外国人 25.49 万人次。国际旅游（外汇）收入为 1.50 亿美元，增长了 8.16％。接待国内旅客 2539.48 万人次，增长 27.51％，国内旅游收入为 234.67 亿元，增长 35.19％。

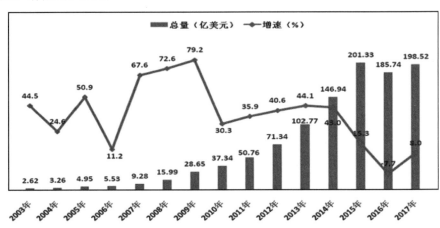

图 4-11　2003—2017 年崇左市外贸进出口总额及增长速度

加强开放合作，和加快南崇经济带建设，贵在创新，重在实干，关键在落实。各部门真抓实干，以“逢山开路，遇河搭桥”的劲头，努力创造开放合作的新动力。贯彻落实“实干才是能力、落实才是水平”的要求，大力弘扬“九牛爬坡个个出力”的精神，强力推行“四个非常”“马上办理”的措施，确保工作一抓大抓、一抓到底、抓出成效。

改进和加强平台建设。推进凭祥重点开发开放试验区发展，加快凭祥综合保税区第二阶段的建设，加速实施一系列标志性项目，以尽早取得进展。制定和完善建设崇左工业园区的政策，将其作为台资企业参与“一带一路”建设的重要平台。加速在中国—东盟跨国境经济合作区沿线建立经济合作区，国家已做出必要调整，争取凭祥扩大经济合作区。

推动对外贸易扩量提质。巩固提升沿边贸易，优化一般贸易，提高加工贸易占比，促进各种贸易方式协同发展。深入实施“加工贸易倍增计划”，完善支持沿边加工业发展的优惠政策，积极发展木材加工、特色食品加工、冰鲜水产品加工等沿边加工业，加快盐津铺子二期、凭祥红木创意产业园一期等项目建设，确保金梧桐坚果果干加工基地等项目竣工投产。推动"广贸通"沿边贸易综合服务平台全面投入运营，开展凭祥市场采购试点工作。加强出口品牌建设，大力培育自营出口企业。加快推动互市贸易改革，深化贸易结算服务。

优化口岸发展环境。加强口岸基础设施的建设，加快口岸的开放步伐，改善爱甸口岸和硕龙口岸基础设施的建设。凭祥（铁路）口岸已获批为进境水果指定口岸。加强互联互通建设，加快中越水口—驮隆界河二桥、中新互联互通南向通道（陆路）物流线路，扩大"单一窗口"模式的适用范围，加快"两国一审"模式的改革，稳步提高海关通关便利化水平。加快执行跨境劳工试点政策，进一步规范对跨境劳工和雇主单位的管理。加快跨境动物传染病控制的区域化，争取有关国家部委的批准，以便尽快启动试点工作。

加大招商引资力度。加快实施"一把手"招商、以商招商、联盟招商、产业链招商等精准招商方式，在这一年中，加强了筹资活动，向该地区以外的项目筹资 330 多亿元。加强与越南和泰国等东盟国家的交流与合作，深化与港澳台地区和发达区域的合作。积极执行优惠政策，便利项目融资，建立强有力的投资快速反应机制和有效的协调服务机制，以确保工业项目落地建设。

（三）各县（市、区）真抓实干，推动崇左的开发开放

扶绥是崇左市经济实力最雄厚的县。根据市政工作部署和要求，全方位开放合作与交流。需要集中人力、物力和财力，为建设南崇经济带的 8 个园区提供一个重要平台，更明确地界定发展目标和园区的战略定位，积极促进大型工业企业发展，引进大型项目，扩大发展规模，充分发挥南崇经济区的领导作用，加快建设扶绥空港经济区，促进东盟南（宁）崇（左）经济一体化的发展，利用地理上的优越性和丰富的陆地资源，促进扶绥县融入南宁市区域经济发展圈。加快建设从扶绥空港经济区到南宁机场的二级公路、糖果厂和铝土矿加工基地，促进崇左市各地区的经济发展。2017 年扶绥县地区生产总值为 188.8 亿元，同比增长了 10%；财政收入为 13.96 亿元，增长了 1.29%；固定资产投资为 205.4 亿元，增长了 21%；规模以上工业增加值为 81.7 亿元，增长了 16.3%；社会消费品零

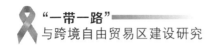

售总额为 24.8 亿元，增长了 10%；外贸进出口总额为 1.85 亿元，增长了 48%；城镇居民人均可支配收入为 30193 元，增长了 8.3%；农村居民人均可支配收入为 12588 元，增长了 12.6%。①

龙州水口口岸。扩大国际口岸的开放，进一步提高龙州县和崇左沿边的发展水平，加强中国和越南之间的睦邻关系，强调崇左作为“一带一路”建设的支柱的地位，促进中新互联互通南向通道建设，迅速发展边境沿线的贸易、工业和物流，加快边境地区扶贫工作步伐，进一步巩固国家统一，以维持边境地区的稳定。自 2015 年 11 月以来，龙州县投入了 7000 多万元，在科甲边民互市点建设了占地约 110 亩的边民互市贸易监管场所。科甲边民互市点监管场所建有中卡、越卡 4 栋联检楼、查验平台、围网、熏蒸隔离房、岗亭、休息房、食堂、冻库、查扣仓库等设施齐全。2016 年 7 月 11 日，国务院批复同意水口口岸扩大开放，口岸性质为国际性常年开放公路客货运输口岸。科甲边民互市点的恢复运行将有利于沿边地区享受更多的优惠政策，惠及更多的边民，贫困边民可以通过参与边民互市贸易增加收入，加快脱贫致富步伐。同时也有利于“兴边、稳边、固边”，促进沿边地区的和谐稳定。

宁明县也提出继续做好“边”字文章。中越国际中草药商贸物流基地、农产品进出口物流中心两个自治区级重大项目相继落户爱店，使口岸贸易呈现大幅增长态势。宁明努力推进口岸、特色工业、林业、文化旅游等几个方面的新突破。特别是在打造特色农产品物流市场方面，重点推进中国—东盟（宁明）国际农产品物联港、中国—东盟（宁明爱店）农产品进出口物流中心建设，加快推进中越中草药商贸物流基地（宁明爱店）项目建设。

宁明县依托区位优势，抢抓“一带一路”发展机遇，进一步加快物流项目建设，努力构建中国—东盟物流大通道，提高沿边开发开放水平。万晟（宁明）国际商贸城项目为第 11 届东盟博览会招商引资的重点项目，也是广西壮族自治区重点推进项目，项目的开发填补了宁明无专业综合型国际市场的空白。项目总投资约 10 亿元人民币，总占地面积为 350 亩，总建筑面积为 30 万平方米，是集建材、商贸、物流、仓储、居住等于一体的综

---

① 扶绥县经济工作会议召开 [N]. 今日扶绥，2018-01-15.

合性国际市场。项目规划参照国际市场标准，合理分区，建成独特的 3 至 5 层的别墅型商住楼，集商、住、储于一体，并聘请专业市场管理和市场招商运营团队管理运营。作为自治区统筹的重大项目，中国—东盟万晟（宁明）国际商贸城涵盖家居、建材、五金、农机等行业，是我县唯一一个全业态专业市场。依托爱店作为一类口岸的区位优势，该项目定位为"面向东盟的陆路经济驿站"，大力打通县域"大物流"通道，全力打造"中国—东盟国际现代物流港"、区域一站式国际化集散中心，推动其成为东南亚国家的展示中心和流通枢纽。

大新县则力求在旅游发展方面实现重点突破，加快硕龙口岸升格为国家一类口岸的步伐，做好每年最低 250 万人次，并且年增幅保持在 20％ 的旅游消费的文章。

大新县与越南接壤，是广西 8 个沿边县之一。早在 1954 年，国务院就批准设立了硕龙口岸，成为当时中越沿边 21 个沿边陆路口岸之一。如今，大新县辖区内有一个国家二类口岸——硕龙口岸，以及德天、硕龙、岩应三个边民互市点。在国家"一路一带"倡议、中国—东盟自贸区升级、《左右江革命老区振兴规划》、中央赋予广西的"三大定位"等战略推进中，大新县硕龙口岸日益凸显其作为面向东盟开放合作区域性新兴经济体的优势。2015 年 11 月，中越两国签订了《合作保护和开发德天瀑布旅游资源协定》，标志着中越德天·板约瀑布国际旅游合作进入区域共筹共建、加快合作发展阶段。在"十三五"规划里，大新县明确了"旅游旺县、边贸兴县"的发展战略。在今后五年，大力推进开放合作，把口岸经济作为区域经济发展新的增长极重点培育，全力做好口岸经济发展大文章。

江州区提出继续加快发展现代农业步伐，重点发展甘蔗高效节水灌溉；天等县则提出立足自身优势，加快融入南崇经济带的步伐。

（四）打开开发开放大门，吸引各方投资

崇左是沿边城市，打开门便是越南，走两步便到东盟。这几年崇左的发展得益于开放合作。近 4 年全市工作的主题就是加大开放合作，加快南（宁）崇（左）经济带建设，进一步解放思想，打开大门欢迎各方投资，把优势的资源引进来。

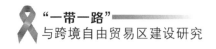

1. 扩大与粤港澳台经济合作

开放合作有助于崇左经济的发展。崇左作为一个年轻的城市，有许多项目要建设，有许多资源要开发，只靠崇左的力量发展肯定是不够的，广东、香港和澳门等地区的一些企业运作时间长，实力雄厚，正是崇左需要的资源。目前，崇左已将福建雅格集团和中粮集团引进来进行糖产品的深加工。崇左也拥有丰富的矿产资源，中信集团在该区域已经营 8 年，并在中国的锰开发领域具有绝对优势。

2. 南崇经济带成开放合作大平台

南崇经济带为发展提供了广阔的平台。目前，崇左沿南宁—友谊关高速公路，建造了 8 个重点工业园区，包含中国—东盟南宁空港扶绥经济区、中国—东盟青年产业园、广西凭祥综合保税区、中越凭祥—同登跨境经济合作区等，总面积为 300 平方公里。南崇经济地带正在成为一个开放合作的重要平台、经济发展的主阵地，为崇左"陆路东盟"的发展开辟了一条新的道路。

3. 跨境经济合作进展迅猛

中越凭祥—同登跨境经济合作区被视为中国—东盟自由贸易区"一区两国"的试点地区，利用广西凭祥综合保税区的优势，以实施"一区两国、境内关外、自由贸易、封闭运作"的运作模式，将凭祥—同登跨境经济合作区建设成中国与东盟跨境经济合作区的一个区域贸易点、后勤基地、出口加工基地和信息交流中心。

该跨境经济合作区使中越双方实现面对面、零距离的合作，实现互联互通。几年来，中越双方在这一方面的合作有了很大进展：中越凭祥—同登跨境经济合作区的规划编制工作已经基本完成；跨境经济合作核心区域，即广西凭祥综合保税区在 2009 年 11 月正式动工，2011 年 2 月开关运营，目前已经开始发挥其作用；在跨境经济合作范围内，中越两国的商务、企业、文化合作，有了新的进展。2011 年，成立了中越凭祥—同登跨境经济合作区管理委员会，在凭祥综合保税区管理委员会机构内增挂中越凭祥—同登跨境经济合作区管理委员会牌子，实行"两块牌子一套人马"。2013 年 10 月，国务院总理李克强访问越南期间，中国商务部和越南工贸部共同签署了《关于建设跨境经济合作区的谅解备忘录》，之后商务部、广西、云南联合组成《中越跨境经济合作区建设共同总体方案》（以下简称《共同总体方案》）起草小组，形成了《共同总体方案》初稿。2015—2017年，越南党和国家领导人应邀访华期间双方发表的多个《中越联合公报》多次提及协商、磋商、商签《共同总体方案》，推进跨合区建设。目前经过综合保税区和各级各部门的共同努力，中越凭祥—同登跨境经济合作推进工作已经取得了重大突，一是，编制完成了《跨合区凭祥园区建设方案》；二是，完成了跨合区现状综合报告、空间布局规划、产业发展、综合交通发展等四个专题研究；三是，建立了定期会晤机制；四是，一批大项目也先后入驻跨合区，如凭祥沿边贸易货物物流中心、综合保税区二期产业配套、中越浦寨—新清跨境货物专用通道、跨合区供水一期工程、排水排污一期工程、路网工程、凭祥（铁路）口岸优化升级、中国边贸第一城、中国—东盟（凭祥）水果城、国门新城等。

中国和越南之间的跨境合作对崇左对外进出口贸易的稳定增长发挥了重要作用。到2012年，崇左的对外贸易进出口总值为71.3亿美元，连续三年增长率保持在60%左右，是全区域增幅最高的。

四、凭祥市开发开放成效

（一）凭祥市开发开放现状

凭祥市地处祖国南疆，西南两面与越南接壤，边境线长97公里，素有"中国南大门"之称。全市土地面积为650平方公里，户籍人口11.4万人、流动人口8万多人。1956年11月设市，是广西第五个建市的城市。1992年6月，被国务院批准为沿边对外开放城市；2002年12月，被国务院批准为自治区直辖市，由崇左市代管。辖区内有壮、汉、瑶、苗、京、回、侗、水、傣、畲、布依、蒙古等24个民族，少数民族人口占全市总人口的比例达85.63%，其中壮族人口占总人口的比例达高84.7%，是以壮族为主体、多民族杂居的少数民族聚居区。[1] 辖区内有凭祥（铁路口岸）和友谊关（公路口岸）两个国家一类口岸、一个平而关（水路口岸）国家二类口岸，五个边民互市点，是广西口岸数量最多，种类最全，规模最大的沿边口岸城市，是中国通往越南及东南亚最大和最便捷的陆路通道。凭祥市

---

[1]凭祥市人民政府门户网站［EB/OL］.

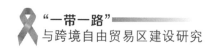

地处亚热带,植物种类丰富,且拥有丰富的矿产资源。

1. 凭祥市经济发展状况

2017 年是实施"十三五"规划的重要一年。凭祥市牢牢把握沿边开放"一条主线",全力做好口岸经济和文化旅游发展"两篇文章",奋力实现基础设施建设、产业转型升级、新型城镇化、脱贫攻坚、公共服务和民生保障、沿边管控和社会治理"六大跨越",努力争当全国沿边开放的排头兵,加快建设面向东盟的国际口岸城市,并较好完成了全年经济社会各项目标任务。2017 年全市地区生产总值为 76.39 亿元,同比增长了 13.2%;财政收入为 7.33 亿元,完成全年预算调整任务数的 104.4%;规模以上工业总产值为 38.27 亿元,增长了 26.11%;固定资产投资额为 133 亿元,增长了 18%;外贸进出口总值为 860 亿元人民币,增长了 13.6%;社会消费品零售总额为 25.77 亿元,增长了 11.34%;城镇居民人均可支配收入达到 32154 元,增长了 8%;农村居民人均可支配收入达到 10878 元,增长了 10%。[①]

凭祥市坚持以新时代中国特色社会主义思想为指导,坚持新的发展观,按照高质量发展的要求,统筹推进"五位一体"整体布局,协调"四个全面"战略布局,坚持以供给侧结构性改革为主线,按照自治区建设"三个生态",实现"两个建设"和崇左市做好"两篇文章"、打好"四大攻坚战"的决策部署,坚定不移把握好沿边开放"一条主线",加快做好口岸经济和文化旅游"两篇文章",大力实施项目带动和乡村振兴"两大战略",切实抓好脱贫攻坚,工作补齐民生短板,抓好沿边管控和防范重大风险"两个重点",加快建设面向东盟开放合作的国际口岸城市,打造"东盟之城",奋力谱写新时代凭祥发展新篇章。

2. 沿边开发开放取得新的成效

(1) 建设南向大通道,构建开放新格局

党的十九大报告指出,必须把重点放在"一带一路"的建设上,并强调:"引进来"和"走出去"相结合,加强创新合作,构建海洋和陆地互动的开放模式。中新互联互通示范项目是中国—新加坡政府间合作的第三个项目。南向通道是在该项目框架下,我国西部相关省区市与东盟国家合

---

① 资料来源:2018 年 1 月凭祥市政府工作报告。

作打造的国际贸易物流通道,实现"一带一路"的建设。在早期阶段,重点是建造两条道路,即南向铁海联运通道和跨境公路通道。其中,重庆—凭祥—越南河内的跨境公路运输是连接南向通道的一个重要组成部分。

凭祥处于中国南疆广西的西南部,在河内—北京—莫斯科国际铁路运输线上。它还是中新互联新联系的重要枢纽城市,在中国与东盟国家的合作中占据重要地位。铁路口岸日益开放,中国第一条国际铁路集装箱运输线已成功开通,"仁川—胶州—凭祥"海铁联运集装箱班列和中欧班列(中国南宁—越南河内)已开始运营。凭祥是"一带一路"的关键环节,南向通道跨境公路重要节点城市的地位日益凸显。

(2)开放平台建设稳步推进

鉴于凭祥开发开放试验区的快速建设,自治区制定了一系列政策,并批准了建设试验区的总计划。中越凭祥—同登跨境经济合作区加快推进,总体发展规划、凭祥园区产业发展战略规划已编制完成,友谊关旅游开发公司也设立了驻越南联络处。凭祥综合保税区、凭祥市"区市一体化"加快了融合,综合保税区二期(筹)项目顺利推进,已开挖土石方约 160 万方。预计综合保税区入区企业进出口总额为 342.5 亿元,同比增长54.7%。凭祥—宁明贸易加工园已进入全面建设阶段,并已成为凭祥—宁明城综合发展的示范单位。

(3)互联互通建设取得了重要成果

2017 年 2 月,国务院重新开放了友谊关口岸,公路口岸扩建了浦寨、弄尧两个通道,并成为畅通越南新清口岸、谷楠口岸的接口,这是一项重要的国家举措,目的是促进"一带一路"建设和加强开放。经过两年的努力,中越友谊关——友谊国际口岸的货物运输特别通道于 2017 年 9 月 11日正式开通,由友谊关口岸通关的车辆数量大幅度增加,从每天 700 多辆增加到每天 1200 多辆。中越浦寨—新清国际货运专用走廊中国段已连通,2017 年 7 月 30 日,友谊关口岸落地签证的出境生效,并实现常态化。目前正在加快推进凭祥(铁路)口岸的国家级水果进境口岸的申报工作,友谊关口岸第一阶段的现代化工程已经顺利完成。

(1)沿边金融改革逐步深入

越南盾现钞跨境调运业务顺利启动,东盟货币现钞跨境调运实现零突破,开办了首单跨境车辆及跨境劳务人员保险业务。中国(广西凭祥试验

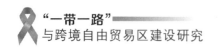
区）东盟货币服务平台有序运行，互市贸易服务中心实现全覆盖。辖区 7 家银行与越南 14 家银行签订代理结算协议，跨境人民币结算实现常态化，全市跨境人民币结算 364.15 亿元，个人跨境人民币结算 73.66 亿元，继续位居广西前列。

跨境劳工合作在全区都占据重要地位。凭祥已成为广西跨境劳工合作试点城市，设立了跨境劳务管理服务中心，并已投入运作，这些中心在管制整个区域的跨境劳工方面发挥了带头作用，实现了检验检疫、公安、出入境、保险等单位集中办公，受理、审批、制证、发证全部在中心完成，节约了办理时间、提高了工作效率，受到用工企业、劳务中介、越南务工人员广泛好评。完善《凭祥市跨境务工管理暂行办法》，通过"四证两险一中心"规范了对跨境劳务管理，全市劳务派遣公司增加到 28 家，为 2016 年的 7 倍，跨境服务劳务人员累计超过 9.5 万人，比去年同期增加了 45%。

(2)"景区旅游"向"全域旅游"迈进

凭祥是中国特色的旅游城市，是广西著名的旅游城市。边关探秘游、边关风情游、东盟跨境游、红木文化游是凭祥四张旅游名片，境内有友谊关、"南疆长城"大连城、白玉洞、平岗岭地下长城等重要景点，其中"中国南大门"友谊关原名镇南关、睦南关，已有 2000 多年历史。这座初建于汉朝的千年雄关，是我国九大名关中唯一仍然扼守国境、具有通关功能的边关。①

近年来，随着对旅游区和旅游路线的开发，中越友谊关——友谊国际旅游合作区和浦寨—新清旅游合作试验区的发展速度加快；中越旅游国际合作区、跨境自驾游等旅游合作得到了全方位拓展。中国和越南联合建立跨界旅游合作区，将形成一种共识，即加强文化旅游业，为从"景观旅游"向"全域旅游"的过渡奠定坚实的基础。到 2017 年，共接待游客 6309.2 亿人次，比 2016 年同期增长了 22.34%，旅游总收入达 55.01 亿元，增长了 23.2%。目前，凭祥正在建立国家级旅游示范区、中国与越南之间的跨境旅游合作区和边境旅游试验区。

---

①广西凭祥：建设南向大通道 构建开放新格局［EB/OL］. 2018-03-14.

2. 实施更加主动的开放驱动战略

加强"一带一路"建设，按照《广西凭祥重点开发开放试验区建设总体规划（2016—2025）》以及自治区给予凭祥试验区的若干优惠政策，抓好试点地区建设和政策落实，检查试点地区投融资平台和产业资金创建情况。首先，努力推进中越凭祥—同登跨境经济合作区的建设，加快中越跨境经济合作区的审批进程。深化凭祥综合保税区管理体制机制改革，大力创新人才体系，全面加快海关综合保税区二期建设，做好产业布局规划，完善园区基础设施，建设口岸中心示范经济，促进区城一体化发展，强化海关综合保税区辐射作用，加快推进凭祥边区扩展，加快凭祥—龙州综合开发，推进中国—东盟进出口贸易场所和生态示范园区建设以及产城结合建设，形成宜商宜生活的生态示范园区。全面发挥国家凭祥试验区试点作用，扩大水果进口、越南乳制品和水产品进口、包装小吃和农产品准入范围，促进第三方接受认证结果。加强边境地区的金融改革，深化人民币跨境支付体系改革，规范边境补偿服务，加快建设水果等大宗商品交易市场的步伐，巩固凭祥口岸对外贸易的优势。

加快建设现代国际口岸。建立中新互联互通南向通道，对友谊关国际货物运输专用通道进行升级及货场扩容，完成建设，加快开放友谊关口岸，优化分配，改善基础设施，有效执行开放友谊关口岸的政策。加强与越南的沟通协调，推动浦寨—新清国际货物运输专用通道越方段加快建设，开启中越弄怀—谷楠国际货物运输专用通道规划建设的前期工作。加快推进龙州至凭祥公路建设，开工建设中越跨境经济合作区互联互通一期工程及卡凤区域交通路网改造工程。加快凭祥（铁路）口岸升级改造，争取凭祥（铁路）进境水果指定口岸一期工程年内建成投入使用。落实中越国际联运集装箱运输协议，提升凭祥（铁路）口岸通关效率。推进南宁—凭祥铁路平改立。继续推进南宁至凭祥铁路扩能改造项目前期工作。加快友谊关口岸改造提升（二期）项目建设，力争年内完成旅客联检楼附属楼建设及附属设施升级改造。加快叫隘、油隘等边民互市点联检及综合业务大楼基础工程、封闭围网工程建设，推动平而大桥越方对接道路建设加快进度，促进中越互市点交通基础设施互联互通。

加快中国和越南之间的"两国一检"试点工作，加强规划与越南的对接，促进在中国地区建设"两国一检"。进一步促进跨国界劳工合作，革

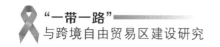

新跨国界劳工管理模式，对接越南农村工人信息管理系统，并优化统一认证服务，促进外籍工人的长期居留，建设完成边境务工人员传染病监测和检查中心，并改善跨界工人金融保险服务。加快跨界动物传染病的区域化控制，争取有关国家部委的批准，以便尽快启动试点项目。

3. 促进口岸经济的高质量发展

以壮大实体经济为抓手，积极扩大和加强具有重大意义和财政贡献的实际工业项目，建立涵盖整个工业的支助性政制策度，鼓励创业精神和市场实体创新，加快工业结构调整，推进"通道经济"加快向"口岸经济"转型升级，形成新的财政资源，优化税收结构，实现口岸经济的高质量发展，提高税收质量。

（1）提高跨境物流发展质量

建立凭祥跨界后勤基地，以形成一个进口资源集散中心，助推广西进口贸易，促进创新示范区建设。积极发展中新互联互通南向通道，凭祥—越南河内—老挝那保（得里萨）—泰国曼谷的国际物流路线也在积极扩大，以继续开放主要的国际大通道。实现中欧班列凭祥列车常态化运作。加速申报使凭祥（铁路）成为进口水果的指定口岸，以便在一年内获得进口水果的"陆铁"的经营许可。积极推进恢复并加密中越车辆跨境公路运输直通车。加快对外贸易的发展，探讨在市场采购贸易中建立小型贸易和结关模式的可能性。最大限度地利用现代物流支持政策的激励措施，引进和鼓励占主导地位的物流企业。在整个保税区，开办强有力的保险物流和集中的分销业务，加快大型项目的建设，如国际智能链工业园区、捷递物流冷链产业园、富士康准时达绿色物流中心等重大项目建设，继续培育中国—东盟陆路集装箱收拼分拨中点。开启友谊关、浦寨—弄怀通关畅通工程，破除口岸通关阻碍。

（2）提高专业市场发展质量

持续推进以"五城"为龙头的专业市场建设，打造红木城、边贸城、水果城、轻纺城、跨境电商产业城。推动红木文博城升级发展。大力支持中国边贸第一城运营壮大，依托中国边贸第一城加快建设中越凭祥—同登跨境经济合作区商业综合体。运营好中国—东盟（凭祥）水果城，进一步完善一期配套设施和综合开发，统筹二、三期规划建设，力争年内启动，全力打造中国—东盟水果之都。加大中国轻纺城项目跟踪服务力度，力争上半年开工建设。推动跨境电商产业城加快建设。

（3）提高口岸加工发展质量

加快凭祥边合区扩区步伐，推进形成以凭祥—宁明贸易加工园区产业大道为轴心、食品加工企业为主导的两翼发展格局，推进两岸产业合作区崇左产业园凭祥片区项目建设，推动园区一体化发展。加快友谊关工业园标准厂房二期、红木文化创意产业园项目建设，加快友谊关工业园污水处理厂、燃气供气站等配套设施建设，强化口岸加工产业硬件基础。建成跨境劳务合作培训中心，为企业培训职工、提供食宿便利，解除落户企业后顾之忧。推进盐津铺子二期建设，力争年内达到规模化生产。加强对兴荣坚果加工、汇隆坚果加工、醇美饲料、恒标变性淀粉等项目的跟踪服务，力争实现上半年投产；加快美洋水产品加工项目建设，力争年内完成标准厂房建设。依托综合保税区优势，大力引进手机检测维修、汽配组装等项目落地。依托跨境劳务合作优势，大力引进纺织服装、电子产品组装等劳动密集型产业项目。年内争取新增规模以上口岸加工企业不少于8家，力争全年口岸加工业总产值达到28亿元。

（4）提高电子商务发展质量

充分利用自由贸易区跨界电子商务管理的中心作用，加速跨境电子商务的发展。大力促进建立中国—东盟（凭祥）跨境电子商务工业园区，并推动迅速完成该项目。与义乌小型商品城市集团积极互动，优化电子商务发展的有利环境，吸引电子商务企业形成跨境电子商务产业集群，将中国与东盟国家连接起来，创建一个升级的"凭祥电商"。加快广西博汇综合外贸服务平台的建设，促进"广贸通"的全面运行，提高电子商务平台的水平。改善市、镇、乡村各级的物流分配系统，促进农村电子商务的发展。

4. 践行绿色发展，创建沿边旅游国际名城

加强生态建设，保护环境。秉持绿色发展的理念，启动国家级生态县（市）创建工作。抓好"金山银山"工程，努力打造国家级园林城市。加快建设一个特殊的旅游项目，推动在友谊关—红木文博城的基础上建设一个5A级国家景观，目前正在通过自治区的初步评估，为实施景观改善项目，制订5A级景观评估总计划和撰写5A级景观评估报告。加快大清国万人坟纪念园、友谊关民俗村、红木国际酒店、红木博物馆等项目的建设。

推动大连城兵营遗址勘探、挖掘、研究和利用，规划建设边关军事遗产公园。推进宝岛美人椒现代农业（核心）示范区建设，创建广西5星级乡村旅游区、城市规划馆创建3A级景区，并通过评定验收。在中国—东盟（凭祥）水果城创建4A级国家景观，规划和设计果树城4A级国家景观，并改进有关设施。加快建设凭祥国际旅游中心、中国和东盟旅游总部基地、凭祥博物馆、上石板灵河漂流休闲体育项目等娱乐体育项目等，提供多样化和季节性旅游产品。改善旅游基础设施，如停车场、旅游厕所、游客识别系统和缓慢的旅行系统，提升旅游服务质量。

5. 凭祥市沿边口岸体系发展现状

凭祥是广西边境沿线最大、最多样化和最大的口岸城市。目前，东盟国家以及中国大陆、港台的许多贸易商都落户在沿边沿线的贸易交流中心从事对外贸易活动。

（1）凭祥主要口岸介绍

凭祥口岸是广西地区唯一的铁路口岸，是国家一级口岸，是中国与越南之间最大的陆路口岸。凭祥铁路口岸于1952年开通，位于凭祥火车站内，占地面积为1.8平方公里，建筑面积为6776平方米，2006年12月全部竣工，是湘桂铁路的终点站，也是广西唯一的沿边铁路口岸，是中国通往东盟最便捷的铁路大通道，是连接欧亚大陆与东盟的铁路大陆桥的桥头堡。与凭祥口岸相连接的是越南凉山省的同登口岸，凭祥口岸在中越贸易中起到的作用也越来越明显。2017年凭祥综合保税区口岸进出口贸易总额为1256.65亿元（187.56亿美元），同比增长了4.7%；入区企业进出口贸易总额为274.25亿元（40.91亿美元），同比增长了57.5%；友谊关口岸进出境车辆总计23.48万辆次，同比增加12.6%；过货量达到271万吨，同比增长21.5%；集装箱吞吐量达17.4万标箱，同比增长73%。[①]

友谊关口岸是国家重点一类口岸，是从中国到越南和其他东盟国家的最大陆路口岸。友谊关口岸于1951年启用，位于凭祥市最南边。友谊关口岸位于越南首都河内170公里处，与越南有着友好关系。随着"两国一检"通关模式的实施，友谊关口岸的业务量迅速增加，旅客和货物的运输量大幅度增加，成为中国最大的水果进口口岸和广西最大的陆路货运口岸。自

①广西凭祥综合保税区利用优势 奋力推进"南向通道"建设［EB/OL］. 2018-05-09.

这些口岸开通特别货运路线以来，进出友谊关的卡车数量从 800 辆大幅度增加到 1200 辆（每天），最多达到 1600 辆（每天）。口岸的旅客和货物运输量也迅速增加，对进出口的便利提出了新的和更高的要求。自治区率先采用了新的"两国一检"通关模式。这一模式是改善两国海关通关和便利货物贸易的有效措施。2017 年凭祥综合保税区对电子通信系统进行了维护并为友谊关口岸建立了公共信息服务平台，为探索通关模式打下了良好的基础。广西壮族自治区公安厅出入境友谊关签证处于 2017 年 7 月 30 日正式成立，外国人出入境签证已经标准化，越来越多的外国人来到中国访问、旅行和投资。

（2）凭祥市主要边贸互市点

凭祥市有六个边民互市点。弄尧处于友谊关的西边，是越南和广西边境地区最大的贸易市场，也是国家授权的边境市场。自 2006 年以来，弄尧边境的贸易额一直保持在 15 亿美元以上。目前，弄尧已成为东盟产品的最大集中地和东盟贸易的主要市场之一。

浦寨于 1992 年正式成立，与越南谅山省的文朗新清口岸连接，是我国进入越南和其他东盟国家的门户。中国、越南、澳大利亚等国在此设有700 多家商店，与越南的双边贸易日均超过 200 万元。

（3）凭祥市综合保税区

2008 年 12 月 19 日，国务院批准建立了广西凭祥综合保税区，这是国务院批准的第四个综合保税区，是中国沿陆地边境建立的第一个综合保税区，预计面积为 8.5 平方公里。综合保税区的三个主要职能分别是：物流加工区、口岸业务区和服务区。该项目分三个阶段进行，第一阶段（1.2平方公里）于 2011 年 9 月 30 日竣工，2016 年 8 月 26 日开始在综合保税区建造工业综合体。政府规划了 1086 亩，投资 18 亿元建设三个工业园区，即轻工业园区、机械和电力工业园区和东盟特别资源工业园区。

2018 年 1—8 月，凭祥综合保税区的进出口总值达到了 1024.76 亿元（151.11 亿美元），增加了 17.1%。入区企业进出口总值为 143.99 亿元（22.1 亿美元）。与 2017 年同期相比，进出境的车辆数量增加了 40.4%，货物运输量增加了 7.4%，集装箱运输量增加了 119.2%。4 个加工贸易项目竣工，建设投入资金 1620 万元。被国家发改委、住建部、国土部评为第

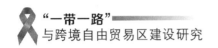
二批国家级示范物流园区，被中国物流与采购联合会评为全国优秀物流园区。① 总体而言，2018 年凭祥综合保税区经济运行的主要特点是：口岸通关和便利化水平继续提升；进出口总额、货物吞吐量、进出境车辆、集装箱吞吐量继续呈现迅猛增长态势，口岸物流、保税物流一枝独秀；招商引资成效显著。但加工贸易发展短板及产业结构单一问题没有根本改变。

凭祥综合保税区紧紧围绕广西的"三大定位"，自治区构建"四维支撑、四沿联动"开放发展新格局和崇左市做好"两篇大文章、打好四大攻坚战"的决策部署，以"打造崇左开放龙头、广西开放高地，争当全国沿边开发开放排头兵"为奋斗目标，按照高质量发展的要求，推动南向通道的建设，不断改善该园区的基础设施，优化通关程序，并推动鼓励进出口贸易的政策；加强筹资活动，以维持综合保护区进出口贸易的迅速增长。

凭祥市综合保税区的建设，是我国开放沿边地区的重要决策，也是中国与东盟自由贸易区的重要举措，大大地提升的凭祥市的区位优势。建设综合保税区可以使我国与越南开展更高层次的贸易合作，推动了广西的经济建设，为广西带来新的机遇。

（5）凭祥沿边经济合作区

1992 年 6 月 9 日，《国务院关于进一步对外开放南宁、昆明市及凭祥等五个沿边城镇的通知》（国函〔1992〕62 号）允许凭祥市兴办沿边经济合作区。同年 9 月 26 日，国务院专区办公室《关于设立凭祥市、东兴镇沿边经济合作区的批复》（特办字〔1992〕第 57 号）同意建立凭祥沿边经济合作区，其四至范围为：北以中环路为界，东以二级公路为界，南以浦弄山脚为界，西以板召山脚为界。核定面积为 7.2 平方公里。2005 年 9 月 7 日，根据《关于第四批通过审核的国家级开发区名单的公告》（国家发展和改革委员会〔2005〕第 56 号）精神，经国务院批准，凭祥合作区通过审核。2007 年 3 月 27 日，经国务院同意，国家发展改革委、国土资源部、建设部联合发布《中国开发区审核公告目录》（2006 年版），凭祥合作区通过国家审核。凭祥沿边经济合作区位于凭祥市南部，距广西首府南宁 170 公里，距越南首都河内 168 公里，湘桂铁路、南（宁）友（谊关）高速公

---

① 资料来源：综合保税区经贸规划处，广西凭祥综合保税区 2018 年 1—8 月份经济运行情况。

路、322 国道贯穿园区南北，沿边、口岸、通道的优势十分明显。

（6）凭祥重点开发开放试验区

2016 年 8 月 2 日，国务院正式批复设立广西凭祥重点开发开放试验区，崇左市先行先试，创新开放合作机制，推进跨境劳务管理机制改革，着力提升通关便利化水平，推动口岸升格工作，快速发展跨境电商产业，试验区批复建设工作顺利进行，崇左市作为中国—中南半岛经济走廊重要门户地位更加突出。2017 年 8 月，广西壮族自治区发展改革委印发《广西凭祥重点开发开放试验区建设总体规划（2016—2025）》（以下简称《规划》），针对 2016 年 8 月试验区获国务院批复出台的实施细则，《规划》明确了试验区的功能定位、空间布局和发展重点。试验区规划范围包括崇左市下辖的凭祥市全域以及宁明县、龙州县、大新县、江州区、扶绥县部分区域，构建"一核、三区、三基地"的空间格局。①

一核：以凭祥市为核心，发挥紧邻越南的区位优势和对越贸易最大口岸优势，依托中国—东盟陆路大通道和综合保税区、沿边经济合作区、跨境经济合作区等战略平台，有效利用国内国外两个市场、两种资源，重点发展国际商贸与会展、金融保险、跨境旅游、加工贸易、现代物流、珍贵木材、电子商务等产业，打造面向东盟高度开放的国际经贸商务中心和跨国企业总部基地。

三区：一是沿边经济合作区，以凭祥、友谊关、水口、爱店、硕龙、平而、科甲等沿边口岸为主体，发展口岸物流、大型专业市场等；二是国际旅游合作区，以凭祥市友谊关、大新县德天瀑布、宁明县花山岩画、龙州县红色旅游等旅游区域为主体，打造国际知名的文化旅游胜地；三是沿边新型村镇建设先行区，以沿边线 20 公里内的爱店、水口、硕龙等沿边村镇为重点，推进沿边小集市建设，形成沿边特色村镇。

三基地：指以中泰（崇左）产业园、凭祥综合保税区、凭祥沿边经济合作区（含凭祥—宁明贸易加工区）以及爱店、水口口岸经济区、中国—东盟南宁空港扶绥经济区和中国—东盟青年产业园等一系列园区为载体，打造国际产能合作示范基地、加工贸易合作基地、临空产业合作基地。

建设"一带一路"和南向通道为凭祥综合保税区提供了前所未有的机

---

①广西：凭祥重点开发开放试验区建设总体规划印发 [N]. 广西日报，2017-08-21.

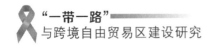

会。鉴于独特的地理位置，综合保税区将进一步解放思想，充分利用建设"一带一路"和南向道建设的优势，谱写新时代凭祥综合保税区发展的新篇章。

（二）凭祥市开发开放的历程与趋势

虽然凭祥市与越南之间的边贸开展已久，早在 20 世纪 50 年代就已经开始了贸易活动，但是由于凭祥市特殊的地理位置，使得历史的遗留问题对凭祥市的开放发展有一定的阻碍作用。但是随着改革开放的不断深入，凭祥市的开放发展得到了前所未有的提高。本节主要阐述凭祥市自 1978 年改革开放以来的发展历程，大致可分为如下三个阶段：

1. 1978 年至 1988 年的停滞阶段

在这一阶段，我国大多数地区正在按照党在第十一届三中全会会议上提出的改革开放思想进行经济改革。然而，在同一期间，广西边境沿线地区爆发的自卫反击战对凭祥市的贸易造成了巨大的影响。

2. 1989 年至 1991 年的恢复期

随着中国与越南关系的逐步好转，以及苏联的解体，中国和越南之间的边境地区已从战场走向市场，贸易开始恢复。在这一阶段，蓬勃发展的边界贸易已从边民互市转变为国际贸易，贸易形式已从单一贸易转变为小规模、小额批量贸易。1989 年，有 896244 人在越南边境从事贸易，其中约 90% 是商人和农民，仅 1989 年一年，凭祥与越南的沿边贸易总额就达到了 1.7 亿元，占广西与越南贸易总额的近 40%。1990 年，凭祥沿边贸易额为 2.5 亿元，其中进口额为 0.85 亿元，出口额为 1.65 亿元。1991 年，新乡市的总贸易额为 4.2 亿美元，是 1989 年的 1.5 倍。此外，边境贸易点的参与人数已增至 216 万人。在这一阶段，边境贸易产品主要是中低等产品，而出口主要是日用品，如手电筒、热水瓶、自行车、电扇等。进口主要是农副产品和少数工业产品等。

3. 1992 年至今的高速发展期

自 1992 年国家批准凭祥城市开放以来，开放程度逐年提高，经济增长一直很快。可以分为两个小阶段（1993—2004 年、2005 年至今）。凭祥市的贸易量在第一阶段稳步增加，在第二阶段大幅度增加。例如，1994 年，凭祥沿边贸易总额达到 11.38 亿元，在广西各县名列前茅。2004 年，凭祥市沿边贸易额达到 24.5 亿元。由于"十一五"国家政策的推动，自 2005 年以来，项目投资增加，基础设施开发建设蓬勃发展，凭祥边境地区的贸易总额迅速增长，到 2010 年达到了 2645 亿元。2005 年，凭祥固定投资为 5.68 亿元，2010 年为 35.2 亿元。此外，国家财政支持也是城市发展的一个重要条件。这一阶段，边境贸易也已转变为将农业、工业、技术和贸易相结合的多样化贸易，商品的规模也扩大到化工药品、建筑材料、医疗设备、通信设备以及机动车辆及零配件等数百种，自越南进口的产品主要是农副产品、煤炭、废料和矿物资源。随着 2010 年正式启动东盟自由贸易区和凭祥综合保税区封关运营，边境贸易的增速加快，开放水平也得到了提高。

迄今为止凭祥沿边地区的发展在很大程度上已被纳入"一带一路"的建设、思想解放和全面深化改革的工作中，凭祥市敢于在政策研究和促进本地化方面起带头作用，积极将政策优势、区位优势转化为开放优势、发展优势，加强形成全方位开放新格局。

4. 凭祥市开放发展的总体趋势

凭祥综合保税区正在积极建造三条关键物流线路，即综合保税区—越南海防港、综合保税区—越南河内—胡志明、综合保税区—越南谅山—老挝沙湾拿吉—泰国穆达汉—马来西亚黑木山。同时，主动融入和服务"一带一路"的建设，扩大连接苏满欧、渝新欧、郑新欧与欧洲的保税物流线，使中南半岛经济走廊和丝绸之路经济区实现完全对接。随着新一轮西部大开发战略的实施和凭祥相关基础设施的改善，在中国—东盟自由贸易区的国际环境下，可预见凭祥未来的发展将呈现上升趋势。利用各种机会和有利条件，并利用地区、政策和资源的优势，努力建设开放的国际口岸城市，全面开放。通过对外开放，尽量扩大口岸对城市经济和城市发展的影响，提高边境沿线的开放程度。

（三）凭祥市开发开放条件分析

1. 凭祥市开发开放的主要优势

（1）区位优势

凭祥市是广西最早成立的五大城市之一，素有"祖国南大门"之称，地理位置优越。凭祥市地处中国—东盟自由贸易区、大湄公河次区域、中

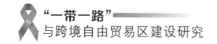
越"两廊一圈"和泛北部湾经济合作区的交汇处，也是大西部与港澳地区联系的重要枢纽。与此同时，凭祥市与南友高速、湘桂铁路、国道322交接，与越南公路、铁路相连，交通十分便利。与崇左市和广西首府南宁市的交通也十分便利。此外，322国道、湘黔铁路和莫斯科—北京—凭祥—河内国际多式联运铁路也穿过凭祥市。广东、湖南和贵州的公路分别从桂林、柳州和南宁通过凭祥市的友谊关大门进入越南。这使凭祥市成了中国与东盟国家的纽带，通过建立完善的交通系统网络突出了凭祥市优越的地理位置。

（2）资源优势

第一，凭祥市拥有丰富的农林资源。高达63.7%的森林覆盖面积，盛产樟树、杉树和松树等物种。还有各种各样的水果及农产品，如菠萝、荔枝、甘蔗、龙眼和香蕉等。这个城市的经济作物主要是茴香、木薯、油茶和其他农产品。第二，凭祥的矿产资源丰富。有锰、铁、大理石、石灰石、花岗岩、磷、煤等，其中大理石蕴含量达2亿立方米。最后，凭祥还有许多旅游资源。例如，中国最著名的九大名关之一的友谊关、凭祥八景之一的白玉洞、中法战争遗留下来的地下长城，以及亚热带珍稀植物园等。同时，少数民族也为凭祥文化旅游的发展提供了优越的条件。

（3）口岸优势

①凭祥是中越边境最大的陆路口岸城市。它有两个国家一类口岸，一个国家二类口岸和两个与越南接壤的一类口岸，即友谊关—友谊关公路口岸和凭祥—同登铁路口岸。靠着凭祥口岸，逐步形成了南宁—谅山—河内—海防—广宁经济走廊，另外凭祥市充分利用口岸优势，促进周边地区的经济发展与边境沿线的口岸贸易，因此凭祥、友谊关口岸在中国和越南的贸易中扮演着重要的角色。2017年凭祥进出口总额达到824.39亿元，居广西第一。其中，进出口水果2355万吨，居全国首位；互市贸易进出口总额为194.05亿元，居全国首位。2018年上半年，凭祥进出口总额为341.64亿元，同比增长10.6%。其中，边境小额贸易进出口总额为22.4亿元，比上年增长30.1%，占全国的20.23%。

---

①广西凭祥：区位优势＋政策优势 助推口岸经济飞速发展 [EB/OL]. 2018-10-31.

（4）政策优势

在政策方面，第一，国家对少数民族地区有相应的扶持政策；第二，除了1992年批准凭祥市为对外开放城市和建立沿边经济合作区，国家还发布了很多针对性的优惠政策。鉴于其特殊地理位置，凭祥还享有各种政策保护，包括自由贸易区保护、综合保税区税收减免、凭祥国家重点开发开放试验区、沿边金融改革、西部大开发优惠政策等。中国—东盟自由贸易区、泛珠三角合作区和桂台经贸合作区也得到了国家政策的支持。与此同时，地方政府也为凭祥的开放发展提供了相应的政策支持。

2. 凭祥市开放发展有利条件

（1）物流、资金流、人才流的剧增

随着全球化的演进，在中国—东盟跨境合作的背景之下凭祥市的物流、资本和人才流动也加快了，增加了中国和东盟国家之间的合作机会，强力为凭祥市的开放发展提供了条件。

（2）国内外投资机会增多

中国—东盟自由贸易区的建立加速了资本在各国之间的自由流动，使其他国家能够通过对凭祥的投资充分展现其资源优势。另外凭祥可以对多种资源进行整合，促进自身的经济发展。中国与东盟之间交通便利，凭祥利用口岸优势吸引了大量国内投资，使边境贸易发展更快。

（3）发展旅游业，使得凭祥市国际化

东盟国家的旅游资源十分丰富，吸引了许多其他国家的游客。有"祖国南大门"之称的凭祥市，成为我国游客走向东盟的旅游过境点，也带动了当地旅游业的发展。"凭祥"这个名字逐渐为东盟乃至欧美国家所熟知，为凭祥进一步开放创造了条件。

（4）黄金大通道的优势地位

凭祥综合保税区于2011年9月封关运营，先后开发了通往越南、马来西亚和新加坡等地的物流路线。优越的地理条件，使凭祥成为黄金丝绸之路上的重要枢纽，贯穿中国南北、连接东盟与欧洲，促进了中国—中南半岛经济走廊与丝绸之路经济带的"无缝连接"。

2016年12月，凭祥综合保税区成为世界上第一个产业链和生态跨境电子商务平台。广西聚贸通物联科技有限公司利用广西口岸的优势资源，为客户提供全方位的外贸一站式服务。2017年凭祥综合保税区积极参与

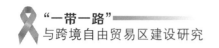
"一带一路"建设，围绕"面向东盟，跨境合作"的区域和国际平台的优势，充分发展口岸经济和文化旅游"两篇大文章"，全面推进中新互联互通南向通道建设，完善物流系统、促进多式联盟运输，规划和扩大跨境物流范围，力争国家沿边开放第一城。

（5）加速推进通关便利化

在 2017 年，凭祥综合保税区的电子通信系统维护改造和友谊关口岸公共信息服务平台建设，为发展"两国一检"模式打下了坚实的基础。中越"两国一检"项目加快了凭祥沿边对外开发开放，中越互联互通建设，提升了凭祥的竞争力、影响力。

五、靖西市开发开放成效

（一）靖西市概况

靖西市属于广西壮族自治区，由百色市代为管理。它位于中越边境，边境线长 152.5 公里。南边与越南高平茶岭县、重庆县的山川相连，西边与那坡县为邻，北边与百色市区和云南省富宁县交界，东边与天等县、大新县接壤，东北与德保县相紧靠。2015 年 8 月 1 日，靖西县被废除，靖西市建立。靖西市总面积为 3422 平方公里，管辖 8 个镇 11 个乡。2012 年，总人口为 65 万，壮族人口占总人口的 99.4%，是全国典型的壮族人口聚居地。靖西属亚热带季风气候，年平均气温在 19.1℃，有"小昆明"之称。该地区以溶蚀高原地貌为主，有高大的山脉和宽广的水域，以其奇妙的山峰、洞穴和四季如春的自然风光而闻名。

靖西资源极其丰富，具有五大资源优势：

第一，矿产丰富，靖西市矿产资源丰富，已确定的有铝土、锰、硫铁等 18 种矿产。铝土、锰、硫是靖西市的主要矿产。储量较大的铝土矿分布在新圩、龙临、禄峒、南坡、安德等地。经过地质资料以及成矿分析，探明储量为 4.06 亿吨，远景储量为 6 亿吨；广西信发铝电有限公司、靖西市恒信铝业有限公司、广西华银选矿厂在靖西落地开发铝土矿。锰矿分布于湖润、岳圩、壬庄、龙邦、安宁等乡（镇），经查证储存有 622 万吨氧化锰矿、429.8 万吨氧化锰矿石、2040.6 万吨碳酸锰矿石；2003 年，锰工业基地成立，目前有 39 家企业落户，其中 19 家为规模较大的企业，形成了鑫源、鑫达、大西南、华荣、德鑫、斯达特、龙共等 7 家电解金属锰加工企业。硫铁矿主要分布于禄峒弄华、武平雷隆等地，资源储量为 451.7 万吨，伴生褐铁矿储量为 38 万吨，共生重晶石储量为 227.6 亿吨；铜锡矿主要分布在同德镇和胡润镇。铜矿品位 0.091%～0.731%，储量（333）为 1257.35 吨，锡矿品位 0.182%～0.528%，储量（333）为 1210.08 吨；尚未开采的有铁矿、红锑矿、汞矿、铅矿以及钾矿。

第二，"水力富"。有岜蒙、朋怀等中小型水库数十座，总库容为 1.24 亿立方米，可开发并使用的近 6 万千瓦。

第三，"土特产多"。靖西是百色市最大的农业区之一，耕地面积 53.7 万亩。每年种植的稻米、玉米和其他农作物可达 110 万亩，可种植烤烟和生姜 10 万亩，优质烤烟、大肉姜、田七、大果山楂、大香糯、麻鸭、矮马、绣球、壮锦、铁木家具、酸果制品等在区域内外赫赫有名。

第四，"边贸活"。靖西与越南接壤，全县有四个边民互市点，分别是一类口岸龙邦、二类口岸岳圩和新兴、孟麻等边民互市点。

第五，"旅游旺"。开辟了沿边跨国游、边关探秘游、自然生态游、田园风光游、奇泉异水游、民族风情游、名胜古迹游等。在靖西，山美水美，四季如春，自然景观、纪念碑和人文古迹众多。峡谷有通灵大峡谷、古龙山峡谷；名山有主山、宾山、三牙山、三台山、排隆山、凤凰山、狮子山；湖潭有渠洋湖、大龙潭、连镜湖；名泉有鹅泉、金泉；洞有太极洞、湖润多吉洞、安德照阳关、龙邦音泉洞；瀑布有三叠岭瀑布、爱布瀑布、二郎瀑布；还有自治区级的自然保护区，邦亮自然保护区。人文资源景观有旧州生态博物馆、靖西县壮族博物馆、鹅字碑、同德壁画；历史军事遗迹有十二道门古炮台；古遗迹有旧州古镇、张天宗陵墓、岑氏土司墓、南天国、黑旗军；还有烈士陵园。其中，通灵、古龙山、旧州、鹅泉、三牙山等靖西的主要景区景点已对外开放，通灵大峡谷、古龙山峡谷群还获得了 4A 级景区称号。

（二）靖西市开发开放的情况

2000 年，靖西县被国家民委列为兴边富民行动试点地区。2004 年，被国家民委列为全国兴边富民重要地区，开始了大规模的开发与开放。

开放发展期间，靖西县总共收到国家民委、自治区民委和自治区财政

厅下拨专项扶持资金 1612 万元,扶持项目 106 个。2010 年,在国际金融危机的背景下,靖西县实现了扩大经济规模、优化经济结构,将经济总量提高到新水平的发展目标。全县 GDP 达到 53.77 亿元,同比增长 37.9%;第一、第二、第三产业增加值分别为 8.87 亿元、31.85 亿元、13.05 亿元,分别增长 3.7%、68.8%、21.0%;三次产业占 GDP 的比重为 16.5∶59.2∶24.3,第二产业占 GDP 的比重同期上升 6.64 个百分点,产业结构更加突出。全社会固定资产投资达 58.16 亿元。年收入为 5.5 亿元,增长 6.5%。地方预算收入达 3.4 亿元,同比增长 26.7%。城镇居民人均可支配收入为 12134 元,增长 8.3%,农民人均纯收入为 2750 元,增长 8.6%。

近年来,靖西充分利用区域优势和口岸条件,积极参与"一带一路"建设、加强国际合作,在沿边大力发展贸易,不断提升对外开放与合作水平,发展互利共赢,集中力量创造新的开放口岸城市;靖西市依靠边境沿线各种开发和开放工程的建设,在政治、经济、文化、社会和生活等领域取得重大成就,使沿边大多数少数民族在发展开放中得益巨大。

积极参与"一带一路"、中国—东盟自贸区等区域合作,吸引大规模投资并承接产业转移,推动全方位、宽领域的开放与合作;推动物流企业发展,提升服务水平。引进万生隆国际贸易物流中心项目,总投资 30 多亿元,占地约 1600 亩,工期 5 年。该项目将分三个阶段进行。2015 年 11 月,万生隆投资有限公司代表团与越南因特思科有限公司签署了一项合作协议,与越南规划建设岳圩中越产业园,促进贸易发展进程,占地面积为 10 平方公里,充分利用越南劳动力资源,引进主导产业链末端的大企业集团,主要发展劳动密集型产业。完善互市贸易的基础设施,引进企业建设湖润新兴边民互市贸易市场、孟麻边民互市点、岳圩边民互市点项目。

积极执行贸易发展、口岸开发开放等优惠政策。申报兴边富民项目、完善口岸基础设施,响应国家和区域的对外贸易政策,为对外贸易企业制定财政激励机制,为多家外贸企业向区商务厅申请了区域合作和海外市场开拓的资金、进口贴息资金,以加速沿边贸易的发展;申报示范项目,成功开展广西电子商务进农村示范县活动。坚持对外开放的口岸政策,加强龙邦国际口岸申报工作,做好申报龙邦沿边边民互市贸易区的前期工作;龙邦口岸在财政税收、投融资、产业与贸易、土地资源等方面可享受与东兴、防城等口岸城市相同的扶持政策。

加速沿边开放平台的建设。全力促进百色（靖西）边境经济合作项目发展。目前，该项目通过专家组的评估，完成了"四规一评"的工作，并由区商务厅向国家提出。在跨境经济合作区中实施专项规划，2016 年经百色市政府批准，万生隆投资有限公司开始组织规划中国龙邦—越南茶岭跨境经济合作项目，将继续建设完善口岸基础设施，建设岳圩口岸联合检查大楼，龙邦口岸车辆出入境检验大楼和驻城区认证大楼，在新兴边民互市投资 2 亿元。随着连接中国百色和越南高平的国际客运和货运线路的开通，龙邦口岸经批准成为进口谷物和水果的指定口岸。为了加强同国外的交流与合作，同法国的枫丹白露市以及越南的重庆、茶岭、河广、南檀等地建立了友好关系；同时还与越南高平省缔结了一项教育培训合作协议，双方通过培训高级专业人员为经济和社会发展做出了贡献。制定了各种优惠制度来吸引外国投资，先后引进了 87 个项目，内部和外部融资总额为331.94 亿元，全口径吸收外资总额为 6417 万美元。口岸金融综合改革仍在继续，跨境人民币年结算量超过 10 亿元。

2017 年，靖西 GDP 超过 200 亿元，达到 215.48 亿元，增长 7.1%，位百色市县区第二。沿边开发开放提升到了一个新阶段，万生隆商贸物流中心一期暨龙邦边民互市，已发展成为通关服务系统最先进的中越沿边互市贸易区。全市对外贸易进出口总额超过 100 亿元，达到 123.3 亿元，增幅较大，增长 27.4%，占百色市外贸总量的 65.2%。

（三）靖西市开发开放的效果

1. 经济实力增长实现强国目标

不断扩大沿边民族地区的经济规模是靖西县沿边发展开放的一个重要目标，增加经济总量，增强经济实力，发挥沿边各民族地区与邻国经济增长率和发展效益间的比较优势。经过近十年的发展，靖西县经济总量、政府收入和沿边贸易额持续快速增长。

自开发开放以来，靖西县取得了显著的经济和社会成就，经济总量持续快速增长。在经济结构方面，三大产业的结构得到了进一步的优化。

2013 年，靖西县 GDP 达到 110.81 亿元，增长 6.0%。其中，第一产业、第二产业和第三产业增加值分别是 4.4%、7.2% 和 2.8%，达到13.79 亿元，74.93 亿元和 22.09 亿元，产业结构增长 12.4∶67.6∶20.0。

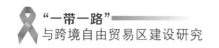

其中，铝工业对国内生产总值的贡献率为54.2%，营业收入增长10.2%，达到13.06亿元。2016年，地区GDP达158.59亿元，同比增长8.7%。在三次产业中，第一产业的增加值为15.81亿元，增长了2.8%；第二产业增加值为100.95亿元，增长了10.3%；第三产业增加值为32.83亿元，增长了7.1%。据统计，人均地区生产总值为30610元，比上年同期增长8.1%。

2. 基础建设推进兴边目标

振兴边境是一个国家的强大重要条件，是巩固边防、维护国家形象和促进民族团结与发展的重要举措。经过十年的发展和开放，靖西发生了巨大的变化。沿边基础设施建设的大会战为靖西发展做出了重大贡献，改善了至关重要的生产生活设施、文化和体育设施以及旅游设施。在过去的十年里，靖西县筹集了3000万元，开发了6.1万平方米的土地，建设了排干边贸城等一系列相关设施。此外，还重建了龙邦街农贸市场、龙邦口岸铁矿场、验货场、龙邦口岸农副产品市场、边关民族楼和龙邦口岸沿边贸易报关大楼。龙邦口岸海关、边检等已实现自动化，加强了口岸管理和跟踪服务，在很大程度上满足了国家陆路口岸的需要。目前龙邦口岸已成为中国最大的铁矿石进口陆路口岸之一。

自2003年1月国务院批准将龙邦口岸转变为国家一类口岸以来，地区政府一直高度重视靖西县口岸的基础设施建设。为龙邦口岸建设拨付了5651万元资金，用于新国门联检大楼、国门广场、龙邦边检站驻县城办公大楼、龙邦口岸车辆出入境通道和龙邦边防检查站配套设施、口岸市政建设和改造工程，改善口岸的基础配套设施。一旦项目完成，龙邦口岸的基础设施及通关环境将进一步完善，服务功能也将得到加强。2012年，靖西县的进出口贸易总额为32亿元，比上年增长94.5%。2013年，对外贸易进出口总额达到60.62亿元，比上年增长了89.23%。

3. 边民民生改善迈向富民目标

2016年靖西市国民经济和社会发展统计公报显示，全市年末户籍总人口为65.97万人；常住人口为51.95万人，其中城镇人口为14.17万人，乡村人口为37.78万人，人口城镇化率为27.28%。年度内人口出生率为11.03‰，死亡率为5.50‰，人口自然增长率为5.49‰。全年居民人均可支配收入为12795元，比上年增长了10.1%，其中：城镇居民人均可支配收入为 24743 元，增长了 6.8％；农村居民人均可支配收入为 8471 元，增长了 10.5％。

4. 民族团结加强实现睦邻目标

沿边开发开放既可以促进民族团结，巩固国家统一，还能维持边防的稳定。邻睦友好关系也是兴边富民行动的国家战略目标之一。对与越南接壤的广西靖西县来说，开发开放也促进了民族团结、国家统一和边防的巩固。

自从该地区沿边开发开放后，口岸经济和社会保障已大大的改善，人们精诚团结、相互理解、共同发展，并致力于经济的发展。例如，与越南相隔一座山的龙岗镇护龙村弄利屯，口岸周围的基础设施的工作完成后，所有的村民都被转移到一个新的村庄，新村内是砌体结构房屋，并且建造了水泥道路，人们用上了电，能够看电视，各家各户还都建起了沼气池。沿边开发开放给他们带来了更好的生活、生产条件。

5. 沿边贸易实现快速发展

沿边开发开放也为靖西县贸易的快速发展提供了机会，促进了沿边城镇的有序发展。靖西县进出口贸易主要有两种形式：即沿边小额贸易和边民互市贸易。经过 10 年的开发，沿边贸易的产品范围变得越来越广，水平档次也在逐渐提升。目前，靖西县沿边贸易主要出口产品是农业机械、农业原料、电动机、建筑材料、机械和设备、家用电器、水果、绿豆、牲畜（主要是牛）和日用品百货。进口的主要商品为锰矿、钛矿、农副产品、木材、药草等。通过银行结算的是沿边小额贸易，而边民互市贸易的大多数商业交易是通过现金。多年来，靖西县沿边的微企业一直保持着强劲的势头。2006 年，进出口企业达到 31 家。2006 年 3 月 3 日，边贸局下属的"靖西顺达报关行"正式开放，是百色市的第一家报关行。经过不断完善改进管理措施，使互市走上了正轨，特别是边贸牲畜市场开放后，边民互市最突出的牲畜管理由散乱逐步规范，黄牛交易量达到了上万头。多年来，越南铁矿石一直是靖西沿边贸易的主要进口产品。1999 年，龙邦口岸开始大量进口越南铁矿石，当年进口了 7.2 万吨。2004 年，进口量增加到 31.2 万吨，是 1999 年的 4.3 倍。由于外交政策的变化和新的国内政策的实施，铁矿石市场发生了变化，这对进口产生了重大影响，2005 年，越南

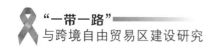

铁矿石的进口数量开始下降。[①]

经过多年的蓬勃发展，靖西县的边境贸易保持了良好的发展势头。2011年，靖西县进出口总额为16.45亿元，增长了38.11％。其中进口额为11.27亿元，增长了36.54％；出口额为5.18亿元，增长了41.67％。2013年，靖西县进出口总额为60.62亿元，增长了89.23％。其中出口额为10.20亿元，增长了34.02％；进口额为50.40亿元，增长了106倍；小额贸易和一般贸易的边际贸易额为18.22亿元，增加了19.95％；边境贸易额为42.38亿元，增长了151.77％。2016年全市进出口总额为96.76亿元，比上年增长了32.3％，其中出口额为79.52亿元，增长了43.1％，进口额为17.24亿元，下降了1.87％。2016年，该地区内外实际投资额为68.39亿元，增长了11.2％。全年直接利用外总额为2108.2万美元，下降了1.8％。全市旅游人次4652.6万人次，比上年增了长37.5％，旅游支出总数为44.98亿元，增长了39.6％。旅游业从业人数为8265人，占城乡就业人数的26.0％。

靖西市牢牢抓住国家西部大开发，兴边富民、开发开放战略、沿边开发开放、"一带一路"倡议等机会，积极争取对外贸易政策中国家、自治区级的支助，出台与本级相对应的政策，积极发展沿边贸易。一是加大对外贸易企业支持力度，做好边境小企业国际市场发展资金申报工作，兑现筹集县级财政资金。设立对外贸易企业专项基金，鼓励企业加大出口贸易量，建立边境居民互市收购企业发展激励机制。二是全面开展边境贸易扶贫工作。利用好边境地区富民政策，即每日进口8000元以内互市商品海关免征关税，组织边境地区居民开展互市贸易，以促进农民增收和消除贫穷。与此同时，推动实行无纸化互市申报系统。在目龙邦、岳圩、湖润这三个市场，近1万人登记了指纹。

推进中国龙邦—越南茶岭跨境经济合作区（中方园区）建设，按照先行先试分步实施的思路，加快中方园区的基础设施建设，招商引资，加强与越南对接的总体计划。目前，编制完成的《中国龙邦—越南茶岭跨境经济合作区（中方区域）总体规划》已由商务部组织的专家会议批准。推动百色（靖西）建设沿边经济合作项目，根据《关于贯彻落实〈国务院关于

---

①2016年靖西市国民经济和社会发展统计公报［EB/OL］.

加快沿边地区开发开放的若干意见〉的实施意见》中"研究在条件比较成熟的沿边地区设立新的沿边合作区"的精神,先行先试,加快建立百色(靖西)沿边经济区的建设。

加快建设及改善口岸基础设施。

第一,口岸重大项目的实施。综合发展加快推进,万生隆国际商贸物流中心项目一期主体工程的第一阶段互市监管区、联检楼、仓库、商铺等基本完成,龙邦边民互市贸易区于 2017 年 6 月 16 日通过自治区验收组验收,已达到自治区验收标准;边民互市贸易市场项目的第一阶段已经完成,一旦主管当局验收便可以开始运作;孟麻边民互市点已开始建设进园大道并开始了场地平整工作;龙邦、岳圩、新兴三个互市点已完成了无纸化通关项目的建设。

第二,加强沿边基础设施建设。龙靖高速公路项目的建设指挥部成立并正在加速推进当中,旨在帮助建设单位解决建设中的困难和问题,并提供安全和有序的施工环境,以推动在 2018 年年底项目建成通车。

第三,大力推动龙邦口岸申报国际性口岸工作的进行。目前,中越双方已就 2017 年委员会工作计划达成一致,并同意将龙城口岸提升为国际口岸,互换外交照会于 2018 年一季度开始。边民互市无纸化系统投入使用,龙邦口岸正式被国家质检总局批准为水果进境指定口岸。

6. 沿边乡镇日趋发展繁荣

自沿边开发开放以来,大量的项目建设资金促进了农村地区专业贸易市场的发展。靖西县的龙邦口岸是国家级口岸,也是百色市最重要的对外贸易口岸。靖西县安德镇是一个传统而著名的猪花集散地。猪花年交易量为 2 万只。为促进靖西边贸经济发展,专门设立了一个农村市场,以保持市场的流通和促进经济繁荣,靖西县还投资了 120 万元,在龙邦口岸附近修建了占地 660 平方米的综合楼。

在靖西,沿边城市和口岸正在蓬勃发展。在龙邦镇,沿边少数民族通过开展服务业和农产品加工,增加了收入。龙邦口岸开放后,中越边民的货物往来十分常见,紧张而有序。

第二节　当前广西沿边开发开放存在的问题

广西沿边地区包括防城港市东兴市、防城区，百色市靖西市、那坡县，崇左市凭祥市、宁明县、龙州县、大新县等 3 个设区市和 8 个县（市、区），以及东兴、凭祥重点开发开放试验区。随着“一带一路”建设的深化、广西沿边地区已成为深度融入“一带一路”建设和“走出去”“引进来”的前沿地带和先手棋，使广西实现了“三大定位”，加快形成了“四维支撑、四沿联动”的开放发展新格局。在对外开放方面广西虽然取得了重大成就，但由于历史、自然和社会原因，广西沿边地区与全国其他地区相比仍然滞后，其表现为：资源整合和优化力度不够，区域发展的力量较小，脆弱的生态和环境制约依然存在；经济社会发展水平低，人民生产生活条件低，开放领域不宽，水平低、效益不高，动力不强；城乡发展不平衡，工业化和城市化水平不高，自主创新能力不足，产业基础薄弱，基础设施薄弱，互联互通能力有待进一步提高；贫困严重，公共服务能力不足，经济结构不合理，自我发展能力薄弱且依然没有根本改变；资金缺口大，整体发展能力和开放程度有待提高，经济和对外贸易继续依赖粗放的发展方式，国际人才储备和人力资源质量远未适应对外开放的需要，发展任务十分艰巨。

一、资源整合优化不强，区域发展合力较小

（一）区域内经济合作区困难重重[①]

广西沿边地区积极建立跨境经济合作区。多年前便提出了要建立东兴—芒街跨境经济合作区，凭祥—同登跨境经济合作区、龙邦—茶岭跨境经济合作区的构想，但实施中存在很多困难：广西缺乏国家层面的综合制度的保障与协调机制，以促进跨境经济合作区建设；另外由于缺乏国家层面的联合规划，广西和越南地方当局难以同时进行建设工作；跨境经济合作领域的基础设施建设需要大量资金，地方财政资源有限，资金缺口较大。

以凭祥为例，凭祥市位于沿边线上，位置既有优势也有劣势。凭祥市

---

① 官锡强. 广西北部湾经济区发展的金融支持研究 ［J］. 经济纵谈，2007.

是中越边境的一部分。辖区 80% 以上是山区，有大量的土地无法使用，其中大部分位于山区、高原和丘陵地区，尽管矿产资源丰富，但地理和气候条件相对较差，严重限制了货物运输的发展。另外还面临许多生态问题，如泥石流、沙漠化和水土流失。历史遗留下来的一系列问题对边境地区的安全构成威胁，不利于长期稳定。此外，中国和越南的文化差异也限制了凭祥的开放发展。

中国—东盟自由贸易区的建立，使许多与中国和越南接壤的城市得以发展，例如凭祥市。贸易区的建立不仅为凭祥的发展带来了机遇，也为南宁、崇左、东兴的发展带来了优势条件。因此，各地区之间有很强的竞争性。在这种情况下，凭祥如何定位自己，如何搞好竞争与合作的关系尤为重要。中越贸易存在公平、竞争、合作等诸多问题，这些都影响着凭祥的开放发展。沿边地区存在的重大安全风险，也是影响沿边地区发展的重要因素之一。

（二）沿边地区与邻国地区开发开放同质化竞争激烈

建立中国—东盟自由贸易区后，东盟国家利用其丰富的自然资源、较低生产成本，吸引我国东部地区和东亚地区的大量资本，跨越沿边地区投资东盟，甚至部分最初投资在我国沿边地区资本或将投向东盟。加大了沿边地区利用外资和产业转移的压力。

二、开放领域不宽，层次较低，带动能力不强

（一）沿边开放城市辐射带动能力不足

沿边地区地域广大，虽有多个区市，但没有力量强大的中心城市。沿边城市具有规模小、人口少、经济体量小、产业结构单一、经济因素弱等特点，对周边地区的带动作用小。近年来，尽管沿边城市发展迅速，但各城市的规模总体上还很小，经济和产业增长的动力也不足。

以凭祥市的发展和开放为例，开发开放水平正逐年提高，影响范围不断扩大。同时，凭祥市对外贸易依存度较高，出口大于进口，导致贸易不平衡，不利于凭祥持续经济发展。因此，凭祥的开发开放有许多不足之处，需要进一步完善。崇左市和首府南宁没有为凭祥参与国际合作创造更

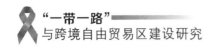
多的机会，导致凭祥不能更好地发挥区域优势。作为一个县镇，凭祥自身的劣势使其与越南的合作和沟通经常受到阻碍。与经济腹地缺乏密切经济合作，不可避免地阻碍技术、信息和人才的交流。而没有新的力量加入凭祥市的建设，就使该市区位优势的得不到最有效组合。此外，凭祥综合保税区刚刚开始，发展相对缓慢，腹地缺乏有效的经济支助，货运量少，配套系统相对薄弱，缺乏明显的竞争力。

（二）边民参与沿边贸易渠道较窄

广西大部分沿边地区还没有建立二级市场，边境居民不能利用独自进行边境进口货物的贸易。边境人民参与沿边贸易主要是为了谋生，而不是真正地融入市场。边境居民缺乏融入边境贸易的渠道，限制了他们的参与，并严重影响到他们的积极性。例如，那坡县沿边群众参与沿边贸易的比例仍然很低，在该县四个边境城镇的 15500 多个家庭 6 万多人口中，直接参与跨境贸易的仅有不到 200 个家庭（户），仅占边境总人口的 1.3%。

例如，东兴市的开发开放仍然集中在该市小额边境贸易上，开放水平较低。基于沿边地区开发开放的自然和历史背景，市场的主要形式是便民互市、沿边小额贸易，其中贸易的类型和内容也以初级商品为主。沿边贸易在促进该市总体经济发展方面发挥了重要作用，但对外开放程度仍然相对较低，其他部门的驱动力并不明显。

从边境贸易的商品种类来看，东兴的进出口商品种类很少且单一。主要是基础性商品，如木薯淀粉、芝麻、茶叶和冷冻海鲜；通过沿边小额贸易进出口的商品主要是大宗资源性的商品和半成品，如煤炭、橡胶、可可食、红木家具和电导体。由此可见，现有产业吸收现代科学和技术的能力相对较低，回报率也较低。另外我们需要进一步研究东兴对外交流开放方式与合作战略。

从上述情况可以看出，沿边地区的城市尚未成为经济要素大规模集散中心和区域增长中心，在沿边地区的大多数开放城市中，它们的聚集和辐射能力很低，对周围地区的驱动效应有限，其区域增长对沿边地区的发展的作用不明显。今后还需要更多的国家政策支持，以促进沿边地区开发开放。

三、城乡发展不平衡，产业基础薄弱，基础设施落后

（一）城乡发展不平衡

1. 经济发展整体滞后

广西沿边地区与过去相比取得了很大进步，但与全国其他地区相比，经济发展相对缓慢，自我发展能力不足，与发达区域之间的经济差距仍然较大。基于各种因素，沿边地区的城市经济长期以来相对落后，经济总量较少，产业基础薄弱，财政能力薄弱，难以独立支撑自身的发展。

2. 口岸发展不平衡

广西沿线的口岸、开放平台和口岸基础设施建设不完善。大新、靖西、那坡的口岸建设和开放平台建设相对落后，三个县的经济发展仍然是以旅游业与沿边贸易为主。如何在边境沿线建立新的开放平台，加快口岸的经济发展，为产业聚集创造有利条件，为边境沿线的经济增长创造新的机会是一个紧迫的问题。

在口岸发展方面，与广西边境的"东部"口岸相比，"西部"靖西和那坡的发展相对缓慢。那坡县的贸易仍然是初级、零散和不活跃的，沿边贸易的优势没有得到充分利用，沿边贸易对当地经济的贡献不大。在那坡县的四个沿边城镇，直接参与沿边贸易的人数仅占该县总人口的 1.3%，与其他市镇相比，参与边贸人员仅占边民总人数的 8%—10%。龙邦口岸受到地形约束，基础设施例如口岸货物通道、监管场所等，无法满足大规模贸易的需要。有必要增加对广西"西部"沿边地区各县市的支持，以建立"政策高地，收费洼地"。改善口岸通关的条件并提高其能力，将龙邦—茶岭口岸扩大至那西（中国）—那龙（越南）。

（二）产业基础薄弱

1. 沿边地区缺乏大工业产业和大型企业支撑

广西沿边地区工业化程度较低，工业基础薄弱，沿边地区的总体发展速度较慢，沿边城镇（县、区）缺乏大型工业企业。而且，主要由沿边贸易驱动的口岸和沿边产业体系尚未建立起来。进口商品局限在与资源有关的商品，如原木、矿物、农副产品和日常用品。随着越南逐步实行严格的

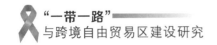

木材和矿物出口配额，沿边地区的原有发展模式将很难持续。此外，边境沿线的大多数企业都是传统的进出口服务企业，具有高度的流动性和政策敏感性。优惠政策一旦被削弱，就可能转移到其他地区。缺乏大型的现代化加工和服务企业已成为沿边地区开发开放的一个主要问题。[①]

例如，凭祥的产业结构不合理。凭祥的三次产业没有得到合理调整，特别是第三产业产值偏高，主要是以农产品和旅游业等为主的第三产业，充分利用了它们的资源优势。对凭祥来说，工业发展落后，经济以第三产业为主，如边境贸易，一旦沿边贸易被封锁，支柱产业将难以为继。三次产业之间的关联薄弱，也妨碍了区域价值的实现。虽然凭祥是一个小城市，但与中国其他沿边口岸城市相比，城市化率仍然较低。需要凭祥的经济发展与城市化进程同步进行，否则不利于提升凭祥市的综合实力。此外，凭祥市的城市功能不完善，导致凭祥沿边贸易产业的软硬件水平仍然很低，引进的外国直接投资项目较少，而且与其他内陆口岸的城市有很大差异。

2. 贸易附加值和技术含量不高

当前广西沿边地区缺乏共享资源的机制，缺乏产业发展区，区域经济增长的产业基础支撑不足；合作仍处于初期阶段，沿边地区的生产和贸易系统薄弱，贸易主要是在边境沿线进行，进口主要是大宗资源性产品；劳动力密集型出口产品数量居多，附加值和技术含量高的产品数量相对较少；边境沿线的优惠政策力度不够高，不足以促进沿边地区各种要素的集聚和产业增长。沿边贸易以出口劳动密集型产品为主，其附加值相对较低，技术含量相对较低。高技术和新技术的产品生产，沿边经济合作区的地区产值低，生产能力明显不足，引进的技术仍处于初期阶段，明显落后于其他地区。

3. 第三产业开放效益不理想

例如，长年的开发开放使东兴市的贸易和旅游业发展迅速，比广西其他地区更为开放。因此，该市第三产业部门的产出迅速增长，成为该市经济重心，形成了"三、二、一"的产业发展模式。然而，第三产业的发展并没有带来相应的经济和社会进步。东兴第二产业发展缓慢，动力不足，

---

①赵霞. 广西凭祥市开放发展研究［D］. 南宁：广西大学，2012.

第三产业支撑力不够，工业化、现代化和营销水平低，经济比例小，经济效益低下。因此，表面上的高度开放与经济不发达和相对的社会落后形成鲜明的对比。地理经济学认为，开放一个地区可以产生经济聚集效应和外溢效应，从而提高活跃水平，构建理想的社会和人文环境。然而，东兴市对技术、资金和人力资本的吸引力不大，汇聚到该区域的资源流动并没有产生明显的效益。此外，东兴市目前的经济规模并没有产生深远的溢出作用，对经济的驱动力不够明显，需要优化其产业结构并推动技术进步。

虽然东兴市旅游业的发展取得了一些成果，带动了相关服务的兴起和发展，但仍面临一些挑战：对旅游区和旅游景点进行了大量投资，而回收期较长，造成巨大投资风险，因此，对旅游资源的开发并没有给其带来投资收益，一些旅游目的地在吸引资金方面面临巨大困难。事实上，东兴独特和丰富的旅游资源尚未得到充分开发和利用。现有的旅游景点规模小，配套过时，没有足够的接待能力。此外，广告量低，缺乏一个有活力和知名度高的旅游核心项目，以及缺乏国内外知名品牌的旅游路线等。

（三）基础设施落后

1. 交通基础设施建设环节薄弱

广西沿边地区位于传统上的偏远地区，地理环境恶劣，经济长期封闭，发展迟缓。由于自然条件恶劣、历史债务多和发展基础薄弱，沿边地区的运输、水利、通信、电力和城市建设基础设施长期被拖延。近年来，虽然在国家有关部门的大力支持下，沿边地区的基础设施发展速度加快，并有了显著改善，然而它仍然很弱，总体仍然非常落后，无法满足今后发展和开放的需要。[①]

在运输方面，沿边地区没有足够的运输网络。铁路、公路网络密度低，公路水平低，远远低于全国平均水平，高质量公路更少，农村公路质量较差。2002年10月修建的沿边公路状况很差，只相当于一条三级公路，约30公里的速度，无法满足大批货物的运输需要。所有口岸的基础设施都较落后。除了南友高速公路和凭祥的铁路口岸，沿边地区的大多数口岸都

---

①杨必增. 基于增长极视角的东兴开发开放试验区发展研究 [D]. 北京：中央民族大学，2012.

是二级公路或低级公路。目前，东兴市的唯一口岸通道是 20 世纪 50 年代建造的中越大桥。这座桥有两条双向车道，通关能力有限。东兴市是西南沿边地区的第一个口岸城市，至今尚未建造铁路或机场，严重限制了口岸经济的发展。那坡平孟口岸随着现代化改造，基础设施正在得到改善。然而，目前通往该市及周围地区的道路仍然是三级铺面公路（从平孟到那坡县城的二级公路正在建设中），不适合大型卡车通行。极大地阻碍了那坡县的旅游业与物流业的发展。

此外，在电力方面，经过多年的建设，城市地区的电力供应良好，但农村地区的电力供应仍然存在问题，农村电网很简单，安全状况很差。在水资源方面，沿边地区的饮用水问题基本上得到解决，但农业用地的水基础设施薄弱，缺乏对自然灾害的抵御能力。沿边地区的教育、文化和医疗设施等一般公共社会服务也相对落后。

2. 边民互市点的基础设施落后

目前，在广西边民互市点基础设施建设仍然是由地方政府负责，而在沿边地区，财政限制十分普遍，地方财政负担过重，对建立互市点的投资非常有限，对上级支助的项目投资也很有限。由于对互市点基础设施项目的投资不足，互市点的水、电和公路基础设施薄弱，配套设施不完善。在一些地方，基础设施仍然远远低于规定标准，有的互市市甚至没有固定的市场和仓库，远远达不到海关管制标准化的要求，这极大限制了边民互市的发展。例如，那坡县平孟互市点矿产品交易市场和百南互市点牲畜交易市场已被列为在整个区域建立边贸市场的优先项目，但由于缺乏建设资金，该项目尚不能完全落实。

就东兴市而言，目前的基础设施都较为落后。此外，东兴市缺乏铁路交通，沿河海港的日吞吐量也较小，严重限制了东兴对外开放的进一步发展。此外，目前的对外经济和贸易合作平台不符合对外贸易发展的要求，虽然东兴已经建立了一些商品市场、工业园区和贸易区，然而仍存在设施规模小、服务能力差、功能差和交易手段落后等不足。随着东兴市加工业的发展、流通口岸的迅速建设以及建立大型边贸市场的紧迫性日益凸显，现有的基础设施无法跟上未来的开放形势。此外，东兴市尚未建立或完善有效的平台和协调机制，特别是对越跨境合作的有效平台和协调机制，不能满足东兴建设国家重点开发开放试验区的要求。

目前，由于各种原因，东兴互市的商品出口并不完全令人满意，贸易环境需要进一步加强和改善。东兴市的一些边贸职能部门往往不能对贸易政策进行深入的解读，还经常发生拦截运出城市的货物的事件，在检查和管理阶段，贸易区通常是按照正常口岸的要求进行管理的，针对互市贸易区的政策在实践中并不实用，反而限制了互市贸易独特的运作方式，制约了该市的对外开放合作。

3. 口岸交通等基础设施仍不健全

由于国际口岸设施建设的不足，在边境开放方面无法发挥重要作用，造成硬件和软件的落后。虽然近年来一些口岸设施有所改善，但边境地区的大多数县和城市的设施设备条件都很差，与日益增加的货物吞吐量不相称，也不能满足邻近地区的经济和社会发展需要。沿边贸易信息管理薄弱，金融服务薄弱，办理申报、检查和注销花费时间长，在一定程度上都限制了广西作为西南部出入境通道的能力。此外，铁路运输路线很少，大多数公路等级不高。造成了跨境物流和人员困难，海关通关能力差，口岸运输不方便，导致广西对外贸易受到严重限制，边境沿线开发开放受到限制，很难适应边境沿线进一步开放的要求。

例如，在东兴现代口岸的物流部门，现有河流的承载能力和口岸交通限制了船舶量，导致船主哄抬运输费，增加互市贸易的交易成本，扰乱了沿边贸易秩序。事实上，由于运输成本高、运输时间长以及需要线道其他口岸造成的不便，一定程度上影响了东兴口岸的信誉，导致了边境贸易货源和税源的流失。

四、口岸管理落后，公共服务供给能力不足

（一）口岸管理模式不完善

口岸管理不善限制了沿边贸易的发展。为了完成海关手续，各公司的雇员必须往返于海关、仓库、检查和检疫等部门之间。例如，在东兴口岸，一票货物从运送到海关监管区域到完成各种清关手续，大约需要1天时间，这种情况下，最好在早上完成报关和检查，不然在境内滞留一夜的卡车将增加800~1000元的成本。

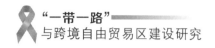
（二）口岸分工不尽合理

广西沿边境有很多口岸。有些口岸有明确的分工，例如，东兴口岸主要用于货物进口，而凭祥则主要用于出口。这些口岸形成互补，带动了沿边产业的发展。然而，水口口岸和龙邦口岸的进出口量相对较小，仅占东兴口岸或凭祥口岸的十分之一，属于尚未得到充分利用口岸。因此，还需要改进口岸之间的分工与合作，协调口岸之间的关系，避免过度竞争。

（三）通关便利化程度还有待提高

中越人员跨境和车辆的流动的便利程度还较低；二类口岸没有完全开放，限制了中国与越南之间双边贸易的进一步发展；在中国和越南之间的友谊关口岸进行的"一站式"检验服务还未被落实。

第三节 制约广西沿边开发开放的主要因素分析

一、限制性因素较多且惠边政策日趋弱化

（一）原有沿边贸易政策不断削弱

自 2010 年 1 月 1 日建立中国—东盟自由贸易区以来，中国与东盟之间约有 7000 种产品的进出口实现了"零关税"，大大弱化了沿边地区低成本贸易的优势，一些"零关税"产品比那些通过边境贸易进出口的产品更有利可图。与一般贸易相比，沿边贸易在财政、金融和海关便利化政策方面已不再具有任何优势。因此，越来越多的贸易商选择一般贸易而不是沿边贸易。随着边境贸易优惠的减少，广西沿边口岸的通道功能也在减弱。与此同时，越南加强了对非必要进口品的管制和限制，以应对与广西接壤的边境贸易"进多出少"的情况，使广西的沿边贸易发展遇到了更多困难。此外，对广西边境贸易的影响更大的是，中央实施了以转移支付的办法替代原沿边小额贸易进出口税收按法定税率减半征收的政策。这时出现的问题是，边民互市免税额度不能充分利用，边民互市的采购没有有效的管制，互市进口货物的采购没有明确的管制办法。由于在跨境贸易中清算和

退税给沿边地方政府的出口退税造成的财政负担，严重影响了地方政府支持出口的奖励措施。沿边地区的大多数商业企业是中小型企业，其专业化程度和规模都很低，总体竞争力也很低。[①]

2008 年 11 月，国务院取消了边境贸易优惠（国函〔2008〕92 号），开始对所有商品征收进口税，这增加了企业的进口成本。结果，令边境贸易公司失去了以前的价格优势，一些在口岸城市享有贸易优惠的内地贸易公司逐渐退出，影响了边境贸易的发展。2012 年 7 月，国家财政部、税务总局发布了《关于出口货物劳务增值税和消费税政策的通知》（财税〔2012〕39 号）。同时，国家税务总局颁布了《出口货物劳务增值税和消费税管理办法》，加强出口税收管理，这对边境贸易公司的合规经营提出了更高的要求。而在越南对边境口岸实行的是相对自由的优惠发展政策。例如，越南规定本国年度预算中的投资点不应低于本年度当地财政收入的 50%，在沿边自由贸易示范区实行的 50% 的关税应归还该区域的基础设施；该区域的企业可以享受一系列优惠政策，如个人和企业所得税"三免五减半"。中越沿边开放优惠政策的不平衡，严重限制了广西沿边地区的开发开放水平。

（三）沿边与沿海开发开放政策落差较大

2008 年以来，国家在沿海和内陆地区批准了 40 多个经济新区、示范区和综合改革试验区，并实行了一系列优惠政策。然而，沿边开发开放新政策并没有得到及时执行，这造成了沿边地区、沿海地区和内陆地区的政策差异。比如，党的十八届三中全会提出，允许在重点沿边口岸、邻近城市和经济合作区对人员流动、加工物流和旅游等实行特殊模式和政策，但没有制定具体的政策和行动措施。

二、沿边对外开放政策体系不完善

目前，广西沿边地区开发开放的政策还处于进一步完善的过程中，这导致广西沿边地区落后于沿海地区的经济和社会发展。由于对外开放政策的不完善、不稳定和不连贯，沿边在开放领域能力有限、层次不足、效率

---

①云倩，张磊，黄志勇. 广西沿边开发开放调研报告［J］. 东南亚纵横，2014 (1).

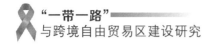

低下，没有给经济发展带来强大的动力。与此同时，较不发达的沿边地区的发展问题更为严重，部分原因是现有支持政策不完善。

（一）政策体系不完善

沿边尚未形成一个开发开放政策体系，缺乏稳定和连续性。第一，沿边开发开放研究不足，效率低下；第二，基本的法律框架尚未建立，政策的执行缺乏法律规范；第三，缺少有力经济扶持政策的引导，当地企业缺乏动力，例如外汇管理制度过于严格，以及缺乏支持企业"走出去"和"引进来"的政策；第四，沿边贸易缺乏标准，低价竞销和激烈竞争对沿边贸易的影响大，造成了恶性循环；第五，缺乏社会信用制度，恶意逃税商业合作欺诈等，严重损害了公司合作的声誉；第六，政府尚未建立一个公共系统，基本配套服务不足。

（二）政策指导欠具体

虽然中央政府支持边境地区发展的政策目标是明确的。然而，所制定的政策缺乏从综合发展战略到执行层面的系统性指导，与实际的事态发展不一致。因此，该区域在执行政策方面面临许多新的挑战，导致时间、劳动力和物质资源的损失，对边境沿线的贸易造成了严重影响。

（三）政策支持不完善

沿边的开放政策以贸易为中心，但扶持政策并不完整。自沿边改革开放以来，广西政府已开放了几十个口岸和城市，但边境贸易公司规模小、能力有限、合同有限、市场有限、地域分散、国域分散问题仍然严重，而沿边贸易总量小、单一结构和贸易正常化水平很低。投资和贸易不平衡的情况很多。作为边境地区，较不发达的少数民族地区和沿海地区实际上没有得到适合的经济支持和优惠政策，在目前的普惠制政策下，现有的优惠已在很大程度上转移到沿海地区。

1. 互市免税额度偏低

根据《国务院关于促进沿边地区经济贸易发展问题的批复》（国函〔2008〕92号）的文件。自2008年11月1日起，边民互市免税进口配额已增加到每人每天8000元人民币。这项政策的确为增加边民互市的收入提供了政策保障。然而，随着经济和社会的发展，沿边居民的生活水平不断提高，金融危机、商品价格上涨和物流成本上涨的影响也在增加，该额度已不能满足边境人民日益增长的需求，因此需要进一步增加额度。

2. 边民互市政策局限性较大

2010 年，财政部、海关总署和国家税务总局联合印发了《关于边民互市进出口商品不予免税清单的通知》（财关税〔2010〕18 号），列明了边民互市不予免税的商品。然而，近年来，边境沿线开放的形式和内容也在悄然改变。简单的贸易形式，如初期小额贸易、边民互市和旅游采购，正在发生变化，边境人民不再局限于日常商品贸易，还需要进行大宗资源性和加工性商品的交易。如果边民互市仍然局限于日常需要，就很难适应沿边贸易发展的需要，边民互市经济贸易合作的发展也将受到阻碍。因此，边民互市政策需要根据边境居民的实际需要进行修订。

（四）支撑体系欠到位

广西一直在发展一个综合、开放的支助系统，主要体现在基础设施、政府干预、政策执行和人力资源、技术和信息方面。第一，虽然广西拥有一类和二类口岸以及边境地区最大的边民互市点，但是除了凭祥市的弄尧以及浦寨，其他边民互市点边贸成交额较小，市场普遍存在的违规现象在一定程度上妨碍了沿边贸易的发展。虽然凭祥口岸和友谊关口岸已正式通关，但配套设施不够完善，例如在进出口检查和出入境管制方面，口岸服务的质量仍然很落后。凭祥铁路口岸规模小，经济规模小，对边境地区的经济刺激不够，资源得不到充分利用，造成资源浪费。此外，沿边地区的财政支出不足，在很大程度上需要大量投资来促进其开放发展，而没有充分利用其政策优势。

（五）政策操作性不强

广西沿边地区的优惠政策大多仍停留在政策的抽象表达上，导致执行力不强。而政策的执行将影响到不同区域的利益，而且每一区域的政策制定也不是抽象的，因此实际执行过程中仍有很大的余地。例如，减轻公司负担、边境贸易支助和口岸建设等问题都缺乏运作，需要进一步完善政策和标准。而且尚未制定有效的投资补贴和贷款优惠等经济刺激措施。因此，必须加强对税务、投资等领域的政策支持，以促进广西沿边地区的经

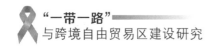

济和商业发展。

例如，目前对东兴市实行的对外开放政策没有针对性，尽管享受国家多重优惠政策，但实用性很差。一方面，与越南的经济开放政策相比，目前的管理方式仍然存在很多问题，这给东兴在中国—越南边境的经济交流造成了相当大的不便。例如，东兴所在的跨国旅游业目前不允许办理外来签证，这是一个主要障碍。另一方面，东兴市所在的越南沿边地区，受到越南经济和政治政策的严重影响，一些紧急情况往往影响到东兴贸易的正常进行。例如，随着越盾的贬值，中国—越南的贸易形势越来越不利。此外，东兴同其他沿边地区一样，对未来政治局势怀有忧虑，大大降低了其在基础设施和重要工业发展方面的积极性。

三、可持续经济良性运行机制未形成

（一）教育落后造成持续发展后劲不足

教育落后和缺乏人才是影响整个沿边地区发展的重要因素。沿边地区拥有丰富的自然资源、广阔的地域和巨大的发展潜力。然而，由于边境沿线缺乏教育设施和资源，教育发展也长期滞后，人口的平均教育水平低，人才极为缺乏。根据调查，沿边地区的许多学校宿舍急需修理或重建，许多学生居住在拥挤和黑暗的宿舍里，教师也没有办公空间。这些设备陈旧过时和不足，使学校很难保证教学质量，甚至一些建筑物还可能危及教师和学生的生命。

随着科学和技术的迅速发展，区域竞争的核心已经转为吸引和发展人才的竞争。沿边和沿海发达地区的经济发展水平和生活条件存在巨大差异，使边境地区不仅吸引技术人员的能力有限，而且现有人才也在寻求向发达区域移徙。沿边地区的大学生和研究生也会更向往发达的沿海地区，人才外流率很高，而且存在严重的人才瓶颈。与国内其他地区相比，人口的素质和人力资源的不足对沿边地区的经济和社会发展构成了严重威胁。目前人才匮乏的情况影响沿边地区可持续发展，这不符合国家对沿边地区开放的需要。

例如，由于对东兴市的发展和开放缺乏长远眼光，甚至抱有许多落后和保守的想法，阻碍了整个发展过程。没有在开放的水平上增加或深化边

境贸易的发展，导致了资源的浪费。此外，整个城市的发展和开放主要是由小型私营公司主导的，而"小富即安"的观念更为强烈。家庭管理模式阻碍了现代企业的进一步扩展，严重阻碍了东兴市的产业结构调整和支柱产业的一体化发展。[①]

东兴市的教育水平相对较低，全民受教育程度不高。为了提高边境的开放程度，东兴市政府已开始把重点放在人才开发和人力资源的利用上，在发展教育方面取得了很大进展，但目前的教育基础设施和环境很差，教师和高素质科技人员严重不足。因此，东兴市短期内很难从本地人力资源中获益。缺乏人力资源，科学技术在跨境贸易、物流和工业制成品中的应用有限，因此缺乏创新和技术交流的能力，大大降低了技术开放对当地边界沿线发展的推动效果。

凭祥市缺乏人才和技术创新。凭祥经济规模相对较小，大多数是小农户经济。缺乏对资源的开发利用，信息技术相对落后并且缺乏高技能研究人员的创新思想。凭祥的教育水平相对较低，没有高水平的高等学校和研究中心，严重短缺城市发展研究专家和先进的生产技术。

（二）"以贸促工"运行机制还未建立

广西自边境开发开放以来，一直以传统的经济模式为基础，以边民互市、沿边小额贸易为主，是封闭的经济发展模式。由于特殊的地理位置和历史条件，沿边地区的开发开放重点往往是沿边贸易型产业。起步水平低和回报大有助于沿边地区的经济发展，因此往往更容易适应这种经济模式。在这种情况下，很大一部分资金流向以贸易和物流为基础的产业，而忽略以生产和加工为基础的第二产业，其他类型的企业也没有发展空间。尽管所有区域都做出了相当大的努力，积极采用先进的生产技术，促进工业发展，并使之走上以工促贸、工贸结合的道路。然而，由于各种历史和社会原因，现有工业的比例仍然很低，制造业和工业研究的水平和规模都很低，而且主要集中于一些传统的资源产业，如农产工业、水力发电、采矿等。各区域加工工业的附加值较低，高技术和制造业的发展缓慢。

---

①杨必增. 基于增长极视角的东兴开发开放试验区发展研究 [D]. 北京：中央民族大学，2012.

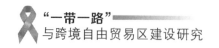

目前，广西沿边地区的发展表明，在贸易领域，"以贸促工"的良性经济机制尚未完全建立，工业市场和先进技术的开发尚未协调，缺乏可持续的工业产业链。广西工业部门结构单一，表现为产业链短，产业关联性低，配套能力不足，特别是科技知识不足，独特技术对工业的渗透程度低。因此，近年来广西三大产业虽然在国内生产总值中所占份额逐步增加，但工业化水平仍然很低，口岸开放和区域经济增长没有足够的支撑。

对于广西的产业规划，应促进建立沿边新产业，推动其往高精尖方向发展，但广西仍面临许多的困难。必须在各地建立工业和企业集群，形成产业集聚，促进产业良性循环有利于形成产业协同，与周边国家共享和相互补充的资源。

四、中越两国有效协调合作机制还未真正形成

（一）跨境经济合作区建设所涉及的国家主权让渡超出了地方政府的职权①

跨境经济合作区是两国之间的一个密切合作区，包括物流和人流管理、海关管制、检查和检疫。总的来说，国家会严格管理和控制这些地区。在克服各国生产要素自由流动的障碍的基础上开展的国际经济合作，包括人员流动、产业规划、物流管理、海关条例、检验检疫管理、行政管理和司法机构等，发展跨境经济合作区必然要求各国之间相互让渡主权。这是非常微妙和困难的，需要以各国之间的友好政治关系和高度的相互信任为保证。这使得建立跨境经济合作更加困难。特别是，中国和越南在南海争端中可能存在领土方面的冲突，一旦中国和越南之间的争端升级，两国的跨境经济合作将会停止，并且将转向边境安全问题。另外，由两国中央政府负责的主权转让是复杂和敏感的，因此也阻碍了在地方政府之间建立跨境经济合作区。

（二）跨境经济合作建设在实际操作中困难重重

建立跨境经济合作区是沿边的一个战略选择，已写入《新时期深化中

---

① 许绍才. 解决当前中越跨境经济合作区合作建设问题的建议 [J]. 广西经济，2012（11）.

越全面战略合作的联合声明》。然而，在实际运作中仍存在一些困难，例如中国和越南之间的跨境经济合作区建设计划尚未得到两国中央政府的批准，因此缺乏对区域管理制度的支持；建立跨境经济合作区涉及国家主权的让渡问题，其运作既复杂又敏感；中国没有跨境经济合作区的协调机制，除此之外，中国和越南的经济、政治和法律制度也存在巨大差异，致使跨境经济合作更加困难。

（三）中越两国沿边地方政府合作磋商机制尚未健全

2005 年 4 月，广西与越南三个沿边省份广宁、谅山、高平签署了《关于建立沿边磋商合作机制问题的会谈备忘录》。自 2008 年以来，广西和越南北部的三个省联合工作委员会每年轮流在中国广西和越南举行会议，2010 年，越南河江省也加入了该机制。目前，该机制是广西与越南多方面合作的主要沟通渠道，在广西与越南的合作中发挥着重要作用。目前，与广西边境沿线的八个城市（县和区）均在寻求与越南地方政府开展具体合作，各地区正在探讨与越南举行合作会晤磋商机制。但目前会晤和协商机制尚未制度化或规范化。

（四）跨境经济合作区高素质人才发展缺乏支撑

跨境经济合作区的建立和发展依赖于人力资源，人力资源是建立和发展该区的重要因素。然而，与其他地区相比，我国西南边境沿线在教育发展方面相对落后，这是先天性的缺陷。此外，由于经济不发达和工资待遇差，从其他地区引进人才也相当困难，这是后天的不足。此外，在建立跨境经济合作区的过程中，随着沿边地区政治、经济、科学和文化交流的加强，对人才的需求将越来越大。尤其是熟悉多种语言的高级复合型人才，掌握相关法律、国际金融、国际投资、国际经贸合作等知识的高级复合型人才，将受到社会和企业追捧。

（五）跨境经济合作区法律制度不健全

中国的跨境经济合作区发展的时间不长，没有相关法律法规的调节。然而，只有在国际法和国内法的支持下，建立全面的法律和规章制度，才能成功地建立跨境经济合作区。例如，跨境经济区生产的产品是否符合原产地规则取决于是否存在一套完善的政策和规章。否则，双方的合作可能

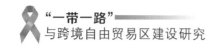

会遇到解释起源的问题，从而损害两国的商业利益。想要充分利用跨境经济合作的优势，就必须明确哪些工序可以在经济区内进行和哪些符合国际贸易惯例。云南和广西边境地区地方政府与越南边境地区地方政府签署的合作协定，以及关于其他拟建的跨境经济合作区的协定，由于没有双方中央政府授权，得不到国际法和国内法的支持，实践性仍然很薄弱。随着西南沿边地区与越南、缅甸和老挝之间逐步建立了许多跨境经济合作区，以及边境贸易的迅速发展，缺乏明确和可靠的法律保障将严重限制地方政府、贸易商和其他经济实体在边境沿线的措施，跨境经济和贸易合作区的繁荣也会受到限制。

（六）跨境经济合作区缺乏支柱产业

建立跨境经济合作区的基础之一是分工与合作。然而，广西周边地区往往是"老、少、边、山、穷"，经济发展水平很低。此外，在远离省经济中心的沿边两侧，城市都很小，第二、第三产业相对落后，对发达区域的工业企业吸引力较弱。尽管近年来边境地区的经济迅速增长，基础设施有所改善，然而，我国西南部的大多数沿海地区尚未建立起具有强大竞争力的领导或支柱产业，仍然是以沿边贸易带动为主的发展模式。由于缺乏基本的部门支持，跨境经济合作区远远没有达到在新情况下发展外贸的要求。

第五章　广西沿边市县区开发
开放水平评价分析

第一节　沿边市县区开发开放水平的模型构建

一、沿边市县区开发开放水平的结构分析

构建模型的核心目的是研究提升促进沿边市县区开发开放水平，从沿边市县区开发开放水平发展的角度出发，并以此基础构建评价模型。本模型从沿边市县区开发开放基础能力、沿边市县区开发开放投入能力、沿边市县区开发开放产出能力和沿边市县区开发开放表现能力四个角度剖析沿边市县区开发开放水平。

（一）沿边市县区开发开放基础能力

具有开发开放能力的沿边市县区的经济基础和政治基础一般比较好。从沿边市县区经营理论的角度来说，经济基础水平、基础设施配套水平、科技人才拥有量等因素是沿边市县区开发开放水平可持续发展的基本条件，其主要指标包括人力资源条件、信息化水平、社会资源条件等。

（二）沿边市县区开发开放投入能力

沿边市县区开发开放投入能力体现了沿边市县区的基础实力，从国内尤其是东北、西北和西南的沿边市县区来看，沿边市县区开发开放需要大量奖金、技术、人力资源、财政税收、土地等投入，以此促进开发开放能力的发展。

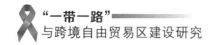

（三）沿边市县区开发开放产出能力

沿边市县区开发开放产出能力体现了开发开放投入的效率，其表现为知识产权的产出，科技成果的转化，科技获奖能力等指标。

（四）沿边市县区开发开放表现能力

开发开放基础能力、沿边市县区开发开放投入能力、沿边市县区开发开放产出能力是沿边市县区隐性开发开放能力。而沿边市县区开发开放表现能力则在经济发展速度、产业结构升级、环境治理等方面表现出来。

二、沿边市县区开发开放水平评价的模型构建

（一）模型构建的原则

构建评价体系要考虑所选取指标的可比性、可操作性、科学性、合理性。

科学性原则是选取指标要考虑不同指标数据的关联性。可比性原则是指导不同的参数换算成统一的单位，具有横向可比性和纵向可比性等特点。可操作性原则是指数据指标的获取要真实可靠。

（二）模型构建的思路

从沿边市县区经济发展历程来看，不同市县区的开发开放基础能力、投入能力、产出能力和表现能力存在很大差异。本书构建的模型是在四个能力的基础上分角度选取相关指标，并且不断剔除和优化，形成一个完整的评价指标体系。

为防止鉴别能力较弱的指标进入评价体系，本书先进行鉴别力分析以筛选和优化上述初步拟定的评价体系指标，进而筛选出鉴别能力强的指标。在实际应用中一般使用变异系数 V_i 来描述，变异系数的值越大，该指标的鉴别可信度就越高，予以保留；反之，则因鉴别可信度较差，予以剔除。其鉴别为：

$$V_i = \frac{S_i}{\overline{X}}$$

其中，$\overline{X} = \dfrac{\sum\limits_{i=1}^{n} X_i}{n}$ 为均值，$S_i = \sqrt{\dfrac{1}{n-1}\sum\limits_{i=1}^{n}(x_i = \overline{X})^2}$

（三）模型评价指标筛选

本书所创建的体系分成三个层次。第一个层次反映沿边市县区在开发开放基础能力、沿边市县区开发开放投入能力、沿边市县区开发开放产出能力以及沿边市县区开发开放表现能力四个分项的发展情况；第二个层次反映四个分项的评价角度；第三个层次反映构成开发开放能力各方面的具体指标，通过上述四个分项所选取的 32 个评价指标实现，具体指标见表5-1。

表 5-1　开发开放能力评价体系初始指标

一级指标	二级指标	序号	三级指标	单位
沿边市县区开发开放基础能力	基础资源	1	土地面积	平方公里
		2	常住人口	万人
		3	口岸数	个
		4	边民互市点	个
	基础设施	5	互联网普及率	%
		6	移动电话用户	万户
		7	旅客发送量	万人
		8	货物运输量	万吨
沿边市县区开发开放投入能力	资金投入	1	固定资产投资额	亿元
		2	固定资产投资增长率	%
		3	招商引资到位资金	亿元
		4	招商引资到位资金增长率	%
	政府投入	5	一般预算支出	亿元
		6	一般预算支出增长率	%

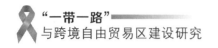

续表

一级指标	二级指标	序号	三级指标	单位
沿边市县区开发开放产出能力	政府收入	1	一般预算收入	亿元
		2	一般预算收入增长率	%
	口岸发展	3	商品进出口总额	亿元
		4	商品进出口增长率	%
		5	出入境人口	万人
		6	出入境人口增长率	%
沿边市县区开发开放表现能力	经济、社会发展	1	地区生产总值	亿元
		2	地区生产总值增长率	%
		3	旅游人数	万人
		4	旅游人数增长率	%
		5	旅游收入	亿元
		6	旅游收入增长率	%
	结构优化	7	第二产业占比	%
		8	第二产业增加值	亿元
		9	第二产业增长率	
		10	第三产业占比	%
		11	第三产业增加值	亿元
		12	第三产业增长率	

本书利用 SPSS 的计算功能对各个指标的变异系数进行分析，保留了变异系数值于小 0.3 的评价指标，删除边民互市点、互联网普及率、移动电话用户、旅客发送量、货物运输量、固定资产投资额、招商引资到位资金增长率、出入境人口、出入境人口增长率等指标，剩余 23 个指标。各指标的鉴别可信度如表 5-2。

表 5-2　沿边市县区开发开放水平评价体系指标筛选

三级指标	变异系数	三级指标	变异系数
土地面积	0.3139	商品进出口总额	0.625
常住人口	0.4287	商品进出口增长率	1.448
口岸数	0.3002	出入境人口	0.226
边民互市点	0.221	出入境人口增长率	0.217
互联网普及率	0.128	地区生产总值	0.332
移动电话用户	0.224	地区生产总值增长率	0.356
旅客发送量	0.263	旅游人数	0.312
货物运输量	0.189	旅游人数增长率	0.428
固定资产投资额	0.264	旅游收入	0.446
固定资产投资增长率	0.356	旅游收入增长率	0.368
招商引资到位资金	0.324	第二产业占比	0.324
招商引资到位资金增长率	0.226	第二产业增加值	0.442
一般预算支出	1.268	第二产业增长率	0.416
一般预算支出增长率	1.212	第三产业占比	0.525
一般预算收入	1.856	第三产业增加值	0.498
一般预算收入增长率	1.412	第三产业增长率	0.488

经过鉴别剔除后，最终的沿边市县区开发开放水平评价指标如表 5-3

表 5-3　沿边市县区开发开放水平评价指标

一级指标	二级指标	序号	三级指标	单位	编号
沿边市县区开发开放基础能力	基础资源	1	常住人口	个	Y1
		2	土地面积	平方公里	Y2
		3	口岸数	个	Y3

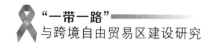

续表

一级指标	二级指标	序号	三级指标	单位	编号
沿边市县区开发开放投入能力	资金投入	1	固定资产投资增长率	%	Y4
		2	招商引资到位资金额	亿元	Y5
		3	一般预算支出	亿元	Y6
	政府投入	4	一般预算支出增长率	%	Y7
沿边市县区开发开放产出能力	政府收入	1	一般预算收入	亿元	Y8
		2	一般预算收入增长率	%	Y9
	经济发展	3	商品进出口总额	亿元	Y10
		4	商品进出口增长率	%	Y11
		5	地区生产总值	亿元	Y12
		6	地区生产总值增长率	%	Y13
沿边市县区开发开放表现能力	旅游发展	1	旅游人数	万人	Y14
		2	旅游人数增长率	%	Y15
		3	旅游收入	亿元	Y16
		4	旅游收入增长率	%	Y17
	结构优化	5	第二产业占比	%	Y18
		6	第二产业增加值	亿元	Y19
		7	第二产业增长率	%	Y20
		8	第三产业占比	%	Y21
		9	第三产业增加值	亿元	Y22
		10	第三产业增长率	%	Y23

第二节　广西沿边市县区开发开放水平评价分析

一、沿边市县区的选择与数据收集

根据 2017 年广西发展规划，样本覆盖范围包括防城港市、崇左市和百色市的 8 个县市区，即防城港市的东兴市、防城区；崇左市的凭祥市、龙州县、宁明县、大新县；百色市的靖西市、那坡县。数据来源于广西统计年鉴、8 个县市区的国民经济和社会发展统计公报、政府工作报告、各市县区统计年鉴。

二、广西沿边市县区开发开放水平主要成分分析

（一）分析步骤

本课题采用 SPSS 统计分析软件对广西的原始指标数据进行标准化处理后，首先运用 KMO 和 BARTLEET 方法对沿边市县区开发开放基础能力、沿边市县区开发开放投入能力、沿边市县区开发开放产出能力、沿边市县区开发开放表现能力四个部分数据进行检验，以确认因子分析对解释变量是否有效。检验标准为：KMO 结果必须大于或等 0.5，其数值越大说明因子分析效果越好；BARTLEET 检验的值必须小于或等于 0.05，其数据越小说明因子分析效果越好。如果因子检验值均符合 KMO 和 BARTLEET 检验，则可以进行数据分析，在满足方差贡献率 80% 的要求下，基于特征值抽取 i 个主要成分来确定相关指标。检验计算主要成分表达式的特征向量矩阵计算公式如下：

$$T_i = v_i / \text{SQR}（Y_i）$$

其中 V_i 是成分矩阵中的主要成分载荷，Y_i 是相应主成分的特征根。

主成分得分矩阵的计算公式如下：$z = \Sigma_{ij} F_{ij} z Y_j$，其中 Y_j 是标准化后的数据，ij 是各评价指标序号。

主成分得分的计算公式如下：$z = \Sigma_i m_i T_j$，其中 m_i 是对应主成分的

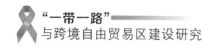

方差贡献率。

（二）广西开发开放能力分项分析

1. 开发开放基础能力（见表5-4）

表5-4 2018年广西基础能力数据①

三级指标	防城区	东兴市	凭祥市	龙州县	宁明县	大新县	靖西市	那坡县
土地面积（平方公里）	2426	589	645	2311	3704	2747	3328	2223
常住人口（万人）	39.52	16.25	12.07	22.84	35.59	38.5	52.45	16.26
口岸数（个）	1	1	3	2	1	1	2	1

利用SPSS对开发开放基础能力的变量进行初步检验，并对主要成分进行降维处理，首先采用KMO检验，如表5-5、表5-6，表中的KMO度量值大于0.62，表明变量适合进行主要成分的分析。

表5-5 开发开放基础能力指标KMO和BARTLETT检验

	KMO度量	0.62
BARTLETT检验	近似方卡	58.472
	DF	15
	SIG.	.000

表5-6 开发开放基础能力指标解释的总方差

序号	初始特征值			提取平方和载入		
	合计	方差的%	累积%	合计	方差的%	累积%
1	2.88	49.71	49.71	2.83	49.12	49.12
2	1.37	23.60	73.31	1.39	24.19	73.31
3	0.73	12.52	85.83			

---

①根据广西统计年鉴、8个县市区的国民经济和社会发展统计公报、政府工作报告、各市县区统计年鉴资料进行汇总整理。

序号	初始特征值			提取平方和载入		
	合计	方差的%	累积%	合计	方差的%	累积%
4	0.41	7.12	92.95			
5	0.26	4.49	97.44			
6	0.15	2.57	100.00			

将特征值1作为基础准则，根据沿边市县区开发开放基础能力指标解释的总方差，将所有变量进行降维处理，其中两个主要成分的累计方差贡献率达到73.71%，即认为两个主要成分基本能够表达主要的变量信息，成分载荷矩阵表明了每个变量成分与主成分的关系度，如表5-7。

表 5-7　开发开放基础能力指标成分矩阵

	成分	
	Y1	Y2
土地面积	0.006	0.001
常住人口	−0.18	0.065
口岸数	0.363	−0.198

其基础得分计算公式如下：

$Y=49.12/（49.12+24.19）×Y1+24.19/（49.12+24.19）×Y2$

根据计算结果对广西的开发开放基础能力进行排序，得分及排名如表5-8。

表 5-8　广西开发开放基础能力得分及排名

沿边市县区	得分	排名
宁明县	12.76	1
靖西市	9.63	2
大新县	8.31	3
那坡县	8.23	4

续表

沿边市县区	得分	排名
龙州县	8.14	5
防城区	6.81	6
凭祥市	2.14	7
东兴市	1.12	8

2. 沿边市县区开发开放投入能力（见表 5-9）

表 5-9　广西沿边市县区开发开放投入能力基础数据[①]

三级指标	防城区	东兴市	凭祥市	龙州县	宁明县	大新县	靖西市	那坡县
固定资产投资增长率（%）	7.1	16.8	22.4	21.5	15.82	14.9	-4.5	-26.9
招商引资到位资金（亿元）	49.01	104	63.06	50	45.39	35.66	88.8	7.5
一般预算支出（亿元）	21.46	20.9	18.56	26.41	34.55	27.36	55.39	24.58
一般预算支出增长率（%）	3.4	-15.1	8.6	2.8	12.8	11	9.9	-5.26

利用 SPSS 对沿边市县区开发开放投入能力的变量进行初步检验，并对主要成分进行降维处理，首先采用 KMO 检验，如表 5-10、表 5-11，表中的 KMO 度量值为 0.71，大于 0.5，表明变量适合进行主要成分的分析。

表 5-10　沿边市县区开发开放投入能力指标 KMO 和 BARTLETT 检验

	KMO 度量	0.71
BARTLETT 检验	近似方卡	61.382

---

①根据广西统计年鉴、8 个县市区的国民经济和社会发展统计公报、政府工作报告、各市县区统计年鉴资料进行汇总整理。

	KMO 度量	0.71
	DF	15
	SIG.	.000

表 5-11 沿边市县区开发开放投入能力指标解释的总方差

序号	初始特征值			提取平方和载入		
	合计	方差的%	累积%	合计	方差的%	累积%
1	3.146	55.620	55.620	3.125	55.620	55.620
2	1.180	20.862	76.482	1.168	20.790	76.410
3	0.700	12.376	88.858			
4	0.390	6.895	95.753			
5	0.190	3.359	99.112			
6	0.050	0.884	100.000			

将特征值 1 作为基础准则，根据沿边市县区开发开放投入能力指标解释的总方差，将所有变量进行降维处理，其中两个主要成分的累计方差贡献率达到 76.41%，即认为两个主要成分基本能够表达主要的变量信息，成分载荷矩阵表明了每个变量成分与主成分的关系度，如表5-12。

表 5-12 沿边市县区开发开放投入能力指标成分矩阵

	成分	
	Y1	Y2
固定资产投资增长率	0.116	0.242
招商引资到位资金亿元	−0.008	0.005
一般预算支出亿元	0.009	−0.008
一般预算支出增长率	0.382	0.011

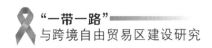
其基础得分计算公式如下：

$$Y = 55.620 / (55.620 + 20.790) \times Y1 + 20.790 / (55.620 + 20.790) \times Y2$$

根据计算结果对广西的沿边市县区开发开放投入能力进行排序，得分及排名如表 5-13。

表 5-13　广西沿边市县区开发开放投入能力得分及排名

沿边市县区	得分	排名
凭祥市	9.51	1
宁明县	6.09	2
大新县	5.43	3
龙州县	4.04	4
靖西市	2.20	5
防城区	2.03	6
东兴市	−1.93	7
那坡县	−5.46	8

3. 沿边市县区开发开放产出能力（见表 5-14）

表 5-14　广西沿边市县区开发开放产出能力基础数据[①]

三级指标	防城区	东兴市	凭祥市	龙州县	宁明县	大新县	靖西市	那坡县
一般预算收入（亿元）	3.85	4.94	4.23	2.52	3.42	2.17	13.91	2.42
一般预算收入增长率（%）	−34.8	−39.8	−17.9	−20.53	−8.7	7.8	−0.4	7.07
商品进出口总额（亿美元）	69.3	39.41	127	46.57	32.58	30.59	19	9.14
商品出口增长率（%）	−4.9	10.5	8.1	2.35	16.9	23.9	7.9	23

---

①根据广西统计年鉴、8 个县市区的国民经济和社会发展统计公报、政府工作报告、各市县区统计年鉴资料进行汇总整理。

三级指标	防城区	东兴市	凭祥市	龙州县	宁明县	大新县	靖西市	那坡县
地区生产总值（亿元）	139.8	98.29	90.82	129.38	154.3	141.6	128.53	26.6
地区生产总值增长率（%）	0.5	6.6	15.3	10.08	10.2	7.2	10.8	4.5

利用 SPSS 对沿边市县区开发开放产出能力的变量进行初步检验，并对主要成分进行降维处理，首先采用 KMO 检验，如表5-15、表5-16，表中的 KMO 度量值为0.72，大于0.5，表明变量适合进行主要成分的分析。

表5-15　沿边市县区开发开放产出能力指标 KMO 和 BARTLETT 检验

	KMO 度量	0.72
BARTLETT 检验	近似方卡	61.442
	DF	15
	SIG.	.000

表5-16　沿边市县区开发开放产出能力指标解释的总方差

序号	初始特征值			提取平方和载入		
	合计	方差的%	累积%	合计	方差的%	累积%
1	2.582	53.240	53.240	2.983	53.240	53.240
2	1.140	23.506	76.746	1.273	22.720	75.960
3	0.663	13.671	90.417			
4	0.270	5.567	95.985			
5	0.150	3.093	99.078			
6	0.045	0.928	100.005			

通过将特征值1作为基础准则，根据沿边市县区开发开放产出能力指标解释的总方差，将所有变量进行降维处理，其中两个主要成分的累计方差贡献率达到75.96%，即认为两个主要成分基本能够表达主要的变量信息，成分载荷矩阵表明了每个变量成分与主成分的关系度，如表5-17。

表 5-17 沿边市县区开发开放产出能力指标成分矩阵

	成分	
	Y1	Y2
固定资产投资增长率（%）	0.116	0.242
招商引资到位资金（亿元）	−0.004	0.01
一般预算支出（亿元）	0.009	−0.004
一般预算支出增长率（%）	0.382	0.011
固定资产投资增长率（%）	0.116	0.242
招商引资到位资金（亿元）	−0.004	0.01

其沿边市县区开发开放产出能力得分计算公式如下：

$Y = 53.24 / (53.24 + 22.72) \times Y1 + 22.72 / (53.24 + 22.72) \times Y2$

根据计算结果对广西的沿边市县区开发开放产出能力进行排序，得分及排名表如 5-18。

表 5-18 广西开发开放产出能力得分及排名

沿边市县区	得分	排名
宁明县	4.213895	1
东兴市	4.172635	2
凭祥市	4.03248	3
大新县	4.013646	4
那坡县	3.279209	5
靖西市	2.806082	6
龙州县	2.778783	7
防城区	1.424255	8

4. 沿边市县区开发开放表现能力（见表 5-19）

表 5-19　广西沿边市县区开发开放表现能力基础数据①

三级指标	防城区	东兴市	凭祥市	龙州县	宁明县	大新县	靖西市	那坡县
旅游人数（万人）	802	1140.31	704	610	502	685.39	751	131
旅游人数增长率（%）	19.1	21.15	123.7	41.42	3.4	5.3	26.6	60.02
旅游收入（亿元）	60	104.75	63.55	65.9	56.5	53.34	81.61	13.2
旅游收入增长率（%）	37.5	27.89	15.2	42.06	59.8	5.5	33.2	64.9
第二产业占比（%）	42.3	36.7	29.03	40.8	46.4	48.3	53.8	19.01
第二产业增加值（亿元）	47.07	36.11	26.15	52.82	71.56	68.46	69.1	5.05
第二产业增长率（%）	−9.9	5.8	13.7	14.6	15.1	6	11.7	11.7
第三产业占比（%）	33.7	43.1	64.44	37.2	30	34	34	52.63
第三产业增加值（亿元）	59.17	42.34	58.06	48.15	46.27	48.1	43.68	14.01
第三产业增长率（%）	9.4	7.9	17.2	10.5	8.2	10.2	11.3	11.3

　　利用 SPSS 对沿边市县区开发开放表现能力的变量进行初步检验，并对主要成分进行降维处理，首先采用 KMO 检验，如表 5-20、表 5-21 中，表中的 KMO 度量值为 0.68，大于 0.5，表明变量适合进行主要成分的分析。

---

　　①根据广西统计年鉴、8个县市区的国民经济和社会发展统计公报、政府工作报告、各市县区统计年鉴资料进行汇总整理。

表 5-20　沿边市县区开发开放表现能力指标 KMO 和 BARTLETT 检验

	KMO 度量	0.68
BARTLETT 检验	近似方卡	51.64
	DF	15
	SIG.	.000

表 5-21　沿边市县区开发开放表现能力指标解释的总方差

序号	初始特征值			提取平方和载入		
	合计	方差的%	累积%	合计	方差的%	累积%
1	2.713	51.310	51.310	2.688	52.304	52.304
2	1.321	24.984	76.294	1.018	19.806	72.110
3	0.654	12.369	88.662			
4	0.312	5.901	94.563			
5	0.201	3.801	98.365			
6	0.086	1.626	100.000			

通过将特征值 1 作为基础准则，根据沿边市县区开发开放表现能力指标解释的总方差，将所有变量进行降维处理，其中两个主要成分的累计方差贡献率达到 72.11%，即认为两个主要成分基本能够表达主要的变量信息，成分载荷矩阵表明了每个变量成分与主成分之间的关系度，如表5-22。

表 5-22　开发开放表现能力指标成分矩阵

	成分	
	$Y1$	$Y2$
旅游人数	0.026	0.015
旅游人数增长率	0.118	0.186
旅游收入	0.174	−0.144
旅游收入增长率	−0.146	0.009

	成分	
	$Y1$	$Y2$
第二产业占比	0.112	−0.091
第二产业增加值	0.108	0.008
第二产业增长率	−0.146	0.005
第三产业占比	0.156	−0.086
第三产业增加值	0.201	0.196
第三产业增长率	−0.009	−0.013

其基础得分计算公式如下：

$Y = 52.304/(52.304 + 19.806) \times Y1 + 19.806/(52.304 + 19.806) \times Y2$

根据计算结果对广西的开发开放基础能力进行排序，得分及排名如表5-23。

表 5-23　广西开发开放表现能力得分及排名

沿边市县区	得分	排名
凭祥市	56.51165	1
东兴市	51.88346	2
防城区	44.29915	3
靖西市	43.54836	4
大新县	40.67302	5
龙州县	38.89771	6
宁明县	29.34538	7
那坡县	13.29264	8

5. 广西开发开放能力综合分析

通过对沿边市县区开发开放水平的四个指标进行加权合成，就可以得到最后的沿边市县区开发开放综合指数。具体计算公式如下：

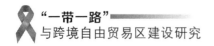
$$T = \sum_{i=1}^{n} k_i z_i$$

其中 k_i 为各构成要素或各指标的权数，i 为沿边市县区开发开放水平指数。最终得分及排名如表5-24：

表 5-24

沿边市县区	得分	排名
凭祥市	18.05	1
东兴市	14.61	2
靖西市	14.55	3
大新县	13.81	4
防城区	13.64	5
龙州县	13.46	6
宁明县	13.10	7
那坡县	4.84	8

第三节　广西沿边市县区开发开放水平模型评价结果分析

一、主要成分评价分析结果

（一）沿边市县区开发开放基础能力

从数据来看，8个沿边市县区的开发开放基础差异比较大，靖西和大新、防城、宁明由于区域面积较大、人口数量较多，因此排在前列。而东兴、凭祥的城区面积、人口规模都较小，因此排名靠后，其城市发展空间相对比较狭小。那坡县由于处于广西西部边沿地带，经济发展基础薄弱，而且各个口岸没有高等级公路通达，接壤的越南县区也是越南北部最贫困的区域，其对外开发开放的潜力比较低。

（二）沿边市县区开发开放投入能力

沿边地区开发开放需要大规模的资金投入，沿边市县区一般预算支出体现了一个城市的资金使用能力，招商引资到位资金规模表明一个城市获得外部资金的能力，固定资产投资增长率则体现了一个城市对基础设施的投入和未来潜力。在这方面，凭祥市由于工业基础较弱，其固定资产投入和一般预算支出水平均较其他市县区高，那坡仍排在末尾。

（三）沿边市县区开发开放产出能力

在沿边市县区开发开放产出能力上，凭祥市的指标则比其他市县区要好，商品进出口总额达到 127 亿美元，是排名第二的防城区的 1.83 倍，而防城区由于靠海，部分进出口贸易来自海港，不完全是沿边进出口。

（四）沿边市县区开发开放表现能力

沿边市县区开发开放表现能力是开发开放产出的最重要成果，和沿边市县区的产出密切相关，特别是广西地区沿海沿边市县区在国家西部大开发、沿边开发开放政策和沿边金融改革等政策的支持下，经济基础发展比较快。因此凭祥和东兴市在此项指标中表现比较突出。

二、广西沿边市县区开发开放水平综合评价结果

从最终排名结果来看，得分最高的是凭祥市，最低的是那坡县。可以分为三类，凭祥市为第一类；靖西、东兴、宁明、大新、龙州、防城为第二类；那坡为第三类。总的来说，第二沿类边市县区内部差距不明显，优势不突出，特色不显现，在开发开放发展过程中需要加大支持力度。因此必须加强政府、企业、社会引导，进行开发开放制度改革，激发沿边市县区的开发开放活力。

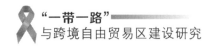

第六章　建设广西中越跨境自由贸易区的条件、机遇和挑战

第一节　建设广西中越跨境自由贸易区的重大意义

一、是广西借助"一带一路"带动腹地发展的需要

越南在我国"一带一路"建设方面具有重要的地理优势。越南是东南亚唯一一个与中国既有陆地又有海洋相连的国家，中越边境线长达1300公里。中国可以由陆路经越南进入东南亚国家，越南也可能通过陆路经中国到达欧洲国家。中越两国合作对于中国与东南亚国家合作具有典型示范作用。而东盟国家是中国"一带一路"框架下合作的重要区域，越南发挥着支点和桥梁作用，有助于促进中国与东南亚国家的经济合作，也有助于推进区域合作伙伴关系（RECP）的发展。

"一带一路"倡议在越南有比较好的发展基础。从政治上讲，中国和越南都是共产党领导的国家，两国意识形态上有一致性。中越两国关系近几年一直保持良好发展势头，两国高层领导人能从推进合作发展战略的高度把握和指导中越关系。在经济方面，两国产业结构可以相互补充。中越两国经济发展的阶段不同，资源禀赋也有较大差异，使得两国之间有着非常大的产能合作空间。越南的劳动力成本相对较低，而且人力资源丰富，其投资环境日趋改善，发展潜力较大，是中国产业转移的好地方。而越南现在正处于工业化发展的第一阶段，潜力巨大。急需中国充足的资金、先进的技术装备和良好的管理经验。目前中越两国之间的对话与合作表现积极，中越两国已经开展了一系列的金融合作、经贸合作、技术合作、基础设施建设合作，为中越两国开展"一带一路"合作奠定了重要基础。

二、是睦邻友好合作共赢发展的需要

2013 年 10 月 24 日，习近平总书记指出中国的外交战略是直接服务于实现"两个一百年"的奋斗目标，实现中华民族的伟大复兴。发展睦邻友好，增进睦邻友好关系，深化国际合作，增进友谊，将有益于中国发展，维护国家主权、安全和发展利益，努力在全世界范围内建立一种更友好的政治关系，进一步加强经济合作，增强人文交流。习总书记强调，中国的基本外交政策是坚持睦邻、安邻、富邻，这是中国外交部门的一贯坚持的政策①。

在全球经济疲弱的背景下，中国经济不仅保持了快速增长，而且发扬与周边国家团结合作的精神，结合周边国家的优势，制定外交发展战略、睦邻战略和国际合作战略。中国一直保持着世界最大出口国的地位，并成为俄罗斯、朝鲜、韩国、印度、蒙古和越南等 11 个国家的最大贸易伙伴。2010 年，中国东盟自由贸易区成立，运行以来发展非常迅速，已经成为世界经济发展的重要引擎。2020 年 5 月，区域全面合作伙伴关系（RCEP）将签署，涉及中、日、韩、新、澳、东盟等 15 国，人口达 20 亿。该区域将成为新冠肺炎疫情过后世界经济最先恢复发展的区域，中国率先复工复产，将有利于带动该区域引领世界经济发展。广西作为中国与东盟自由贸易区的桥头堡，区域全面合作伙伴关系（RCEP）国家的重要桥梁，将成经济发展的重要支点。

三、是构建广西沿边开发开放新格局的需要

广西是少数民族聚居区，也是我国西南沿边安全的战略屏障，要维护广西沿边地区的稳定和民族团结，发展沿边经济让边民与全国人民一道实现小康是关键。邓小平同志指出，沿海地区应加快对外开放，进而带动其他区域发展起来。内地要服从这个大局。当沿海地区发展起来，也要带动西部民族地区共同发展，这是一个共同发展、协同发展的理念。广西边境属于"老少边山穷"地区，由于地理位置和长期战争等原因，发展环境很差。交通不够便利，经济相对落后，不仅影响了沿边地区的和谐稳定，甚

---

① 习近平在周边外交工作座谈会上发表重要讲话 ［EB/OL］. 2013.

至不利于国家的根本利益。广西沿边地区经济的发展，关系到改革发展的大局和民族团结，国家安全和中华民族伟大复兴战略，在中国人民的全面发展中具有非常重要的战略地位。党中央非常重视沿边地区的发展和稳定，制定了一系列重大决策和战略，通过沿边经济带建设，打开沿边对外开放的大门，提高发展速度，带动地方经济发展，改变边境地区经济长期落后的现状，缩小与东部地区的经济差距，创造更多的就业和发展机会，实现脱贫致富。为民族团结、沿边和平发展、社会稳定等事关国计民生的问题提供解决方案①。广西沿边地区要通过发挥区域优势，特别是发挥广西沿海、沿江、沿边的独特优势，利用靠近越南，面向东南亚的战略地位，加快沿边地区开发开放，提高人民生活水平，维护沿边稳定，把广西建设成为国家新的发展战略中心。改革开放 40 多年来，广西通过加快沿边地区开发开放的步伐，取得了一定成效，但也存在着一些问题，如基础设施落后、产业基础薄弱、经济结构趋同、资源整合不强，开放合作领域不宽等。通过与越南在边境共同建立跨境自由贸易区，建立一个睦邻友好的合作机制，以协作、协商、合作、谈判、伙伴等方式，拓宽边境合作解决公共问题的机制，共同营造和平发展环境。建立中越官方交流机制和非官方交流机制，推动中越民间交流和媒体交流，确保中越之间的合作顺利进行；建立中越沿边地区合作平台，开展规划合作，按照规划的总体原则，协同发展。同时，加强中越边境基础设施合作建设，建立实体项目，采取"两国一区、封闭运作、境内关外、自由贸易"的模式，把口岸地区越南和中国的投资和贸易结合起来，实现贸易便利化和投资便利化。利用东兴、凭祥的国家重点开放试验区的发展优势，在沿边地区实现新的突破，特别是推进金融改革，探索发展对外金融业务，把边境金融服务扩大到凭祥、东兴、靖西等沿边区域，持续对外开放，打造连接广西沿海、沿江、沿边发展的新模式。

四、是打造广西沿边地区增长极的需要

构建内外开放的新格局是广西沿边地区实现经济又好又快发展的必要条件，广西是我国实施西部大开发的重要区域，具有大量的生产资源禀

---

① 官锡强. 金融业支持企业"走东盟"对策 [N]. 广西日报，2006-3-15.

赋。市场潜力巨大和后发优势，使得资源要素和市场发展空间在广西边境地区变成了一种潜力。广西沿边经济区发展已经取得了一定的成就，但由于历史和地理位置原因，基础设施建设水平较低，优越的条件不能被充分利用。通过增加合理投资，推动经济增长，加上与东部地区的经济交流，将对广西经济增长产生重要影响。通过调整沿边地区发展战略，由点到面，辐射和带动广西大开发、大发展，是实现经济又快又好发展的重要途径，也是推动广西经济、社会发展的一个非常重要的形式。广西沿边地区的经济增长可以利用国家边境开放政策的地位和资源，吸引来自沿海地区和东部地区的更好的资金、技术和管理经验，推动资源和产业群的聚集发展，推动沿边城市产业改革，壮大沿边城市经济，实现跨越式发展，形成新的经济增长点，从而带动广西区域经济的发展。东兴国家重点开发开放试验区作为我国首批三个国家重点开发开放试验区之一，是唯一一个沿边沿海跨区域的试验区，亦是我国与东南亚最便捷的海陆大通道。作为沿边开放实验区的代表已经开展了一系列的先行先试政策和实践，如解决了边境旅游的环境、旅游许可、外国工人签证问题等，推动了沿边地区的迅速发展。广西沿边地区与东盟国家的交通条件也在不断改善，沿边主要口岸城市已经修通了高速公路，高速铁路正在推进建设中。中越东兴—芒街跨境经济合作区，友谊关—同登跨境经济区、龙邦—茶岭跨境经济区正在全面推进建设，广西沿边地区的开发开放正不断深入，建设广西中越跨境自由贸易区是实现资源优化配置，促进内陆与沿边地区联动发展，打造广西沿边地区增长极的需要。

五、是促进广西沿边经济带发展、引领广西大开发战略的需要

（一）建设广西中越跨境自由贸易区是促进广西沿边经济带发展的需要

广西边境贸易已成为发展口岸经济的一条非常重要的途径，可以充分发挥东南亚的海上通道、出边通道和贸易口岸的作用，打开边境贸易的大门，扩大边境贸易的局面，推动中国自由自由贸易区的发展，对越南乃至东盟国家来说，都有着重大意义。实行睦邻友好外交政策，建设跨越中越广西边境的自由贸易区，促进广西边境小额贸易发展，允许边境地区居民利用国内外的市场和资源，吸引外资和发展实体经济，推动广西沿边地区

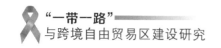

经济的发展，有利于沿边地区社会稳定。广西沿边地区的快速发展需要物流业、旅游业、加工业和服务业的支撑。例如，近年来，由于边贸的快速发展，带动了东兴、凭祥、靖西沿边城市的发展，形成了"中越沿边跨国游""南国边关风情游""边贸购物考察游"三大旅游线路，初步构架了具有特色的"以边贸带动旅游、以旅游促进边贸"的旅游产业体系。依托沿边跨境经济合作区，建立独具特色的沿边产业群，推动了中越两国的贸易往来，效果很不错。此外，区外的贸易商也通过边境贸易，在跨境经济区内发展跨境产业。近年来，越南对加强中越边境地区建设有着强烈的愿望和积极的态度，在靠近广西凭祥、东兴、靖西等城市的边境口岸建立了新的自由贸易区。多年来，广西的边境口岸和主要边境贸易点不断建设，各种基础设施不断完善，中越两国的边境自由贸易区已步入了良性发展轨道。

（二）建设广西中越跨境自由贸易区是深入推进广西大开发战略的需要

制定广西沿边地区开发开放战略，促进广西大发展，是中国现代化战略的重要组成部分，是中央着眼长远、着眼全局的重大决策。改革开放以来，中央高度重视广西大开发，做出了一系列重大决策，随着广西的发展不断完善政策，鼓舞了少数民族地区的发展。同时，中央政府对广西沿边地区的重视程度越来越高，投资力度和支持力度不断加大，广西沿边地区经济发展和社会发展迅速。中央政府坚持把广西沿边地区开发开放放在广西大开发的首位，提升边民的自我发展能力，改善民生，提高科技进步水平，促进人才队伍建设，促进广西大开发。我们也要看到，广西和东部地区经济发展与社会发展的差距还比较大，广西沿边地区，特别边境"老少边山穷"地区，现在还很困难，建设小康社会还需要更多的投入和支持。

支持广西沿边地区发展和建设，促进广西经济协调发展，是我们党领导经济事业的重要方针，是我们党在"两个一百年"工作中的重大战略任务。未来几年将是广西大发展的重要时期，广西在发展战略、对外开放、国际大通道建设等方面都取得了重大进展，形成了新的对外开放模式。国家不断支持广西对外开放的一系列特殊政策和战略规划，把广西作为我国西部大开发战略的主要区域。广西沿边地区开发开放战略是国家支持边疆各省区繁荣发展的重大举措，有利于推动产业向广西沿边地区转移，有利于发展沿边地区特色产业，形成东西部相互促进的新模式。因此，广西中越跨境自由贸易区建设是推进沿边经济圈发展，推进广西沿边地区发展战略的需要。

六、是实现民族团结、社会稳定和沿边安全的需要

（一）加快建设广西中越跨境自由贸易区是实现民族团结的需要

截至 2016 年 5 月，广西人口为 48 38 万人，户籍人口 5579 万，人口密度为每平方公里 204 人。[①] 广西是一个多民族聚集的自治区。包括壮族、汉族、瑶族、苗族、侗族 44 个民族。2013 年年底，广西有 2004 万少数民族人口，其中壮族人口有 1698 万。壮族是我国少数民族中人口最多的一个民族，主要分布在南宁、崇左、柳州、百色、河池、来宾等 6 个城市。靖西县是壮族人口比重最大的地区，人口比例达到 99.7%。京族主要居住在东兴市江平镇。而且广西主要的少数民族如壮族、瑶族、京族、苗族都是跨境民族，在中越两国都有大量的亲缘关系。

多民族共存已经成为中国和越南沿边地区的一个重要特征，由于广西沿边地区地处山区，少数民族比较贫困。建设跨境贸易区能够有效推进当地贸易、工业、服务业、农业、林产品加工业的发展，有利于增加就业，提高边民的生活水平，促进脱贫致富，与全国人民同步实现小康，增加民族团结。

（二）加快建设广西中越跨境自由贸易区是实现沿边社会稳定发展的需要

广西沿边开发开放后，沿边地区经济发展将加快速度，居民收入实现大幅增长，边境贸易发展速度和口岸建设速度将进一步加快，特色产业有效集聚。通过加快边境地区发展，大力推进脱贫致富。广西要根据国家的政策精神，将规划的目标、职责和政策进行分解，逐步实施。国家兴边富民的行动包括广西沿边 3 个市（百色、崇左、防城港）和 8 个县区（那坡县、靖西市、大新县、龙州县、凭祥市、宁明县、防城区、东兴市）。2017 年，百色、崇左、防城港等沿边三市共实现地区生产总值 3017 亿元，

---

① 广西壮族自治区统计局［EB/OL］.

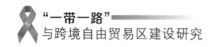
相比 2012 年增长 74.41％，占全区总量的 17.89％；其中，防城港市人均 GDP、财政收入、城镇居民收入增速多年位居广西第一名。8 个沿边县（市、区）地区生产总值从 2012 年的 572.42 亿元增加到 2017 年的 961.06 亿元，增长了 67.89％。①

居民收入不断增长，沿边地区城镇居民人均可支配收入从 2012 年的 19374 元增长到 2017 年的 29589 元，同比增长 52.73％。农村居民人均纯收入，从 2012 年的 6073 元，增长到了 2017 年的 11262 元。其中，防城区、东兴市农民人均可支配收入分别达到 13883 元、16471 元，均超出全区（11325 元）、全国（13432 元）平均水平，其余 6 个沿边县（市）农民人均可支配收入大部分排在全区中等水平。②

2017 年 5 月底，沿边 8 个区（市、县）全部通行高速公路，基本形成了"外通内联、城乡联网、通村畅乡、客车到村、安全便捷"的公路交通运输网络，沿边地区乡村已经全部连接，实现了沿边 20 公里范围内农村广播电视数字化、双向宽带化。

此外，广西依托沿边少数民族风情、沿边历史文化、异国风情文化、自然山水风光等丰富资源，打造沿边生态旅游带。2017 年，沿边 8 个（市、县）已接待游客达 42.342 万人次，同比增长 24.27％，国际旅游收入为 2101.37 万美元，国内旅游收入为 371.2 亿元，同比增长 30.31％。③

跨境贸易发展势头强劲。2017 年，广西沿边的边民互市额达 633.50 亿，占全区进出口总额的 16.4％，全国边民互市贸易额的 74.4％④。

沿边地区实施脱贫攻坚工作以来，扶贫工作在边境贸易的推动下，取得了显著成效。国家级贫困县龙州县的贫困率从 2015 年底的 23％下降到 2017 年底的 1.76％。2018 年 2 月，龙州县被广西确定为 2017 年度唯一的脱贫摘帽的国家级贫困县。⑤

在广西沿边地区经济发展加快的同时，对建设中越跨境自由贸易区的需求愈加迫切。

---

①广西兴边富民行动获成效 沿边地区经济实力增强 [EB/OL]. 2018-11-30.
②广西兴边富民行动获成效 沿边地区经济实力增强 [EB/OL]. 2018-11-30.
③广西兴边富民行动获成效 沿边地区经济实力增强 [EB/OL]. 2018-11-30.
④广西兴边富民行动获成效 沿边地区经济实力增强 [EB/OL]. 2018-11-30.
⑤广西兴边富民行动获成效 沿边地区经济实力增强 [EB/OL]. 2018-11-30.

（三）加快建设广西中越跨境自由贸易区是实现沿边安全的需要

广西地处祖国南疆，与越南接壤，素有"中国南大门"之称，其中，我国九大名关之一的友谊关就坐落在广西凭祥市。广西中越沿边地区集革命老区、民族地区、沿边地区、贫困地区于一体，广大边民为维护民族团结、边境稳定做出了巨大贡献。广西沿边的 8 个县市与越南山水相依，无天然屏障，边境线长，边民往来密切，少数边民受利益驱动，铤而走险，"三非四贩"等跨国犯罪时有发生，沿边社会管理任务日益繁重。广西沿边地区经济实行开发开放后，基础设施及群众生产生活条件有了明显改善，收入水平大幅度提高，边境贸易及口岸建设步伐加快，区域特色产业发展迅速，但是，要继续维持民族团结、社会稳定的状况，必须在此基础上，加快建设广西中越跨境自由贸易区，这对于促进广西边贸活动、改善沿边地区民生条件起到重要作用。

七、是增强我国对外交流合作话语权，发挥中国—东盟自贸区桥头堡作用的需要

中央政府在中国边境地区建立经济区，不仅仅是对外开放的需要，也是国家安全的需要。沿边扩大开放有效地促进了沿边地区经济和社会的快速发展。由于我国经济领域广阔，对外开放不能一蹴而就，只能逐步放开。中国对外开放呈阶梯状，从东部沿海到内陆，再到边境地区。从点到线，再由线到面，如今已经形成全方位，多渠道，多层次的对外开放格局。在全球经济一体化的大背景下，我国参与全球化经济一体化建设已经进入了关键阶段，现代建设也进入了关键阶段，中国的对外开放得到了迅速发展，对外开放的内涵和国际合作也发生了巨大的变化，中国应该扩大对外开放的范围，提高开放型经济的发展水平。在新的历史时期，我国要引领国际经济发展，以更高的水平推进对外开放，给予边境城市更多的优惠政策，推进经济合作，金融合作，人文合作，旅游合作，推进基础设施建设，推进"一带一路"沿线国家共同发展。形成中国沿边城市开放新模式。对外开放要更广泛、更深入，更高层次的进行，在坚持向东开放的同时，加强向西、向南的开放，建设开放型沿边经济发展新模式。随着中越两国交通设施的通畅和相互开放，广西沿边地区特色经济发展和加工产业

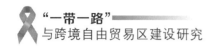
发展取得了巨大的进步，要鼓励边境口岸大胆改革。打开大门，破解发展难题，改变发展新局面，探索发展新路子，积累发展新经验，建设沿边经济中心，将有助于探索新的发展思路。广西加快沿边地区对外开放、发展开放型经济的战略，一方面有助于贯彻"睦邻、安邻、富邻"的外交政策，另一方面国家之间的政治互信和睦邻友好合作也为长远发展提供了保障。

第二节 "一带一路"倡议下中越全面战略合作伙伴关系的跨越发展

自中国启动"一带一路"建设以来，中越两国实现了基础设施、跨境业务、融资融通等方面的合作。

一、政策沟通

中越高层交往有条不紊地进行，在完善各自经济发展政策和经济基础设施上，推进建立各类经济合作区。李克强总理于 2013 年 10 月 13—15 日访问越南。越南民主共和国总书记阮富仲于 2015 年 4 月 7—10 日对中国进行访问，研究参与中国的"一带一路"建设。副总理张高丽于 2015 年 7 月 16 日访问越南期间，提出"两廊一圈"发展规划与中国的"一带一路"倡议相衔接。同时，开展地方合作，人文交流，开展航运交流活动。中国与越南加强磋商，共同努力，推动两国主要生产力的合作，把重点放在两国之间的重大项目上。促进贸易的平衡和持久。越南总理阮春福于 2016 年 10 月 10 日访华，提出与中国合作，共同推动"一带一路"战略和"两廊一圈"战略对接，共同落实项目。其后，全国人大常委会委员长张德江、越南国家主席陈大光在互访期间都提出了将建立"一带一路"和"两廊一圈"对接构想联系起来①。

---

①金丹，"一带一路"倡议在越南的进展、成果和前景 [J]. 学术探索，2018 (1).

二、设施联通

"一带一路"建设提出以来，中国根据"以企业为主，政府为推动，市场为导向"的原则，一直在积极利用优惠贷款等融资方式积极参与越南铁路、公路、发电厂和口岸的建设，并取得诸多务实成果。代表性项目有"三高""两铁""三桥"、一条轻轨铁路项目①。"三高"，是指中越合建的三条高速公路，一是"南宁—凭祥（友谊关）—谅山—河内高速公路"，二是"南宁—东兴—芒街—下龙—河内高速公路"，三是"百色—龙邦—高平—河内高速公路"。"两铁"，是指中越合建的两条铁路，一是"南宁—凭祥（友谊关）—同登—河内铁路"，二是"防城港—东兴—海防—河内铁路"。"三桥"，是指中越合建的三条桥梁，一是"中越北仑河二桥"，二是"水口—驮隆二桥"，三是"峒中—横模大桥"维修改造工程。一条轻轨铁路项目是吉灵—河东线城铁项目，由中国提供贷款，按照中国标准进行建设。

三、贸易畅通

经济合作与经贸往来一直是"一带一路"倡议后中越关系发展的动力。投资和合作将继续深入和有效地进行，以落实两国之间达成的共识。

1. 贸易方面

根据相关统计数据，中越贸易有两点特点：一是两国之间的贸易额从2013年的501亿美元到2016年的719亿美元，年均增长17％。2016年，越南成为中国在东盟地区最大的贸易伙伴，中国连续16年是越南最大的贸易伙伴。二是两国之间的贸易逆差不断缩小，两国的贸易结构不断演变，工业和技术产品贸易逐步取代农产品和矿产资源贸易，成为贸易的主要产品。

2. 投资方面

在两国政府推动"一带一路"倡议后，中国在越南投资项目的注册资金和数量都在快速发展，投资领域和投资规模不断扩大，具备高科技、高附加值、环境亲善型的企业开始逐步走进越南。据经济日报消息称，中

---

①金丹，"一带一路"倡议在越南的进展、成果和前景［J］. 学术探索，2018（1）.

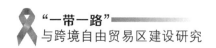

国、新加坡、韩国和日本在越南 2019 年第 1 季度的投资占比最大。其中，中国投资额为 362 亿元人民币，排在第一位，占比 40.7％。现在，中国对越南的投资主要在三个地方：

一是位于越南北江省云中工业园区的新能源产能合作区。二是天虹广宁省园区①，三是越南南部的龙江工业园和北部的深圳—海防经贸合作区。

3. 中越跨境经济合作区

中国和越南共同开展中越东兴—芒街、凭祥—同登、河口—老街、龙邦—茶岭四个跨境经济合作区（以下简称跨合区）建设，其中"东兴—芒街跨合区"与"河口—老街跨合区"起步最早，成果最好。

四、资金融通

在"一带一路"框架下，中越两国双方正式成立基础设施合作工作组和金融与货币合作工作组，有力地推进了两国的金融机构合作，目前，中越两国在"一带一路"倡议合作的融资平台主要有两个。一是亚洲基础设施投资银行（以下简称亚投行）。二是中国进出口银行。

五、民心相通

"一带一路"倡议提出以来，中越双方加强了在文化、教育、医疗等方面合作，效果明显。一是文化教育方面，通过共建孔子学院，扩大中国和越南大学招收留学生的规模，开展互派留学生合作。二是旅游方面，建立了中越首个跨境旅游合作区德天—板约瀑布国际合作区，中国已连续 16 年成为越南最大外国游客来源国，每年双向来往人数超过 500 万。三是在医疗卫生广播出版等领域进行了广泛的合作，提高了双边防疫抗疫能力。

---

①金丹，"一带一路"倡议在越南的进展、成果和前景 [J]. 学术探索，2018（1）.

第三节 建设广西中越跨境自由贸易区的优势与基础

一、建设广西中越跨境自由贸易区的优势

(一)区位优势

广西处于华南经济圈、西南经济圈和东盟经济圈的接合部,具有沿海开放、沿江开放、沿边开放等优势。广西地处中国—东盟自由贸易区的中心地带,是中国唯一与东盟既有陆地接壤又有海上通道的省区。目前已建成出海、出边大通道,形成了与东盟国家的立体交通网络。广西沿边有8个县(市)与越南接壤。

(二)口岸优势

广西有21个口岸,现有沿边口岸12个,各沿边口岸和边贸点都有公路相通。其中国家一类口岸17个,二类口岸8个,公路陆路口岸7个(平孟、爱店、峒中、硕龙、岳圩、科甲、平而)。

按照中央赋予广西"构建面向东盟的国际大通道、打造西南中南地区开放发展新的战略支点和形成21世纪海上丝绸之路与丝绸之路经济带有机衔接的重要门户"三大定位要求,广西北部湾港先后建成防城港20万吨级码头及进港航道等一批标志性工程。目前,广西北部湾港万吨级以上泊位83个、综合吞吐能力超过2亿吨。[1] 广西北部湾国际港务集团先后投资建设马来西亚关丹港和文莱摩拉港,目前已开通航线44条,实现东南亚国家全覆盖。

广西北部湾港综合实力不断增强。[2] 广西北部湾地区已形成以电子信息、石油化工、冶金、新材料等为主导的现代临海工业体系和产业基地。防城港,是我国重要的建材进出口基地、粮油加工基地、煤炭储备配送中心。

---

① 广西北部湾港积极融入"一带一路"发展战略 [EB/OL]. 2017-04-09.
② 从南方大港梦到铁海联运枢纽——广西北部湾发展站上新台阶 [EB/OL]. 2018-11-14.

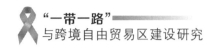

广西主要年份规模以上口岸基本情况和口岸货物吞吐量如表 6-1、表 6-2：

表 6-1　主要广西北部湾港码头长度　　　　　（单位：米）

	2010 年	2011 年	2012 年	2013 年	2014 年	2015 年	2016 年
其中：北海港域	5142	5142	6040	6040	6040	6739	7672
防城港域	12194	12194	13945	14223	14897	15260	15587
钦州港域	7532	10367	11206	11233	13160	13938	13938
总计	24868	27703	31191	31496	34097	35937	37197

资料来源：根据广西统计年鉴整理

表 6-2　主要年份广西北部湾港货物吞吐量　　　　（单位：万吨）[①]

口岸名称	2010 年	2011 年	2012 年	2013 年	2014 年	2015 年	2016 年	2017 年
北海港域	1251	1591	1757	2078	2276	2468	2750	3168
防城港域	7650	9024	10058	10501	11501	11504	10688	10347
钦州港域	3022	4716	5622	6035	6412	6510	6954	8338
总计	11923	15331	17438	18673	20189	20482	20392	21854

　　通过整合资源，打通了腹地货物出海的南向通道。海铁联运班列于 9 月下旬正式实现"重庆—北部湾港"常态化双向对开。[②] 海路方面，北部湾港成功启动"北部湾港—新加坡""北部湾港—香港"天天班航线，主动融入国际航运体系。

（三）政策优势

　　广西同时享受少数民族地区自治政策、西部大开发政策、沿海地区开放政策和沿边地区开放政策。广西，享有国务院《关于实施西部大开发若干政策措施的通知》和《关于西部大开发若干政策措施的实施意见》规定

---

①根据广西统计年鉴整理。
②广西北部湾港 2017 年货物吞吐量同比增长 12.1% [EB/OL]. 2018-01-18.

的各类优惠政策措施。尤其在产业发展上，有色金属、电力、汽车、食品、医药和高新技术是广西确定重点发展的 6 个产业；农产品加工和旅游资源开发；投资参与机械、制糖、林产、建材、钢铁锰业、化工、日用品等 7 个产业的改造等，企业所得税均可减按 15％的税率征收。

（四）文化优势

广西文化是少数民族文化、中原文化、海洋文化的不断融合形成，广西境内日常饮食以清淡为主。壮族、瑶族、京族等少数民族跨中越边境居民，双方语言、风俗文化相似，有利于经贸往来①，奠定了广西中越跨境自由贸易区建设的文化基础。

（六）基础设施优势

目前，以沿边口岸为龙头，铁路、高等级公路、水运、航空和其他基础设施相配套的出海、出边交通大通道框架已形成（见表 6-3）。对于建设中越跨境自由贸易区，具有基础建设方面的优势。②

表 6-3　2017 年广西公路里程③

	计量单位	2017 年	比上年同期增长（％）
一、全区公路里程年底到达数	公里	123259	2.25
其中：高速公路	公里	5259	14.25
一级公路	公里	1443	5.14
二级公路	公里	12714	6.53
三级公路	公里	8296	3.49
四级公路	公里	84907	2.27
二、公路密度	公里/百平方公里	52.07	2.24
三、全区公路运输车辆拥有量	辆	606595	−7.26

①广西边陲小城边贸飞速发展带热越南语学习潮［EB/OL］. 2010-02-18.
②广西壮族自治区 2017 年国民经济和社会发展统计公报［EB/OL］. 2017-04-26.
③2017 年公路水路交通运输主要指标完成情况［EB/OL］. 2018-07-03.

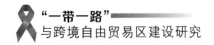

续表

	计量单位	2017 年	比上年同期增长（%）
其中：客运	辆	26582	－24.26
货运	辆	580013	－6.30

水运方面，西江航运主干道已基本上建成，右江航运和左江航运不断发展，一些阻碍航运的设施正在进行改建扩建①（见表 6-4）。

表 6-4　2017 年广西水路运输量及口岸货物吞吐量②

一、水路运输量	计量单位	2017 年	比上年周期增长（%）
客运量	万人	656.91	17.10
旅客周转量	亿人公里	3.32	23.14
货运量	万吨	28405.4	6.73
货物周转量	亿吨公里	1446.95	8.56
二、港口			
（一）全区规模以上港口货物吞吐量	万吨	34448	7.40
其中：广西北部湾港	万吨	21862	7.21
内河港	万吨	12586	7.71
（二）全区港口集装箱吞吐量	万 TEU	318.37	26.60
其中：广西北部港湾	万 TEU	227.77	26.90
内河港	万 TEU	90.6	25.84

---

①货运增速加快 客运生产平缓——2017 年广西交通运输业运行情况分析 ［EB/OL］.
2018-03-07.

②2017 年公路水路交通运输主要指标完成情况 ［EB/OL］. 2018-07-03.

二、建设广西中越跨境自由贸易区的基础

（一）中越贸易互补性发展为跨境自由贸易区的建设创造了有利条件

我国与越南之间的贸易联系随着中国—东盟自由贸易区的发展而不断增长。其原因是中越贸易结构和资源上的互补性。中越贸易的互补性成了广西边境贸易发展的根本动力，也促进了广西与越南的全方位合作。以广西的大新县为例。

（1）资源的互补

一是长期的、可持续发展的自然资源的互补性。越南是资源富集区，森林面积大，野生动物种类多，已探明的矿产资源有石油、煤、铝矿石、铁、锡、铜、磷等90多种，矿产资源和海洋资源都很丰富。越南的高质量无烟煤储量在东南亚排第一位，石油储量在东南亚居第三位，钛铁矿资源在世界位列第10位。越南的铁矿更是以富铁矿居多，含铁量达到55％～60％，并且大多便于开采。因此越南对我国的出口着重于自然资源方面。从越南进口其丰富的自然资源也可减轻我国的资源压力。

二是在劳动力资源方面也有互补性。越南在人口年龄结构上，40岁以下的人口约占其总人口的70％，因此其在劳动力资源上有成本低的优势。而我国的人口正在步入老龄化阶段，劳动力成本低的优势正逐步下降。这方面双方形成了互补。

（2）产业结构的互补

广西已逐步形成机械工业、制糖业、中成药、生物技术、建材工业等特色产业群体。越南的优势产业主要在农业，是世界重要的大米、咖啡出口国。

首先，产品结构的互补。从产品结构看，我国和越南之间的贸易具有很强的互补性。越南出口到我国的商品以资源密集型产品为主，比如煤炭、大米、咖啡豆、热带水果和水产品、农产品等，其初级产品具备比较优势。我国非农业原料的制成品具备比较优势，对越南出口以劳动密集型产品和资本密集型产品为主，如即纺织品、机电产品、电子产品。近年来，中国和越南经贸合作更加深入。两国贸易增长较快，特别是中国从越南进口快速增长。根据统计，2017年1—9月，双边贸易额达到823.2亿

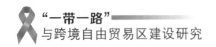

美元，同比增长 20.5％，全年有望实现 1000 亿美元的目标。[①] 中国是越南农产品第一大出口市场。越南对华出口的农产品现已占中越边境贸易额的 50％，2016 年越南出口到中国的水果蔬菜超过 200 万吨，出口额达到 16 亿美元，以火龙果、西瓜、龙眼、荔枝为主，中国企业在越南的投资大幅增长。截至 2017 年，在越南的各类投资累计达到约 150 亿美元，其中 2016 年新增投资约 12.8 亿美元，增长 130％。

（二）沿边一体化效应为跨境自由贸易区的建设奠定了坚实基础

中国—东盟自由贸易区的建立降低了广西边境贸易的成本，促进了广西边境贸易发展。这主要表现在以下几方面：

1. 一定程度上消除贸易壁垒、关税壁垒和非关税壁垒

中国—东盟自由贸易区的建成的有利于广西在边境贸易中进一步降低进出口产品关税和配额许可证、逐步消除检验检疫标准等非关税壁垒，提高贸易便捷化、贸易自由化，建立开放和竞争的投资机制，进而降低边境贸易的交易成本（见表 6-5）。

表 6-5　中国—东盟自由贸易区部分关税削减时间表[②]

起始时间	关税税率	覆盖关税条目	参与的国家
2004 年	农产品关税开始下调	农产品	中国与东盟 10 国
2005 年	对所有成员开始削减关税	全部	中国与东盟 10 国
2006 年	农产品关税降至 0	农产品	中国与东盟 10 国
2010 年	对所有东盟成员国免征关税	全部减税产品	原东盟 6 国
2010 年	关税降至 0	全部产品（部分敏感产品除外）	中国与原东盟 6 国
2015 年	对所有东盟成员国免征关税	全部产品（部分敏感产品除外）	东盟新成员国
2015 年	对中国—东盟自由贸易区成员国关税降至 0	全部产品（部分敏感产品除外）	东盟新成员国

[①] 2017 年中越双边贸易额有望达千亿美元 [EB/OL]. 2017-11-03.
[②] 中国—东盟自由贸易区官方网站 [EB/OL].

起始时间	关税税率	覆盖关税条目	参与的国家
2018 年	对东盟自由贸易区和中国—东盟自由贸易区所有成员国免征关税	剩余的部分敏感产品	东盟新成员国

2. 有效减少中越贸易摩擦，解决贸易争端

中国与越南两国在经济发展、法律法规等方面有很大的不同。如果不设立统一的仲裁机制，这将给我们两国跨境贸易带来很多不便，甚至引发商业纠纷，无论用哪个国家的法律来解决贸易争端，对另一国都有失偏颇，并且法律文书的跨国执行存在诸多不便。中国—东盟自由贸易区框架协议的签署，进一步完善了该地区更多的规章制度和标准法规，包括海关估价、操作系统、控制系统和管理。通过建立仲裁机制，贸易摩擦将会得到公平公正的处理，维护正常的贸易秩序，形成规范的贸易环境，有利于广西边贸的发展。

3. 提高整个自贸区范围内不同国家人民区域一体化的认同感

中国—东盟自由贸易区涵盖许多不同意识形态的国家，贸易区的建立缩小了社会与经济制度、文化、宗教、民族语言等方面的距离，增进了与东盟国家的经济往来，区域一体化认同感也在推动着中越贸易的发展。

（三）中央赋予广西的新定位新使命为跨境自由贸易区的建设提供了保障

习近平总书记 2015 年 3 月两会期间参加广西代表团座谈会时指出，随着国家推进"一带一路"建设，要将广西建设成"构建面向东盟的国际大通道，打造西南中南地区开放发展新的战略支点，形成 21 世纪海上丝绸之路与丝绸之路经济带有机衔接的重要门户"。这是中央对广西的新定位新使命。广西必须扩大开放，以开放促进发展理念，落实"三大定位"新使命，构建面向国内国外的开放合作新格局，实现 2020 年与全国同步全面建成小康社会。[①]

---

①广西向海经济高位发展［N］. 广西日报，2018-05-21.

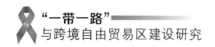

1. 北部湾经济区打造"战略支点"

广西北部湾经济区要建设成西南中南地区对外开放发展的战略支点，影响、辐射、撬动西南其他地方开放发展。广西要发挥产业发展、资源优势、资金技术、人才储备的优势，推进北部湾战略支点的发展。实现三个领先，一是经济发展速度处于广西地区领先水平，二是面向东盟开发开放程度处于国内领先水平，三是与西南、中南腹地经济的合作互动处于领先水平。

（四）沿边金融综合改革为跨境自由贸易区建设提供了强力保障

2013年沿边金融改革启动以来，广西紧紧抓住实施"一带一路"的历史机遇，以"铺一条路、搭一个平台、建一个循环圈"作为广西沿边地区金融开放创新的主攻方向，尝试人民币资金汇划渠道、搭建银行间市场区域交易平台、建立跨境投融资循环圈改革，推动沿边金融改革和跨境贸易投资便利化。目前广西沿边金融改革已经取得了多方面的成效。

1. 跨境人民币结算快速发展

沿边金融改革以来，广西沿边地区跨境人民币结算迅速发展。到2017年有310个银行分支机构开办了跨境人民币业务，可以与103个国家和地区的2835家企业办理人民币跨境结算，截至2018年4月末，广西跨境人民币结算总量达8697.46亿元，居全国沿边省区第一位。

2. 跨境人民币贷款业务为企业拓宽了融资渠道

2014年11月，国家批准同意广西沿边地区开展跨境人民币贷款试点工作。截至2017年年末，广西沿边金融改革试验区已有14家企业从境外银行融入资金，提款金额为57亿元。

3. 区域性跨境人民币业务平台（南宁）启动

区域性跨境人民币业务平台（南宁）于2014年12月19日在南宁启动，该平台是依托广西金融电子结算综合业务系统，为各类金融客户提供跨境人民币交易渠道，集中处理跨境人民币汇出汇入业务。①

4. 建立了中越双边本币回流机制

2017年实现越南盾现钞通关入境广西，2018年2月28日启动首笔中

----

① 铺就连接"一带一路"资金通途——广西沿边金融综合改革试验区建设扫描［N］. 广西日报, 2018-7-13.

越人民币现钞跨境调运，中越双边本币回流机制正式建立，人民币不断迈向周边化、区域化、国际化。

5."中国—东盟跨境劳务金融服务"正式启动

中国邮政储蓄银行于2018年8月3日，启动"中国—东盟跨境劳务金融服务"，为越南入境务工人员提供代发工资服务。广西沿边金融改革已经取得了十个突出成就和12条可复制推广经验。

10个方面的显著成效为：跨境人民币业务创新、完善金融组织体系、发展多层次资本市场、推进保险市场发展、加快农村金融产品和服务方式创新、促进贸易投资更利化、加强金融基础设施建设的跨境合作、完善地方金融管理体制、建立金融改革风险防范机制、健全跨境金融合作交流机制等。

12条可复制可推广的金融改革经验包括：人民币对东盟国家货币区域银行间交易平台、人民币对越南盾银行柜台挂牌"抱团定价""轮值定价"模式、田东农村金融改革模式、广西经常项目跨境外汇资金轧差净额结算试点、广西边境贸易外汇收支差异化管理、试验区六市金融同城化、东兴市"三位一体"组合担保抵押信贷模式、跨境保险业务创新、全国首创"保险＋期货"综合金融创新、中国—东盟（南宁）货币指数、全国首创公共资产负债管理智能云平台、"互市＋金融服务"发展模式等。

第四节　建设广西中越跨境自由贸易区遇到的机遇与挑战

一、建设广西中越跨境自由贸易区遇到的机遇

（一）"一带一路"战略的定位

习近平总书记视察广西时指出，广西有条件在"一带一路"建设中发挥更大作用，广西对外开放要总揽全局。广西区位独特，优势突出，在"一带一路"建设中具有特殊的地位和作用。为更好地服务国家战略，广西应抓住难得的机遇，扩大开放优势，推进"一带一路"框架下的广西沿

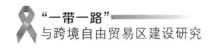
边地区开放发展。充分发挥广西沿边地区与"一带一路"有机衔接的重要门户优势，加快推进中国—中南半岛经济走廊建设，提升广西沿边地区经济发展和开发开放的能力。

（二）广西沿边地区开发开放"十三五"规划的推动

2017年，国家发改委正式印发《西部大开发"十三五"规划》（以下简称《规划》），对"十三五"时期西部大开发进行了全面部署，在10个方面明确提出了重点任务及重大工程，其中多项内容涉及广西沿边地区开发开放，《规划》中重要的沿江节点城市就有南宁、崇左、百色；沿边重点地区包括了广西的防城港（东兴）、凭祥、龙邦。①

加强广西沿边地区基础设施建设，推进外贸优进优出。积极承接加工贸易梯次转移。大力推进"联合查验、一次放行""一口岸多通道"等模式，探索中国—东盟"两国一检"通关模式，促进口岸国际合作，提高通关便利化水平。

（三）广西沿边开发开放"十三五"规划的延伸

广西沿边地区要顺应"一带一路"建设新要求，围绕"三大定位"新使命，着力做好"四维支撑、四沿联动"的大文章，构建全方位、宽领域、多层次的开放发展新格局②。

1. 促进口岸发展

继续最大限度地办好口岸开发，发展地方经济和地方秩序，形成国家口岸创新升级的发展态势，完善口岸功能和升级改造。开展边境城市建设，增强口岸的龙头作用，提升广西沿边地区在技术、国际合作、发展口岸经济等各领域的合作经验。

2. 完善开放的基础

加快东兴的对外开放和发展，在管理体制、市场业务、投资体制等方面先行先试，对现有的支持边境经济合作的措施要进行整理、使用、扩大。

---

① 西部大开发"十三五"规划 [EB/OL]. 2017-01-25.
② 广西壮族自治区人民政府办公厅关于印发广西沿边地区开发开放"十三五"规划的通知 [Z].

3. 加快沿边交通基础设施互联互通

构建"通江、达海、出边、连全国"的综合交通运输体系，形成完善的基础设施网络，满足沿边地区开放发展的需求。

二、建设广西中越跨境自由贸易区遇到的挑战

（一）周边国家加快沿边开发开放，给广西沿边地区发展造成了冲击和挑战

1. 越南的优惠政策

越南芒街市晋升为三类城市后，在城市体制与政策上都有了相应的改变：一是城市规模扩大、人口增多；二是政府干部人员增多，如市人民委员会的副主席从原来的两位增加到三位；三是政府投资增加；四是政府给予优惠政策（越南政府总理于 2009 年 7 月 29 日签发了《关于批准至 2020 年广宁省芒街国际口岸城市发展提案的决定》）；五是本地医疗，教育等方面条件也相应升级。相关政策有《关于批准至 2020 年广宁省芒街国际口岸城市发展提案的决定》《关于沿边口岸经济区政策的决定》，涉及内容包括：口岸经济区可成立保税区；准许在各口岸经济区成立保税区；中央财政对口岸经济区的补助政策；芒街市出入境管理机关对外国人出入芒街口岸的签证签发工作便利化，可优先在口岸签发签证；贯彻落实越南国家政府及省里的土地优惠政策，为投资项目减免租地税；芒街国际口岸经济区的企业可享受现行法律、法规、决定中有关税务方面按企业情况所定的优惠政策和享受财政部有关文件规定中的优惠条款等。

2. 越方中越沿边政策优势

（1）唯有广西有廊圈合作优势

"两廊一圈"的越南范围包括老街、谅山、河内、海防、广宁等省份，中国包括云南、广西、广东、海南等省份。"两廊"是西廊昆明—河口/老街—河内—海防，东廊南宁—凭祥/谅山—河内—海防—广宁；"一圈"即北部湾经济圈。云南只有"廊"，广东和海南只有"圈"，仅有广西是既有廊也有圈，覆盖"两廊一圈"的范围最大。由于"两廊一圈"提出时，中越陆地边境还未划界，越南与中国接壤的高平、河江、莱州和奠边府 4 省未划入。现在，在与越南的商谈中，应该考虑把这三省列入其范围。

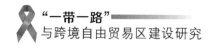
（2）越南规划

越南已经批准谅山和芒街为沿边特区，2014年批准成立了高平省口岸经济区。越南高平的茶岭口岸，其沿边合作园区已经初具规模。2015年，越南批准了关于谅山—河内—胡志明—木排（西宁省）经济走廊至2020年及远景至2030年发展规划。该发展规划的目标是为了把谅山市—河内市—胡志明市—木排经济走廊与全国各经济圈、经济增长极相连接，形成一个全国范围内经济发展的基本组织架构，形成全国经济发展基础性结构系统尤为重要，全线经济走廊的发展可促进各地方社会经济发展。

2016年5月底，越南政府批准了建设三大经济区的计划，希望利用经济区推动经济增长和当地开发。顶层规划促成了广西与越南的新合作关系，也为南宁—新加坡走廊的建设创造了新的条件，为广西经济提供了一个新的合作伙伴。

（3）中国规划

在"一带一路"中，广西是我国各省份中唯一既有"带"也有"路"的省份。在商务部等10部门联合印发《全国流通节点城市布局规划（2015—2020年）》中，已经规划了两条流通大通道与"两廊一圈"合作密切相关。一条是南北通道中的西线呼昆流通大通道，一条是东西通道的珠江西江流通大通道。

凭祥—越南之间设立的中越跨境经济合作区，重点在跨境商贸、跨境加工制造、跨境旅游、国际金融、现代物流等领域开展合作。该合作区凭祥区域的规划总面积为93.9平方公里，其中围网区面积为14.48平方公里。

芒街是越南新兴的经济特区，拥有越南北方最大的边贸市场。至2020年，芒街将建设成现代化的沿边二类城市。芒街市距离河内300多公里。中越东兴—芒街跨境经济合作区中国方面区域规划面积为84.1平方公里，其中核心区为10.1平方公里。现在，中国区的建设规划、概念规划、产业规划等区域已经完成，主要交通基础设施建设也已经完工。2015年4月，中越两国领导人达成共识，尽快谈判确定建设经济合作区的总体规划。

（二）零关税优惠使部分边贸会向一般贸易转移，广西边贸进入"多面作战"时期

中国—东盟自由贸易区的建立所带来的机遇与挑战，既属于中国，也

属于东盟；既属于广西，也属于全国。中国—东盟自由贸易区建成之后，广西边境贸易管理体制的不完善，加上东盟新四国零关税的过渡期，迫使粤江浙等外地货源可能避开广西边贸而直接出口到东盟老六国，导致了大量货物从广东等东南沿海省份进出口。

1. 广西边境贸易管理滞后

一是办理沿边手续程序烦琐，费用高。目前我国对边境贸易即边民互市贸易和沿边小额贸易的管理办法不统一，商检、防疫、海关等管理机构各自分工不明确，各自为政，协调少，职权交叉，效率不高。比如，那坡县的平孟口岸，中越双方管理较严，货物、车辆、人员出入手续烦琐，且口岸内部交通流线组织无序，没有进行出入境人货分流，导致出入境效率不高，增加了人员、企业的出入境成本。靖西县也存在边贸管理不规范的问题，目前靖西县边贸口岸经济协调机制未健全，投入人力不足，互市贸易商品进口品种、数量和互市证发放、管理及服务收费不够规范，影响了边贸经济的发展。

二是我国对沿边市场的管理极为严格。中越两国边民双向开放并不对等，越南人凭身份证可以进入中国互市点，但中国人不行，造成了边民互市不便。中方只有凭祥口岸和友谊关口岸有落地签证权，其他口岸不能办理，影响商业和物流的发展。

三是中国官方与越南官方缺乏沟通与合作。例如，双方银行尚未形成有成效的交易机制。付款和活期付款在过去的开户、赔偿、转账和中越银行之间的货币兑换等方面都有待完善，所以，在边境金融业务比较混乱，中资银行和越南没有形成合作。沿边地区的贸易和结算业务受地下经济和地下金融渠道的控制，形成了大量的"地摊银行"，很多交易通过地下银行进行，没有银行的保证，风险很高，对广西边境贸易造成负面影响。2008 年以来越方不准矿铁从龙邦口岸出口，靖西县只能从互市通道进口少量铁矿，这些问题都是与越南沟通不到位造成的。

2. 广东等沿海省份竞争力强劲

广东拥有一整套与国际接轨的进出口贸易机制，拥有一大批具有竞争力的产业群。海南开辟了对越南的通商口岸，广东和海南已经成为广西对越南开放的最大竞争对手。

（1）粤越双边政府大力推进经贸合作

广东省与越南的领导人迫切需求合作。2008 年 9 月，广东省委书记汪

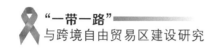

洋在与越共中央总书记农德孟的会谈中表示，广东省将鼓励一部分劳动密集型企业向越南市场转移，实现互利共赢。2009 年越南总理阮晋勇与广东省省长黄华华达成了建成"中国·越南（深圳—海防）经济贸易合作区"的共识。

（2）粤越贸易合作不断升级

近年来，广东人的生意已经从单纯贸易转移到了以投资为基础的销售网络。广东大型企业如美的、华为和中兴在越南发展良好。2009 年 3 月 9日至 5 月，广东在越南有 44 个投资项目，注册资金 5.6 亿美元，占中国在越南投资的四分之一。

广东省政府对越南投资项目非常重视，积极推动与东盟地区的经贸合作，特别是越南地区的经贸合作。

（3）交通设施不断完善，外贸总量不断上升

中越"两廊一圈"的地域范围包括"南宁—崇左—谅山—河内—海防"经济走廊和"昆明—河口—老街—河内—海防"经济走廊以及"环北部湾经济圈"。在这个次区域中，广东省也处于前沿位置。2013 年广东与越南的贸易量额已达 87.5 亿美元，[①] 雄踞中国各省份对越贸易额的榜首，见表 6-6：

表 6-6　广东—越南贸易增长与其在中越贸易总额中所占比例

年份	1991	2001	2006	2009	2010	2013
贸易额（单位：亿美元）	0.323	30.47	16.02	52	50	87.5
在中越贸易总额中所占的比例		1/9	1/6	1/4	1/6	1/6

数据来源：广东卫视新闻，2013 年 08 月 30 日

广东等省与越南贸易的强劲增长，给广西与越南的边境贸易带来了巨大挑战。广西应借鉴沿海省份的经验，相互促进，努力改善自身的缺陷，确保自身的利益。

（三）自贸区零关税开启后，广西原有的边贸政策优势可能会逐渐丧失

广西沿边自中越关系正常化以来，广西中越边贸尽管历经曲折，但仍

---

①广东卫视新闻［Z］. 2013-08-30.

然占据地缘和政策优势：国家赋予广西特殊的边境贸易政策，允许广西与越南实行低关税和境内关外的边贸优惠政策，边境贸易由此得以较快发展，内地部分企业常常经过广西与越南等东盟国家进行转口贸易。

1.自贸区建设后中越沿边省的边贸政策被自贸区协定所取代

随着中国—东盟自由贸易区的建设，将会逐步降低关税，消除贸易壁垒，中越沿边省（自治区）的边贸政策将会被自由贸易区协定所取代，广西沿边地区的优势将逐步降低。

2.作为沿边省份的广西与云南之间的竞争越来越激烈

广西与云南在经济发展，产品结构上都具有相似性，但在参与自由贸易区建设的基本条件和地理条件、交通和中越边贸人才等方面也各具优势。

（1）产品技术含量不高和贸易结构单一

现在，中国和东盟国家边境有很多外资企业，但企业规模普遍偏小，财力不足，能力不强，缺乏竞争力，自主经营和抵御风险的能力，开拓国际市场的能力差，产品技术含量不高，贸易结构单一，这是限制边境贸易发展的因素。

在边境贸易结构中，东盟国家主要向广西出口的商品是农产品、煤炭、石油、矿产等产品，广西向东盟国家出口的产品主要是电气产品、高新技术产品。广西与越南之间相互投资少，规模也比较小，没有充分展开多种形式的经济合作。越南对广西的投资很少，只在东兴加工区有几个厂，而广西对越南投资建设的工程项目，规模有限。①

（2）对越贸易"一枝独秀"局面逐渐动摇

中国—东盟自由贸易区成立以来，越南一直作为广西最大外贸伙伴。但是，国内其他省份也纷纷扩大对越贸易规模，广西对越贸易的优势地位已发生了改变。

我们先对 2009 年至 2016 年广西外贸进出口总额情况进行分析见表6-7。

---

①2017 年广西对外投资统计［EB/OL］. 2018-01-22.

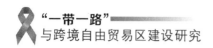

表6-7　2009 年至 2016 年广西外贸进出口总额①

年份	按人民币计算（万元）				按美元计算（万美元）			
	进出口总额	出口总额	进口总额	差额顺差＋逆差－	进出口总额	出口总额	进口总额	差顿顺差＋逆差－
2009	9699570	5715622	3983955	1731667	1420599	837110	583490	253620
2010	11808365	6408922	5399443	1009480	1770609	960988	809621	151367
2011	14818350	7912949	6905395	1007554	2333084	1245859	1087224	158635
2012	18525688	9722669	8803012	919657	2947369	1546841	1400527	146314
2013	20020330	11398148	8622181	2775967	3283690	1869499	1414191	455308
2014	24911476	14947146	9964330	4982816	4055305	2433004	1622301	810703
2015	31903077	17398601	14504476	2894125	5126215	2802570	2323645	478925
2016	31704215	15238340	16465875	－1227535	4789694	2302934	2486760	－183826

　　从表6-7 我们可以看出，从 2009 年到 2016 年，广西对外贸易额稳步
上升。其中，2009 年外贸进出口总额为 9699570 万元，2016 年为
31704215 万元。② 稳步上升的外贸进出口总额，说明广西的对外贸易在稳
步发展，为构建中越沿边自由贸易区奠定了基础。

表6-8　2016 年广西对主要国家和地区货物进出口总额及其增长速度（单位：亿美元)③

进口原产国（地）	出口最终目的（地）	进出口	出口	进口	2016 年比 2015 年增减％		
					进出口	出口	进口
总值	Total	31704215	15238340	16465875	－0.5	－12.4	13.9
亚洲	Asia	23935265	12677403		－1.4	－16.3	23.2
越南	VietNam	15892364	9161600	6730764	3.5	－17.5	58.4

①根据广西统计年鉴整理。
②根据广西统计年鉴 2013 年整理。
③根据广西统计年鉴 2017 年整理。

续表

进口原产国 （地）	出口最终目的 （地）	进出口	出口	进口	2016 年比 2015 年增减%		
					进出口	出口	进口
非洲	Africa	550707	208391	342316	−4.9	−7.9	−2.9
欧洲	Emrope	1208115	660909	547206	−5.2	3.0	−13.6
拉丁美洲	Latin America	2549454	300868	2248586	−6.1	42.1	−10.2
北美洲	Nerth America	2404843	1151329	1253519	12.0	17.1	7.8
加拿大	Canada	551509	48590	502919	8.9	−19.7	12.7
美国	UnitedStates	1853338	1102739	750600	13.0	19.5	4.7
大洋洲	Oceamic	1055807	239440	816367	23.4	26.2	22.6
澳大利亚	Australia	1009829	224669	785161	23.5	28.5	22.1
东南亚国家联盟	Associmion of Somtheast Asin	18354355	9919316	8435039	1.6	−17.8	40.4
欧洲联盟	Europeam Union	955946	603948	351999	−5.4	6.2	−20.3
亚太经济合作组织	Asla Paciffe Ecomomic Ceeperation	27098760	13805962	13292798	0.9	−13.8	22.4

从表 6-8 我们可以看出，在 2016 年，对越贸易在广西对外贸易中的地位举足轻重。从纵向观察，广西边贸呈飙升态势，但从横向比较，广西边贸在中国对越贸易总额中所占的比重总体上呈下降态势。

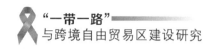

表 6-9　广西与东盟进出口商品总值 (2016 年)①

主要贸易方式	2015 (亿元)			2016 (亿元)		
	进出口	出口	进口	进出口	出口	进口
合计	290.13	194.55	95.58	1835.44	991.93	843.50
越南	246.40	179.20	67.20	1589.24	916.16	673.08
泰国	15.93	2.53	13.40	121.29	14.59	106.71
新加坡	8.23	7.09	1.14	32.21	24.50	7.71
马来西亚	6.72	1.39	5.33	31.28	11.52	19.75
印度尼西亚	5.15	1.48	3.68	30.25	10.84	19.42
菲律宾	5.79	2.15	3.65	21.06	9.64	11.42
柬埔寨	0.44	0.22	0.22	5.20	1.52	3.68
老挝	0.14	0.13	0.01	2.63	0.97	1.66
缅甸	1.32	0.35	0.96	2.22	2.14	0.08
文莱	0.01	0.01		0.06	0.06	

中越是山水相连的友好邻邦。广西充分利用了与越南的联系，过去的几年里，在与越南的贸易和商业上取得了巨大的成就。2016 年 5 月，越南是广西最大的商业伙伴。

(四) 广西沿边地区经济基础相对薄弱，沿边口岸及相关配套基础设施不足

1. 沿边口岸地区基础设施有待改善

自从 1991 年中越两国关系正常化以来，广西的沿边口岸建设迅速发展，基础设施得到了很大的改善，但整体还比较落后。广西沿边地区的口岸和边贸互市点的硬件和配套设施仍比较薄弱，越南方面的口岸和边贸点的基础设施比广西还要差。广西沿边口岸和边贸互市点主要存在道路等级低、通

①根据 2017 年广西统计年鉴整理。

关货能力不强、边贸货场规模较小、检验检疫等硬软件设施配套不足。

（1）东兴市

东兴市通往各沿边口岸、互市点的道路都是三级以下道路。依照标准，国家一类口岸需要配备一级公路。但峒中口岸联通外界的两条公路都是三级公路。峒中口岸的建设投入太少，联检大楼、货场等基础设施需要更大投入。

（2）凭祥市

凭祥市境内有国家一类口岸凭祥口岸（铁路），友谊关口岸（公路）和平而关二类口岸，弄尧（浦寨）、凭祥（叫隘）、平而、油隘等4个边民互市点。凭祥沿边口岸的口岸验货场、储货仓、联检查验设施基础配套设施严重不足。二是沿边口岸交通不够便利。油隘互市点还是三级公路。三是除弄尧（浦寨）、叫隘边民互市点外其他边民互市点基础设施条件较差。

（3）龙州县

龙州县有国家一类陆路口岸水口口岸、二类陆路口岸科甲口岸以及4个边民互市贸易点那花、布局、水口、科甲。口岸周边的村庄的交通、农业、教育、卫生基础设施简陋等问题还没有得到全面解决。联检房、验货场、仓库、停车场等基本设施，达不到海关等联检部门的要求。

（4）靖西

靖西县的龙邦口岸建设需要搬山填沟，建设成本高。口岸交通、口岸边民互市基础设施建设滞后。岳圩口岸仍是三级公路，与靖西毗邻的越南高平省交通条件较差，仅通低等级公路。龙邦、岳圩、新兴、孟麻等几个互市点的互市交易场所建设不足，边民互市贸易无法形成规模，边民互市贸易不活跃。

（5）那坡县

那坡县由于受自然、历史条件的制约，口岸基础设施建设滞后，口岸基础设施和查验设施建设欠账较多，边民互市点建设投入有限，互市市场、仓储装卸、旅馆等服务设施没有建成配套。互市点与越南没有公路连接，边贸公路等级低，贸易成本高，特别是百南、那布两个边民互市点基础条件差。

2. 非口岸地区基础设施依旧落后

在广西，边境口岸地区基础设施建设低水平，是一个长期困扰边民的问题，2005 年 5 月以来，整个中国边境线的建设得到了改善。但沿边的运输区，道路状况仍然很糟糕。沿边口岸区是山区，条件恶劣，交通落后，交通基础建设总体滞后，路网不完善，大多数城镇没有高级公路，许多村庄没有公路主干线。地方财政困难大，交通建设投入不多。虽然国家投入了大量资金，出台了支持政策，但是交通状况的改善仍然是个难题，交通问题已经变成了一个巨大的制约，严重影响了口岸经济的发展。具体来说，边境三公里以内地区的贫困率相当高。还有相当数量的边民生活在破败的房子里，亟待改善生活条件。

（1）交通闭塞

2005 年 5 月以来，中国边境的开放使沿边的人民的生活条件有了很大的改善，但没有口岸的道路仍然很差，从最纯粹的经济角度来看，很难投资基础设施，但从国家安全来看，边境地区的交通基础设施必须加强。

大多数乡村道路狭窄、坎坷弯曲，交通极为不便。即使想修路，地方政府也缺乏强大的经济实力，只能依靠上级拨款。欠款越来越多，远远没有达到边民的实际需求，导致了多个项目无法开工。

（2）住房简陋

自从我国开展减贫工作以来，中央和自治区为广西边界的边民提供了许多支持，使少数民族地区的生产、养殖条件和贫困人口的经济状况有所改善，但仍有许多沿边地区，经济状况较差，起步晚，战争造成的创伤很难恢复，经济增长相对滞后。

以防城港市东兴为例子来说，危房改造的任务非常艰巨和困难。由于历史的原因和越南战争的影响，生产条件和生活条件仍然很落后，特别是房屋条件很差，泥房仍然很多。据调查，该区有 24094 户家庭生活在贫困中，需要加大扶持力度。

现在，防城港有归侨侨眷 11.5 万人，其中归侨 2.5 万人，侨眷 9 万多人。他们大多是在中华人民共和国成立后返回定居地的，特别是 1970 年底，一些在越南的中国人被驱逐回国，当时，在 8000 人在防城重新安置定居。目前归侨的生产条件和生活条件还很落后。此外，因建设低水平，设施维护不善。安置农场和农场的水、电、路等底子相对薄弱，部分贫困归侨的生活水平低于当地农民。

第七章　促进广西中越跨境自由贸易区
建设的总体思路和措施

第一节　促进广西中越跨境自由贸易区建设的总体思路

把建立跨境自由贸易区作为广西沿边开发开放的首要因素，深入推进边境地区开发开放，在广西边境开发开放和广西沿海开发的基础上，建设跨越中越边境的自由贸易中心。

一、指导思想

以邓小平理论、"三个代表"重要思想、科学发展观和习近平新时代中国特色社会主义思想为指导，落实习近平总书记视察广西的讲话精神，深入贯彻《国务院关于支持沿边重点地区开发开放若干政策措施的意见》。通过整合广西沿边的资源和生产要素，以实现"三大定位"、加快形成"四维支撑、四沿联动"的广西沿边开放发展新格局。以打造广西大开发新高地、中国通向东盟的桥头堡、沿边经济发展新增长极和睦邻安邻富邻示范区为目标，广西沿边地区要发挥中国通往东盟的桥头堡作用，作为新的经济增长点，也是一个中国对外开放的展示区，广西边境发展要充分利用市场主导因素，建设促进区域互补、利益共享，高度开发开放、新城市业态发展的经济区。借助"一带一路"建设机遇，把广西沿边地区优势和与内陆腹地结合起来、开发通往内地的国际通道，探索跨境经济合作，率先打造具有重要国际发展意义的广西沿边地区。

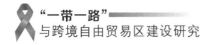

二、基本原则

（一）坚持政府推动原则

从政策中心入手，继续加强政府的指导和支持，搭建发展平台，增强智能化服务，营造发展的良好环境，在原有政策的指导下，加快地方经济调整和增长方式转变的进程，加强生态建设和环境保护，促进人口、资源、环境和经济的发展。

（二）坚持市场导向原则

将资源转化为资本，发挥市场资源配置优势，强化市场、巩固市场主体的作用，运用政治、经济、法律手段，调动各类市场主体的积极性，形成市场导向、企业主体、政府监管的良性发展机制，规范沿边开放带建设。

（三）坚持内生动力原则

发展始终是重中之重，着力改善投资环境、加强管理和政府部门分工，打好服务基础，提高效益，立足口岸优势，促进工业发展，促进特色产业发展。

（四）坚持互惠互利原则

我们要把对内对外的开放放在更高的位置，积极融入东南亚经济圈。以开放带动合作，通过合作推动发展，强化周边国家的利益，形成多方位、多层次、多领域的新合作。以合作和繁荣为目标，遵循协商、共建和共享、创新和发展、开放的理念，并通过商业、投资、文化建设、文化交流等途径，推动中越边境地区的发展。

（五）坚持改革创新原则

在各项国家政策的支持下，我们继续解放思想和大胆创新，把广西沿边地区建设成为国家边疆建设的典范，首先要尝试政策支持的方法，推进边境地区管理体制改革和体制创新，转变管理职能，不断拓展新的合作领域，增加新的合作伙伴，探索沿边开放的新模式，同时加大与越南和东南亚国家的合作力度，我们将以新思路和新突破引领跨境自由贸易区的建设，促进区域经济发展。

三、战略目标

《广西壮族自治区人民政府办公厅关于印发广西沿边地区开发开放"十三五"规划的通知》（桂政办发〔2017〕15号）于2017年5月23日印发实施。

到2020年，广西沿边地区经济社会发展再上新台阶，开放型经济水平显著提高，各类开放载体与平台蓬勃发展，沿边开放型特色产业初具规模，沿边基础设施互联互通水平明显提升，成为对东盟开放合作的前沿和国家沿边开发开放模式的示范。

1. 经济社会持续平稳发展

加快广西沿边地区经济、教育、卫生、文化等发展，到2020年，沿边8个县（市、区）地区生产总值接近1000亿元人民币，年均增长6%以上，财政收入超过100亿元人民币、年均增长7%以上，跨境旅游人数与收入比2015年翻一番，城乡居民收入与经济增长保持同步，现行标准下农村贫困人口全部脱贫，沿边民族团结和睦、繁荣稳定。

2. 开放型经济水平显著提高

广西沿边地区贸易投资自由化、便利化水平迈上新台阶，到2020年，外贸进出口总额超过2200亿元人民币、年均增长10%以上，服务贸易发展明显加快，利用外资水平稳步上升，对周边东盟国家投资较快增长。国家沿边开发开放试验区、沿边经济合作区、跨境经济合作区、沿边金融综合改革试验区建设日趋完善，沿边经贸综合体等开放合作平台迅速发展，边民互市贸易实现升级发展。

3. 沿边开放型特色产业体系初步形成

面向东盟的能源、资源、农林产品、中药材、机电产品加工、贸易物流、跨境旅游、电子商务、沿边金融等优势特色产业不断发展壮大，建成一批能源资源、农林产品进口加工基地、面向东盟的出口产业基地和区域性国际物流、旅游集散与金融合作中心，形成优势互补、重点突出、合作互利的跨境产业链与沿边产业经济带，初步构建起沿边地区开放型产业体系。

4. 互联互通水平大幅提升

广西沿边8个县（市、区）公路通达能力大幅提升，口岸基础设施建

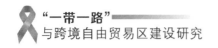

设日趋完善，连接越南等东盟国家的铁路和高速公路实现突破，与东盟国家的公路、铁路、口岸、航空领域互联互通水平大幅提升，建成中国与东盟重要的国际大通道。

空间布局上，以防城港市防城区、东兴市、凭祥市、靖西市等沿边重点地区为开放枢纽，依托南宁、钦州、北海、百色和越南同登、芒街、下龙、朔江、河内等城市，逐步形成以"一圈三带"为核心，海陆联动、优势互补、区域分工、共同发展的沿边地区开发开放空间布局。推进边民互市贸易改革升级，进一步规范和创新边民互市贸易。在东兴边民互市贸易区和弄尧（浦寨）、水口边民互市贸易区率先试点沿边旅游购物，经验成熟后逐步向其他互市点推广。根据边民互市贸易发展实际情况，适时扩大互市商品目录。

四、特色定位

习近平总书记在 2017 年 4 月视察广西时指出，广西是我国西南边疆地区的陆海衔接地区，有条件在"一带一路"建设中发挥更大作用，广西要充分利用独特区位优势，全力实施以开放带动区域的战略，构建全方位开放发展新格局。广西发展的潜力在开放，后劲也在开放。

防城港市要率先建成广西"三大定位"重要节点，要充分发挥沿海沿边的优势条件，打好边海结合、边海联动的"组合拳"，以大开放、大合作、大开发的方式来做好沿边开发开放大文章，推动防城港市经济社会大发展。要完善以交通基础设施为核心的互联互通，实现与越南及东南亚国家的互通。要充分发挥防城港市东盟主门户、西南大通道的突出优势，加快建设连接西南中南地区、直通东盟的综合交通运输体系，率先建成面向东盟的区域性国际航运中心和跨国交通主枢纽，实现与东盟海上、陆路、空中、信息的互联互通，加快构建对接"一带一路"建设高效便捷的运输网络，打通经济发展新脉络。陆上互联互通方面，一是加强铁路网建设，重点是推进南宁至防城港沿海铁路扩能改造，新建防城至东兴快速铁路项目，实现东兴纳入全国铁路干线，形成防城港到南宁的一小时经济圈；争取在"十四五"期间开工建设防城港经崇左至百色的铁路，要加快防城港、企沙港、龙门港的码头铁路专用线建设，实现铁路、海路联运，推动中欧班列运行常态化。客运方面，防城港要打造中国—东盟自由贸易区陆路客货运通道，将防城港建成沿边人流集散中心。海上互联互通方面，优先推进"一带一路"海上基础设施建设，加快实施推进防城港、企沙港等一批口岸航道和重点泊位等重大工程项目，特别是防城港钢铁码头，形成联通西南、中南、港澳和东盟的便捷出海通道。公路方面，一是加快高速公路网建设，全面推进防城至钦州、北海的沿海高速公路，东兴经上思至南宁吴圩机场的高速公路等项目建设，推进沿边公路升级建设，争取"十四五"期间改建成为二级以上公路。口岸互联互通方面，加快东兴口岸联检大楼等口岸基础设施建设，提升峒中、里火等三类口岸的等级，加强口岸信息化建设，推进报关、检验检疫的标准化运行，提升口岸通关便利化水平。

加强区域合作，防城港市作为沿海沿边衔接的城市，要以建成西南、中南地区开放发展新的战略支点作为发展目标。

1. 要探索设立跨省产业合作园区，高水平承接粤港澳等东部发达地区的产业转移，推进广东、甘肃、湖北、云南、贵州、重庆、四川、湖南等省在防城港建设合作经济区。

2. 要积极推动人才集聚，建立沿边沿海人才聚集区，推动国内外其他地区的资金、技术、人才等要素与防城港的区位、口岸、政策等优势的有机结合，服务防城港的交通、产业、开放、金融、城镇、生态项目建设。

3. 加强与国内其他省区的战略规划、产业协同、金融改革、生态保护等方面合作，探索与内陆省份建立"飞地经济"，以共商、共建、共享的理念在防城港建设共赢发展的平台。

4. 依托亿吨大港和临港产业优势，推进无水港及现代物流网络发展，建成开放发展的综合服务平台，促进区域便捷通畅、高效发展。

5. 以点引线，以线带面，融合发展广西区内各经济带，推进其他经济带的旅游、交通、文化、环保、劳务等合作，形成与西江经济带、左右江革命老区、桂林国际旅游胜地、北部湾经济区、巴马长寿旅游区之间产业融合，特别是旅游资源的融合，打造新的沿边旅游带，实现广西战略发展的"南向、北联、东融、西合"全方位开放发展新格局。

坚持对外开放是实现开放发展的必然选择。扩大对外开放，积极参与"一带一路"建设，充分发挥21世纪海上丝绸之路始发港作用，率先建成"一带一路"有机衔接重要门户。加快打造东兴跨境经济合作区、广西沿

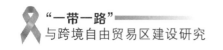

边金融改革实验区，防城港国际医学开发实验区等改革开放平台，全面融入中国—东盟自由贸易区。要加快开发开放，推动金融、财税、旅游、口岸、人才、跨境劳务、行政管理等重点领域改革创新，构建进出口加工、国际贸易、跨境电商等沿边特色产业集群，促进产城高度融合，打造广西沿边开发开放升级版。发展壮大特色支柱产业，深化与"一带一路"沿线国家和地区在钢铁、能源、粮油食品、装备制造等领域产能合作，建设跨境产能合作示范基地。充分利用"一带一路"国际合作高峰论坛成果，深度参与中国—东盟博览会，升级打造中越（东兴—芒街）商贸·旅游博览会，充分利用这些重要窗口展示防城港市的资源与优势，推动与东盟的全方位经贸人文交流合作。

发展向海经济，形成建设广西"三大定位"重要节点产业支撑。大力发展向海经济是实现开放发展的重要支撑。率先建成"一带一路"有机衔接门户的重要节点，就要向海洋要资源、要财富。要进一步巩固广西第一大港优势，从完善集疏运体系、推进口岸环境治理、打造信息化平台，优化提升口岸竞争软实力，推进口岸与临港产业园区的有效对接和联动，提升临港产业竞争力，实现临港工业大集聚、口岸经济大提速。以市高新区、防城港市经济技术开发区等重点产业园区为载体，开展精准招商引资，做强做优一批"十百千"亿级的企业群体，形成钢铁、有色金属、能源、粮油食品、石化、装备制造六大支柱产业群。重点推进钢铁、金川、生态铝等投资百亿元以上的龙头产业项目，打造产业升级"航母"。推动滨海旅游业品牌化、高端化、全域化开放式发展，让滨海旅游业焕发生机。加快培育海洋战略性新兴产业，使海洋新兴产业成为向海经济的新增长极。

五、着力点

（一）打造发展平台

着力建设更加自由优惠的跨境经济合作区，重点加快建设中越边境地区的东兴—芒街、凭祥—同登、靖西龙邦—茶岭跨境经济合作区建设，促进国际资源自由流动。推进跨境经济合作区国际合作管理、法律、税收、检验检疫、旅游、务工等机制方面达成协议。

（二）发展优势产业

着力增强与越南等东南亚国家互利合作，构建跨国旅游区和国际文化旅游胜地，以国际旅游合作带动其他产业发展。重点推进广西沿边旅游区建设，融合中越沿边的红色旅游、民族风情、风景名胜、休闲购物等旅游资源，加快旅游产业发展。形成新的国际旅游区，与广西的桂林国际旅游胜地、北部湾国际旅游度假区和巴马长寿养生国际旅游区三大国际旅游区衔接起来，争取每年吸引的旅游客源人数在 1000 万以上。

（三）夯实合作基础

基础设施建设是实现互联互通，促进合作的基础。一是公路方面，完成靖西至龙邦、崇左至水口、河池到百色高速公路，加快推进贵港至硕龙、崇左至爱店的高速公路建设，完成花山至德天一级公路建设，开工建设南宁吴圩机场—上思—东兴、南宁—大新、平果至凭祥高速公路。二是铁路方面，重点开工建设南宁到河内、防城港到海防、靖西到高平铁路，形成南宁到新加坡的铁路干线，国内则加快南宁到贵阳、北海到湛江、南宁到崇左、防城到东兴快速铁路建设，开工建设南宁至玉林、玉林至北海等铁路，形成以南宁为中心的铁路运输网络。航空则形成以南宁、桂林为枢纽，柳州、北海、梧州、百色、河池为支线的航空网络，规划建设通用机场，形成航空公司和私人飞机兼行、国际航线与国内航线联动的航空格局。内河水运方面，加快大藤峡、老口、邕宁枢纽建设、推进红水河复航、推进长洲三四线闸、贵港西津二线船闸建设，实现左江国际航道恢复通航。海上则推进以钦州港为中心的国际集装箱航线建设，形成北部湾国际集装箱航运集中区。

（四）提高合作层次

着力建设高新技术产业园，为产业转型提供后备力量。把南宁高新技术产业开发区、防城港国际医学实验区、东兴国家重点开发开放实验区、凭祥综合保税区、广西百色重点开发开放实验区作为区域内对外开放的窗口，国际贸易产业集群和产业辐射发展的聚集区，国际交流合作的平台，带动地区科技创新。

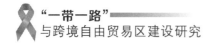

（五）创新合作形式

着力发展会展经济和论坛经济，提升试验区国际知名度。提高中国与东盟博览会、中国与东盟投资峰会、玉林农业博览会、桂林国际旅游博览会、东兴—芒街商贸旅游博览会的层次，深入挖掘博览会的表现形式，提高博览会的成果。

第二节　促进广西中越跨境自由贸易区建设的措施

一、把加快广西沿边开发开放作为广西区党委政府的重大战略部署提上决策议程

（一）加快沿边开发开放战略的研究，将其纳入广西区党委政府的重大发展战略

2008 年初，国家批准实施《广西北部湾经济区发展规划》。2009 年 12 月，国务院发布《国务院关于进一步促进广西经济社会发展的若干意见》。这两个文件对推动广西沿边经济区对外开发开放起着重要的作用，有助于推动广西沿边地区成为我国边境地区经济发展的新高地。2014 年 1 月，国务院正式下发《关于加快沿边地区开发开放的若干意见》，明确提出"研究设立广西凭祥重点开发开放试验区"。努力把前沿地区建设成为国家对外开放的重要门户、工业发展的集中区、生态文明的高地，构建对外开放、研究开发开放广西边疆的新模式。研究广西沿边地区开发开放，有助于推进广西经济建设和扶贫攻坚计划，为云南、新疆、黑龙江、内蒙古自治区等省区的沿边开发开放提供借鉴。广西应把加快沿边地区开发开放问题纳入自治区党委政府重大发展规划，并推动其逐步上升成为国家的战略规划。把加快沿边开发开放问题作为广西重大招标课题、人才小高地、"八桂学者项目"的重大研究项目，以广西区党委政府研究室、区政府发

展研究中心及各地方研究部门，高校科研部门为理论研究中心，研究推进广西沿边开发开放的推进措施，形成区党委政府的战略决策。

（二）各地各部门要深刻领会推进沿边开发开放带上升为国家战略的重要性

从外部环境看，越南通过研究中国的改革政策和对外开放政策，不断推动新的改革措施，不断加大边境地区的开放力度。广西能够结合越南的发展规划，进一步开放沿边地区，在国际合作中取得进展，有利于获得国家财政金融支持，促进沿边开发开放。一是各级政府部门的发言讲话、调研决策重点放在广西沿边开发开放区；二是广西的宣传媒体（电视、网络、报纸等），由重点宣传北部湾经济区向沿边开发开放区转变；三是广西基金支持的课题研究项目要以沿边开发开放内容为主题。

二、加强广西沿边开发开放规划的编制和实施，充分发挥规划的引导作用

（一）先行规划、先行建设，先易后难，稳步推进

明确广西边境地区的建设目标和发展方向，建设口岸进出口设施、商业基地、生活必需品基地、基本医疗设施、金融基地、旅游基地、文化基地等设施。一要改革和创新主要沿边地区的关系，先规划，后建设，再调整，以便在重要领域创造重大改进和形成初步效果。在模式上，要重点研究投资贸易、财政政策与税收政策、检验检疫、金融服务、移民管理、海关手续、土地管理、人员管理的新模式。第二，关于边境地区的经济合作和贸易合作，需要利用国家在边境地区的多种政策，重新调整供给结构，规划新的战略方向，把广西边疆建设成为国际经济的试验区和先行区。三是充分利用国家沿边金融改革实验区建设机遇，推进沿边金融改革创新，推动跨境人民币结算等方面的改革创新。四是以兴边富民为主导，依托国家扶贫开发政策和沿边发展政策，开展边民互市贸易改革，引导边民组建合作社，利用边民的小额贸易免税条件，开展面向越南的互市贸易，促进边民脱贫。①

---

①官锡强. 立体推进广西沿边开发开放 [N]. 广西日报，2014-7-9.

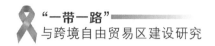

（二）将东兴、凭祥、靖西列为自治区计划单列市

广西沿边境线地区，有 8 个县（市、区）与越南的广宁省、谅山省、高平省和河江省 4 个沿边省接壤，是广西沿边开发开放的第一线，现有东兴口岸、凭祥口岸、友谊关口岸、龙州县水口口岸、靖西市龙邦口岸、那坡县平孟口岸 6 个国家一类口岸，防城区峒中、宁明县爱店、凭祥市平而、龙州县科甲、大新县硕龙、靖西县岳圩 6 个国家二类口岸，以及那花、里火等 26 个边民互市贸易点[①]，这些都是广西沿边对外合作的前沿。

防城港东兴市、崇左市凭祥市、百色市靖西市是国家列入沿边开发开放试验区的重点城市，其地理位置比较突出，这三个城市的产业基础、交通基础、口岸基础比较完善，有长期边境贸易的基础。凭祥综合保税区，是我国沿边地区的第一个综合保税区。但目前，东兴市、凭祥市、靖西市属于县级市，分别由防城港市、崇左市、百色市代管，由于三个上级市经济实力薄弱，无法向东兴、凭祥、靖西提供足够的沿边对外开发开放发展基金，必须由自治区一级政府给予支持。广西计划将东兴、凭祥、靖西列为自治区计划单列市，并向国务院申请。从对外交往来看，东兴市对应的是越南广宁省，凭祥市对应的是越南谅山省，靖西市对应的是越南高平省，这些省下属的芒街、谅山、高平市是越南的二类市，我方的行政级别比越方要低，在跨境交流时往往因行政级别问题导致沟通不畅。因此建议广西将东兴市、凭祥市、靖西市列为自治区计划单列市，从财政、行政等方面给予更高的支持。

（三）统筹规划形成沿边开发开放经济带

广西沿边地区发展要抓住党的十八届三中全会提出加快沿边开发开放步伐，党的十九大提出扩大沿边开发开放的新要求的重要历史机遇。一是要统筹规划，争取国家对广西沿边经济带发展规划进行更多的指导，在项目、资金、土地等方面利用给予更多的照顾。二是推进经济增长极建设，以东兴、凭祥、靖西为沿边开发开放中心点，实施点轴发展，以南宁至凭祥、防城港至东兴、百色至靖西为轴；以轴带面，把水口、龙邦、爱店、

---

① 姜木兰. 让广西沿边成为真正的"金"边 [N]. 广西日报，2013-12-27.

岭中等互市贸易、口岸纳入沿边发展线路中，逐步形成一个由点到线再到面的广西沿边开发开放带。三是依托口岸中心城市，特别是以东兴、凭祥、靖西为中心，加快边境贸易、沿边旅游发展，建设沿边经济合作区、出口加工基地、来料加工业，充分利用边民的小额免税政策，组织边民合作社，创新越南产品进口新模式；引进越南务工人员，发展边境特色产业，从东盟国家进口农林原材料、海产品原材料，进行深度加工，促进境内外贸工一体化，带动沿边地区经济发展。

三、完善构建促进广西沿边开发开放的政策体系

国家对沿边开发开放的政策不断创新，开放沿边地区，鼓励边境地区开展跨境贸易，鼓励沿边地区开展跨境人员往来、加工物流、跨境旅游，广西沿边地区敢于大胆创新，先行先试，不断推进沿边地区开发开放。

（一）加强对国家相关政策的研究

从 1992 年国家批准沿边地区四个城市为首批沿边开放城市以来，国家已经出台了几十部推进沿边地区开发开放的政策，涉及内容的深度和广度非常大，要构建广西沿边开发开放体系，必须深入研究国家沿边开发开放的政策，重点是研究国家针对广西沿边开发开放政策、西部大开发政策等。

1. 发挥广西沿边地区的区位优势，提升开放水平

广西沿边地区是我国沿海、沿江、沿边的地区。位于中国南部，是通往东南亚国家最便捷的陆上通道和海上通道，区位优势非常明显，开发开放潜力巨大。广西有数百万华侨在东南亚发展，广西沿边地区的壮族、瑶族、京族等少数民族跨境居住，历史往来非常密切，中越边境地区的民族文化、生活习惯、风俗习惯非常接近。越南等东南亚国家近几年来与中国的关系比较和缓，政治稳定，国家正处在快步发展阶段，尤其是越南，经济发展速度很快，和我国的经济合作发展势头良好。由东盟 10 国发起的，中国、日本、韩国、澳大利亚、新西兰参与的区域全面经济伙伴关系（RECP）已经初步达成协议，并于 2020 年 11 月签署了相关协定，使中国与东盟国家以及周边国家的资金、技术、资源和人才等生产要素的流动效率得到了提升，为扩大广西沿边地区与国内外其他地区贸易和投资合作提

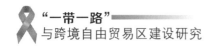

供了前所未有的良好环境，将进一步促进广西沿边地区的对外开放水平。

2. 将广西沿边开发开放纳入国家发展战略

广西是我国参与东南亚经济合作的前沿阵地。广西沿边地区在我国地缘安全、资源开发和市场潜力等方面都具有重要的战略地位。但东南亚面临着错综复杂的形势，西方外部势力采取各种手段介入该区域，多种合作机制并存，而且一些西方发达国家不愿意看到中国与东南亚国家合作发展。广西的沿边地区开发开放不仅关系着广西本地的经济社会发展，还关系着维护我国国家经济安全、民族团结、社会稳定的大业，涉及国际合作，区域经济发展的大局，是国家发展战略的重要组成部分。为此，应将广西的沿边开发开放纳入国家发展战略中进行统筹谋划，明确广西沿边开发开放在我国对外经济合作、区域合作、外交中的战略位置，统筹规划广西参与东盟自贸区建设、区域全面经济伙伴关系的空间布局，将广西打造成为我国与东盟国家和区域全面经济伙伴关系的重要支点和先行示范区，为加强跨境传染病防控、毒品交易、人口非法流动等管理提供条件，促进我国沿边地区健康安全快速发展，增加开发开放的能力。

3. 抓住区域全面经济伙伴关系协定的契机，支持广西整体沿边开发开放

区域全面经济伙伴关系协定，确定将加快制定区域投资框架，以推动和落实区域全面经济伙伴关系合作战略。区域全面经济伙伴关系各方一致同意将经济发展作为区域经济合作的重要内容，并提出推进经济合作的发展战略，探讨建立推动经济合作，改善交通基础设施，提高人流物流能力的新发展模式，为广西沿边地区开发"走出去"战略创造了条件。在制定的区域投资框架中，广西要根据中央西部大开发战略和"十三五"规划中提出的"把广西建成与东盟合作的新高地"的总体要求，全面对接区域全面经济伙伴关系规划，结合广西沿边地区发展战略规划，以东兴、凭祥、靖西作为沿边地区发展核心，以加大工业园区、沿边经济合作区、跨境经济合作区和境外经济合作区的建设为重点，研究提出一批符合广西沿边地区发展实际、迫切需求的重大项目，推进广西沿边地区快速发展。

4. 推进广西沿边金融改革的顺利进行

要加强与世界银行、亚洲银行、亚洲基础设施投资银行等国际金融组织的合作，推进广西沿边金融改革，吸引更多优惠贷款资金支持广西沿边

开发开放。在奖金投入上，要积极引导资金重点投向基础设施、教育卫生、环境整治、扶贫开发等制约广西沿边地区发展的重要领域。要借助世界银行、亚洲银行、亚洲基础设施投资银行等金融机构在金融知识管理、金融人力资源建设等方面的资源，对广西沿边地区金融提供智力援助。引导国际金融组织为广西提供更多的参与国际金融交流的机会，加强广西沿边地区人员的金融知识培训和金融能力建设，为广西沿边地区的金融改革提供借鉴；广西沿边地区要积极与国际金融组织开展金融服务和私营部门合作。

5. 加快广西国际型人才队伍建设

区域全面经济伙伴关系协定进一步明确加快建立区域全面经济伙伴关系知识平台。广西沿边地区要积极参与区域全面经济伙伴关系框架下的知识交流与合作，加强对国际合作的机构和人员培训，为广西沿边开发开放培养更多高层次国际型人才。

6. 为广西沿边开发开放提供更加完善的政策环境

要全面透彻地分析涉及沿边地区发展的产业、金融、税收、财政等方面的政策，对现行的支持广西沿边开放和发展的政策进行全面梳理和深入研究，学习借鉴其他沿边地区的政策，并适时做出调整，为广西沿边地区开发开放提供更加完善的政策环境。要进一步提高广西沿边地区的自我发展能力。

（二）加强对国内其他省份沿边地区开发开放政策的研究

在国内，黑龙江、吉林、新疆、云南等沿边省区，根据国家的沿边地区开发开放规划，也制定了与本省区相适应的开发开放战略。如黑龙江省根据国家发改委《黑龙江和内蒙古东北部地区沿边开发开放规划》制定的《黑龙江省沿边开放带发展规划》。新疆维吾尔自治区《新疆沿边经济带开发开放发展战略研究》，具体涉及新疆 10 个地（州）、32 个县（市），研究成果包括 1 个综合报告和 8 个专题报告。云南则提出建立桥头堡的沿边开发开放战略构想。通过研究借鉴其他沿边省区的沿边开发开放发展规划，推进广西沿边开发开放水平的提升。

（三）构建促进广西沿边开发开放的政策体系

1. 产业发展政策

支持广西沿边地区大力发展沿边特色产业，各级部门要对符合沿边地

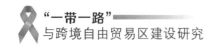

区产业发展优势、对沿边地区当地经济发展带动作用强的项目，在项目审批、核准、备案等方面给予大力支持。鼓励在沿边地区发展外向型产业集群，优先布局进口能源、农林产品、海产品加工转化利用项目；支持设立沿边地区产业发展（创业投资）基金，支持特色农业、加工制造业、高科技产业、服务业和旅游业发展。积极利用沿边东兴市、凭祥市、靖西市的优势资源，推动沿边地区战略性新兴产业发展，促进产业结构优化升级。

2. 贸易投资政策

实施出入境管理便利化措施。实行关检合作"三个一"（一次申报、一次查验、一次放行）模式，建设属地政府主导的口岸公共信息服务平台，加强海关管理，完善国际贸易"单一窗口"的闸门功能，实现海关、检验检疫、边防、交通运输等部门联网核放、一次放行。

改革创新边民互市贸易。从贸易主体、贸工结合等方面创新突破，推动边民突破小额贸易的限制，建设互助合作组织，组织边民合作社，开展边民互市贸易的新方式。

3. 财税金融政策

加大财政支持，完善转移支付制度。支持沿边地区项目建设，在贷款利率、还款期限等方面给予优惠。在测算安排一般性转移支付补助和各类专项补助时，按照因素法分配，充分考虑边境线长度、口岸数等客观因素，适当增加分配权重和补助数额。积极向国家争取沿边小额贸易"即征即退"等税收政策，消除专项转移支付存在的时效性差问题。

完善沿边金融组织体系。大力发展进出口信贷、国际结算、贸易融资、运输保障、出口保险等外向型金融业务，结合沿边口岸及各类园区产业和边贸企业特点，开展以应收账款、仓单、库存商品、知识产权等为担保的信贷业务。鼓励国内外银行、证券公司、保险、期货等金融机构在沿边地区设立分支机构。鼓励金融机构对沿边地区发放农村小额信用贷款和农户联保贷款，积极发展农业保险。

积极推进人民币跨境结算业务。进一步扩大个人跨境人民币结算业务区域，深入推进资本项下跨境人民币结算业务。深化人民币与越南盾个人本外币特许兑换业务改革，逐步推动有管理的人民币与越南盾货币兑换市场发展。

支持金融机构跨境合作。以推进沿边金融改革为契机，积极探索中越两国的双向贷款等跨境融资服务。支持沿边金融机构开展跨境人民币融资产品创新，开展东盟和南亚国家财团或法人以人民币购买广西沿边金融综合改革试验区内的企业股权试点业务。鼓励与东盟国家金融机构开展合作，成立跨境合作金融机构，支持跨境人民币发展合作。通过适当降低设立机构和开展金融业务的准入条件，建立金融负面清单制度，支持境内外金融机构在沿边口岸城市设立分支机构、开展金融业务。

4. 土地城乡政策

探索沿边地区土地开发与利用模式。对沿边地区实行差别化土地政策，加大集约用地力度，提高土地利用效率，根据沿边地区年度建设发展需要，在安排土地计划指标时向沿边地区倾斜，鼓励对未利用土地进行综合开发利用。统筹安排沿边地区交通基础设施建设用地，合理确定用地时序，保障口岸基础设施建设用地能够及时有效的提供。对国界线沿线两公里范围内的耕地与林地实行特殊保护制度，严格禁止弃种撂荒、随意改变用途，严防国土流失。增强沿边地区城乡公共服务功能设施建设，对涉及教育、卫生、环保、文化、体育、公交等公共服务设施建设的用地，给予优先支持。以市政设施建设为突破口，引导边民向边境地区集中，形成新的边境居民点，积极推进沿边地区城镇化和城乡协调发展。加强城乡规划建设与管理，推进城乡一体化。

5. 人力资源政策

按照口岸业务量，对沿边口岸管理部门的人员进行优化配置，实施绩效管理和动态管理，提高用人效率。在国家和自治区面向地方公务员和事业单位人员实施的各类培训中，增加沿边地区的受训指标。对沿边地区公务员招考、事业单位公开招聘给予政策倾斜，支持开展公务员聘任制试点。研究出台激励政策，吸引沿边经济区发展所需要的高层次人才和紧缺人才。

在人力资源方面加强与越南的合作。构建与越南合作的政策环境。按照互利共赢、共同发展的原则，实现人才资源共享，推动人才资源的跨区域配置和协调发展，建立广泛的人才合作与交流平台。依托重点产业、重点项目、重点学科，建设一批中越人才合作高地。开展国际劳务合作先行先试。

6. 安全政策

提升边防管控打私能力。加强职能部门之间的配合协调，形成反走私

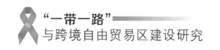

综合治理长效机制。制定完善奖励政策，激发干部群众反走私的积极性。加大宣传力度，促进边境贸易健康发展。加强情报信息工作，提高对境内外三股势力的监控防范能力，建立突发事件预警和应对机制。

加强国际协作。巩固建立与越南沿边地区地方政府及边防部门的合作机制，加强反恐、禁毒防治和防范非法贩运武器、人员非法出入境活动的国际合作，严厉打击跨国犯罪。通过中越两国检验检疫、水产畜牧、农业、海关、边防等部门横向跨境协作，及时掌握口岸疫病疫情防控和进出口产品质量安全情况，防止疫病疫情、有害生物和有毒有害物质传入，防止不合格商品入境。

四、坚持大胆创新和先行先试，构建区域经济全方位开放合作的创新机制

大力推进主要领域和主要环节改革，推动边境合作，形成局部优势和绩效效应，为当地经济创造全面合作结构。

（一）深化沿边金融改革

以广西沿边金融改革试验区建设为契机，深化金融改革，提高财政金融资源配置效率，发挥金融在经济增长和产业结构调整过程中的作用。

1. 深入推进沿边金融综合改革试验区建设

按照《云南省广西壮族自治区建设沿边金融综合改革试验区总体方案》要求，推动金融业重大改革创新在试验区先试先行。按照"成熟一个，挂牌一个"的原则，继续推进人民币在东盟和南亚国家货币市场上的交易。在试验区内尝试探索人民币资本项目可兑换，深化外汇管理改革，坚持简政放权，有序推进资本项下跨境人民币业务发展，争取开展合格境内个人投资者境外投资试点。支持银行业金融机构开展创新跨境金融服务，继续加大银行业增设、升格机构向试验区倾斜的力度，不断提升贸易投资便利化水平。打造沿边跨境保险示范区，建立跨境保险综合服务体系，支持保险机构设立跨境保险服务网点，开展跨境人民币结算业务承保试点，探索开展人民币跨境再保险业务。

2. 加强金融双向开放合作

加强金融监管部门的国际交流合作，建立广西沿边地区金融机构与越南广宁、谅山、高平等边境省金融机构之间的合作沟通机制。强化与区域全面经济伙伴关系成员国金融业的交流机制，实现机构、资金、人才、信息、业务等资源的相互流动和相互支持，推进广西沿边地区金融业的区域化、国际化进程。继续引进符合条件的区域全面经济伙伴关系成员国金融机构在广西沿边地区设立金融分支机构，同时大力支持沿边地区金融机构发展国际业务，与区域全面经济伙伴关系成员国的知名大银行建立战略合作关系。

3. 打造南宁区域性国际金融中心

发挥南宁处于广西政治经济中心、广西沿边地区的大后方优势，将南宁打造成为依托广西、立足西南中南、区域全面经济伙伴关系成员国及"一带一路"国家的区域性国际金融中心。

一是大力发展跨境人民币结算中心的作用，依托广西沿边地区区域性跨境人民币业务平台，进一步拓展海外金融机构的规模，畅通跨境人民币资金清算渠道，构建以南宁为枢纽的跨境人民币资金交易平台。

二是在货币交易中心方面，以做大做强人民币对越南盾的交易为中心，扩大银行间市场区域交易范围，争取更多区域全面经济伙伴关系国家货币在南宁开展银行间货币交易业务。

三是在产权交易中心方面，推动组建面向全区和区域全面经济伙伴关系成员国的大宗农产品要素交易市场平台，完善提升大宗食糖交易中心和农村产权交易中心功能。

四是充分利用互联网金融产业与高效信息处理技术，建立完善的财富管理服务体系，加强与新加坡等区域全面经济伙伴关系成员国区域财富管理中心交流合作，建设面向区域全面经济伙伴关系区域的财富管理中心。

五是引进更多银行机构在南宁设立分支，加强与上海黄金交易所合作，建立面向区域全面经济伙伴关系成员国的区域性黄金交易中心。六是依托中国—东盟信息港建设，在中国—区域全面经济伙伴关系国际金融信息中心方面，围绕金融信息开发与应用，搭建中国—区域全面经济伙伴关系金融信息发布平台。完善中国—区域全面经济伙伴关系货币指数编制和发布机制，探索货币指数的推广运用。

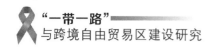

（二）构建跨境经济合作区

随着中国—东盟自由贸易区建设不断深化，区域全面经济伙伴关系协定即将实施，开展跨境经济合作区建设已经成为中越两国经贸合作的新模式。广西与越南方面，正在积极推进广西东兴—越南芒街、广西龙邦—越南茶岭跨境经济合作区建设。①

1. 在跨境经济合作区，中越两国将建立统一的经济发展区域

如广西凭祥—越南同登跨境经济合作区，实行"两国一区、境内关外、自由贸易、封闭运作"的管理模式，双方各自划定 8.5 平方公里的土地作为跨境经济区的基础范围。在经济区内，实行货物贸易、服务贸易和投资的开放政策。两国针对跨境经济区建立负面清单制度，清单以外的商品可自由进入该区，免征关税和环节税，区内生产的产品进入中越两国市场，减半征收关税和环节税。

2. 充分利用各方的优势

在跨境经济合作区生产的产品，可以同在越方设厂一样，打上"越南制造"字样，利用越南的原产地证进入三个市场。一是可更好进入越南市场。目前，除农产品外，中国制造的其他产品进入越南，要到 2015 年才能享受零关税待遇。但是，如果在跨境经济合作区生产，就可以打上"越南制造"享受更多的优惠从而更便利地进入越南。二是可更好进入东盟市场、甚至区域全面经济伙伴关系成员国市场。在跨境经济合作区生产的产品可以享受中国—东盟自贸区的规则，进入东盟市场有更多的优惠。三是可更好进入国际市场、特别是欧美市场。享受更多的发达国家给予发展中国家的普惠政策，以避开现在针对"中国制造"的反倾销或特保的措施。

3. 建立跨境经济合作区工作协调机制

由两国政府推动，地方政府协调，海关、检验检疫、公安边防、税收等部门参与跨境经济区工作协调机制。把跨境经济业务结合起来，协调跨境经济业务，计划好流程，解决好纠纷，及时解决不同的问题。为了保证合作项目的顺利进行，中越省区需要加强合作与协调。关注、支持和调整项目，努力建设中国和越南跨境经济区。中越两国建立跨境经济合作组

---

① 官锡强. 创新广西沿边开放合作机制［N］. 广西日报，2014-6-26.

织，推动国家专业人才的建设，共同制定区域合作发展规划，制定跨境经济发展的产业结构和特殊政策。中越两国要加快推进，加强项目建设，加强和推进产业转移。提高项目的进度，并共同探索制定项目的管理、支持政策，确定合作区域范围，定位经济区功能，尽快推动支持跨境经济合作区的政策成为中越两国政府的决策。为提升中越跨境经济区的品牌，增强国际竞争能力，双方需要在投资领域加强合作，在经济合作和国际技术等领域建立合作关系。

正确理解以下几个关系：

（1）协调"进"与"出"的关系

广西利用沿边开放平台，实现了"引进来"与"走出去"的有机结合。"引进来"是要更多地引进资金和智力资源，更好地服务于国内经济结构调整，发挥其在产业升级、自主创新和区域经济协调发展等方面的作用。"走出去"则包括理念走出去、标准走出去和企业走出去。理念走出去是要借助沿边开发开放平台宣传自我发展理念，把日益增强的综合国力转化为实际的国际影响力。标准走出去意味着要影响区域产业标准制定，从源头上为我国产品出口创造有利条件。企业走出去是要鼓励国内企业积极利用沿边开发开放带来的商业机会，在做好市场调研和风险评估的基础上，在基础设施、资源开发、制造业、农业等具有比较优势的领域，向有关国家输出产品、劳务和技术，增强利用海外资源和市场的能力，扩大境外投资，为国内经济平稳较快发展提供保障。

（2）协调"软"与"硬"的关系

相对资金和投资而言，知识合作及体制机制创新是"软"，相对基础设施项目而言，投资环境、社会管理是"软"。随着我国综合国力的增强和发展阶段的变化，广西的沿边开发开放已经从过去的重"硬""轻""软"发展到目前的"软""硬"并重，今后要更注重"软"的方面，通过建设跨境经济合作区等方式，创造良好的投资和营商环境，实现与周边国家的互利共赢。

（3）协调"量"与"质"的关系

加快广西沿边开发开放，必须要有一定的投资额和贸易量作为支撑，而沿边开发开放的生命力，更在于投资贸易结构的优化和开发开放水平的提高。广西要形成沿边开发开放的战略高地，就要有先进的发展理念做引

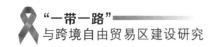
导，就要走绿色和包容性发展之路，抢占产业制高点，形成集聚效应；就要拓宽沿边开发开放领域，完善沿边开放机制，提高开发开放的质量和效益，不断开创沿边开发开放新局面。

4. 建立国家层面的相关法律合作机制

由中越两国在政府层面协调建立具有法律意义上的规章，作为跨境经济区运行的法律保障，避免因政治、经济等问题造成损失。在合作机制建设过程中，尊重和照顾邻国的合作利益，合理承担国际义务，适当增加援助，坚决维护沿边和平与安全，坚决反对和遏制毒品、非法移民、赌博等违法行为和社会丑恶现象，共同营造和平稳定、平等互信、合作共赢的地区环境。

（三）加强制度创新，推进和提升跨境经济区管理机制

加强跨境经济合作区相关政策研究，做好跨境经济合作区建设的"顶层设计"，争取国家出台一揽子优惠的政策，把中越凭祥—同登跨境经济合作区、东兴—芒街跨境经济合作区打造成为沿边开放合作新平台。跨境经济合作区是一项涉及两国关系的系统工程，需要中越两国中央政府的大力支持和地方政府的通力合作，在建设模式、管理体制和运行机制等方面进行大胆探索和创新，探索建立"两国一区、境内关外、自由贸易、封闭运行的管理模式及"一线放开、二线管住、人货分离、分类管理的运作方式。①

广西沿边地区各市（县、区）参照中国东兴与越南芒街，中国龙州县与越南复和县定期开展口岸经济合作研讨会的做法，加强与越南沿边地区地方政府的会晤与沟通，积极开展经贸洽谈、合作论坛、商务考察等形式多样的交流合作活动，建立完善项目落实合作联动机制，形成常态化的交流合作机制，推动沿边开发开放。

1. 扩大口岸开放的范围

支持口岸基础设施建设。加强口岸硬件基础设施建设，充分发挥口岸功能，积极建设"一站式"通关口岸，建立一个便捷、通畅、高效安全的综合运输体系。扩大口岸开放，为入园企业提供便利快捷的通关服务。双

①官锡强. "一区两国"：推进跨境经济合作区建设 [N] 广西日报，2013-8-30.

方要在这些方面加强交流和沟通，尽量争取同步规划和建设，实现无缝对接。要加大沿边口岸的建设，资金采取政府投入大部分，地方筹集小部分的方式。同时，对减半征收的进口关税和增值税以财政转移支付的方式由中央财政全部返还地方，用于沿边地区口岸基础设施建设。

支持有条件的口岸扩区。一是建议扩大友谊关口岸范围，将弄怀（浦寨）至卡凤大门面积约 3 平方公里（通过推山填沟造地总面积可达约 7.6 平方公里）的区域纳入友谊关口岸区域，使边民互市点享受到与国家一类口岸相同的政策；二是建议将龙邦—茶岭口岸扩大至那西（中国）—那弄（越南）。改变现有的龙邦口岸受地形限制，货运通道、监管场所等基础设施不能适应日益增大的贸易量和进一步开发开放的需求。

支持口岸升格。建议广西壮族自治区积极推动和支持有条件的口岸升格。以爱店口岸升格为范例，不断加大硕龙口岸、平而关口岸的验货场、报关楼、停车场、口岸公路等基础设施建设，在其具备升格条件的前提下协助其向国家申请升格为一类口岸；并积极争取将水口口岸、龙邦—茶岭口岸从中越双边口岸升格为国际口岸。

促进口岸合理分工，培育特色口岸。广西沿边地区口岸以凭祥口岸和东兴口岸为中心、以水口口岸和龙邦口岸为第二层、其他口岸为外围的结构，促进口岸合理分工，培养特色口岸，避免无序竞争。一是支持靖西县龙邦口岸建设申报成为入境铁矿石特色口岸。二是支持宁明县爱店口岸建设成为国家中草药材进出口口岸。

2. 推进人、车、物通关便利化

实施人员与交通工具出入境管理便利化措施。给予沿边口岸人员、货物和车辆出入便利化的优惠政策，创新通关模式，提高通关效率，促进人员、货物快速通关便利化。实施人员与交通工具出入境管理便利化措施，试行居留便利化政策，探索新的管理模式。

加强与对方口岸联检部门的合作。建议中越双方口岸联检部门加强联系与合作，共同为双方旅游、商务贸易、物流等行业发展创造有利条件，在海关工作、通关、货物进出口手续办理方面两国能达成一致。加强与东盟国家的监管合作和信息共享，探索与东盟国家开展电子证书合作，实现检验检疫标准与结果互认。同时针对各对接口岸的主要进出口商品的特点，尽量实行 1 小时通关制度，提高人员、货物通关速度。

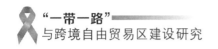
在中国和越南的其他口岸的联合检测机构和通用检测机构开展联合检测，加强联系和合作，制定有关旅游发展、商业交易的条款，两国在海关手续、进出口人员等方面达成协议，并与东盟国家共享信息，与 ASN 国家合作实行电子证明，认可对方的认可和标准测试。

3. 探索沿边开发开放新模式

支持探索建立与越南劳务合作模式。建议国家和广西壮族自治区支持在凭祥市、龙州县、靖西县等地试验探索越方劳动力跨境劳务合作的管理模式。建立跨境劳务合作公司是操作性较强的途径之一，建议由劳务公司根据市场劳动力的需求，统一招募越南劳动力，为招募的劳工到边检部门统一备案并负责跨境劳工相关权益的保障。

4. 鼓励企业与政府合作开发口岸

探索边民互市贸易转型升级新模式。在新型的边民互市贸易交易区，进口货物以边民互市贸易为主要形式，出口货物则以新型的市场采购贸易为主要形式，简化手续，享受出口免税政策。

五、加快各类开发开放平台建设，建立便捷高效的管理体系

（一）提升中国—东盟自由贸易区平台建设水平

进一步拓宽沿边开放领域，深化开放内容，创新开放方式，完善开放机制，真正形成全方位对外开放新格局。中国—东盟博览会具有"品牌效应""示范效应""辐射效应""带动效应"等多项功能，借助这一平台，广西沿边地区可以充分利用国际国内两种资源、两个市场，全方位开展对内对外经济技术合作，加快融入经济全球化和区域经济一体化的步伐，促进开放型经济的发展。使中国—东盟博览会"常办常新、越办越好"；只有使博览会"常办常新、越办越好"，才能创造出更多的商机，进而吸引世界各国的商贾豪客源源不断地前来广西沿边地区投资经营；只有把国内外的人才流、物质流、资金流、技术流、信息流吸引到南宁来，对外开放水平的提高和开放型经济的发展才会"水到渠成"。积极参与打造中国—东盟自贸区升级版，包括推动自贸区由贸易合作向产业、园区、投资合作升级，打造协调有序、优势互补的产业链；进一步提升中国—东盟博览会和商务与投资峰会的平台功能，扩大广西沿边地区渠道影响力。[①]

（二）加快广西与东南亚海陆空大通道建设平台

加快推进广西与越南之间"三高、两铁、三桥"项目，加快中国—东盟（北部湾）国际航运中心、中国—东盟口岸城市合作网络和面向东盟的民航口岸建设，打造连接西南中南地区和东盟的互联互通核心与枢纽，推进构建中国—东盟互联互通出海出边陆路大通道。同时，推动"南新走廊"铁路缺失段（主要是越南胡志明—柬埔寨金边、老挝万象—他曲—穆嘉）建设，贯通连接中国与中南半岛的陆路国际大通道，打造南新经济走廊增长带。通过加快推进北部湾岸线开放，重点口岸扩大开放或升级，努力提高通关效率。融入21世纪海上丝绸之路建设，加快打造江海联动、水陆并进、空港衔接、铁海联运"四位一体"的现代综合立体交通体系。积极谋划"海上丝绸之路"北部湾海洋经济试验区，并在北部湾湾口区域，中越联合在海洋环保、海上搜救、临海工业、滨海旅游、口岸物流等领域建设一批重大项目；加强与东盟各国口岸城市之间的互联互通，开通海上邮轮，形成"海上丝绸之路"旅游圈。

（三）加快中国—马来西亚钦州产业园区平台建设

园区建设将是广西构筑开放合作"大平台"的重要支撑。广西将积极推进建设中国—马来西亚钦州产业园和马来西亚—中国关丹产业园区，将之打造成中国—东盟合作示范项目；建设东兴重点开发开放试验区，在跨境合作、国际旅游、国际劳务合作、投融资管理、城乡统筹方面先行先试；建设中越跨境经济合作区，推动两国建立国家层面和地方层面的协调工作机制，依托凭祥综合保税区、凭祥沿边经济合作区建设，争取在三至五年内将跨境合作区建设成为中越友好合作的新高地、中国与东盟深化全面经济合作的示范区。

[①] 云倩，张磊，颜洁，等. 广西沿边开发开放调研报告［J］. 东南亚纵横，2014（1）：14-20.

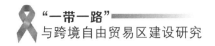

六、坚持互利共赢开放合作方针，建立与周边国家或地区睦邻、富邻、安邻的合作机制与对话机制

（一）构建合作协调创新机制

做好相关政策配套落实工作，坚持求同存异、互谅包容的原则，加强对话与协商，促进合作机制的专业化、组织化和制度化，优化合作机制，提高合作效率，以保障合作的稳定性和可持续性。针对不同国别，制定目标明确、重点突出、层次合理的国家合作战略，推动双边、多边务实合作向更高水平、更宽领域拓展。一是推进合作，深化战略互信，拓展睦邻友好；二是聚焦经济发展，扩大互利共赢。把握机遇，推动中国—东盟宽领域、深层次、高水平、全方位合作①。

广西沿边地区包括防城港市、崇左市、百色市等8个县市区，400多万人口，区域内经济、社会发展水平差异较大，在边境贸易、招商引资、国家政府方面同质化程度较高，内部竞争非常激烈。建议成立类似广西北部湾经济区管委会的自治区层面的广西沿边开发开放试验区管理会，统一协调区域内的各种事务。

1. 负责全面贯彻广西沿边开发开放实验区的工作决策部署，落实上级赋予的各项职责，筹集、管理和安排使用试验区建设发展专项资金，研究提出加快试验区开发建设的政策措施。

2. 组织制定试验区路、港、水、电等重大基础设施发展规划，组织和管理重大基础设施和重大产业项目的建设，管理和整合公路、铁路、口岸等重要资源和国有资产，组建经营公司管理公路、铁路、口岸建设项目，促进经济区路港一体化发展。

3. 统筹管理试验区土地、水资源的开发利用，在政府授权范围内负责组织审定利用土地、水资源的重大建设项目。

4. 组织试验区建设的宣传推介工作，组织参加试验区开展的各项宣传推介、论坛、博览活动，承担自治区人民政府赋予的其他职责②。

针对不同的国家，构建目标明确、优势合理的国家战略，促进优势力

---

①郑晓松. 深化沿边开放推动地方发展 [J]. 中国财政，2013 (5)：36-39.
②官锡强. "一区两国"：推进跨境经济合作区建设 [N]. 广西日报，2013-8-30.

量和优势力量并行并进，向更高层次、更激进的方向发展，享受彼此的战略信任，扩大友谊；集中精力发展经济，扩大共同利益，形成优势互补、凝聚全联盟的优势，推进沿边开放，促进地方经济发展。

（二）建立与周边国家或地区睦邻、富邻、安邻的长效合作协调机制

重点建立跨境协作和地方政府内部组织。通过合作、协调、谈判等，全面解决边境地区的公共问题，形成和平、稳定的局面，促进商贸领域的发展。加强中国与东盟各国高层战略对话，全面推动中国与东盟在双边贸易、科技技术、教育、旅游等重点领域的合作；强化中国与东盟各国高层定期会晤机制，研究制定和实施中国与东盟全面合作战略；以中国与东盟博览会为平台，加强和东南亚国家的经济、科技创新合作。积极探讨签署中国—东盟国家睦邻友好合作条约，为中国—东盟战略合作提供法律和制度保障，引领双方关系发展。加强安全领域的协调，完善中国—东盟国防部部长会议机制，深化防灾救灾、网络安全、打击跨国犯罪、联合执法等非传统安全领域合作。共同参与安全领域，完善中国—东盟国防部部长会议机制，加强在防灾、救灾、网络安全等传统领域的合作，要在全国范围内打击犯罪并执法。加强本地区金融合作和风险防范。扩大双边本币互换的规模和范围，扩大跨境贸易本币结算试点，降低区内贸易和投资的汇率风险和结算成本，发挥好中国—东盟银联体作用。推进海上合作共同建设21世纪海上丝绸之路，重点落实海洋经济、海上互联互通、环保、科研、搜救以及渔业合作。①

（三）建立官方和非官方多层次的交流机制

广西推进沿边地区开发开放，促进中国跨境自由贸易区的发展。一是广西区政府、东兴、凭祥、靖西及沿边县市要加强与越南政府及邻近广西的广宁、谅山、高平省建立定期不定期的政府会晤，探讨双边的合作关系，推进经济、科技、投资、人民币、农业、安全、旅游、跨境经济区的合作。二是开展广西与越南及东盟其他国家的高校、科研机构的教育、学术、科研研究交流，实现更大规模的互派留学生，在理论研究方面实现双

---

①2+7合作框架［EB/OL］. 2013-10-29.

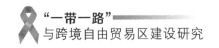
边合作的突破，为双边政府战略意义的决策提供建议。三是开展旅游部门、金融部门、交通部门、海关边检部门的交流，提高物流效率，实现沿边自由行、人民币互换、海关联检、允许两国车辆在沿边一定区域内自由通行。四是推动民间的交流，以商会、协会、民族、风俗等方式，增加民间的感情，推进互信合作。

七、加强沿边社会管理，尊重和维护在沿边开发开放中的各方面的利益

（一）加强统筹兼顾，改善民生

加强广西沿边地区扶贫开发工作，把沿边县区纳入国家重点扶贫开发计划中，实行有针对性的项目扶贫、整村推进、精准扶贫等措施，在沿边茅草房改造、通村公路、通水、通电、通网络广播方面给予更高的待遇，在化肥、粮、种、蓄等方面给予扶持。加强社会保障，把沿边居民全部纳入社会保障范围，实现农村、城镇医疗保障全覆盖，推进养老保险、失业保险的普及，完善乡镇医疗卫生建设。

加强沿边地区教育，以国家补助、地方自筹、社会捐助等方式，推进高中、幼儿教育免费、义务教育营养餐补助、高考录取倾斜等，促进沿边地区教育发展。

（二）加强沿边社会管理，有效管控非法入境劳工

针对每年秋冬季节数万名越南非法劳工进入广西沿边地区从事砍蔗工作的情况，探讨一个由两国政府合作的有组织的合法的跨国砍蔗务工团队，将有助于减少越南非法劳工的问题。

建议国家和广西壮族自治区支持在凭祥市、龙州县、靖西市等地探索越方劳动力跨境劳务合作的管理模式。[①] 建立开展跨境劳务合作的劳务公司是操作性较强的途径之一，建议由劳务公司根据市场劳动力的需求，通过越南政府或公司组织越南劳务公司，统一招募越南劳动力，为招募的劳工到边检部门统一备案并负责保障跨境劳工的相关权益。有组织地到广西蔗区开展砍蔗工作，并负责劳工的管理和与中国雇主的谈判；中国方面则

---

①官锡强. 广西中越沿边劳力跨境流动需规范化［N］. 广西日报，2013-4-2.

负责越南劳工的安全、合法权益，保障越南劳工的合法收益，降低劳务风险。①

对于非法入境的劳工，一是加快沿边地区的监管，建设沿边隔离带，控制非法入境渠道，从而有效地减少非法劳工进入中国。二是加强法律法规建设，推动国家立法加强对非法劳工的管理，有效的处罚非法劳工。三是加大处罚力度，尤其是针对中国雇用非法劳工的雇主，给予严厉制裁，防止非法雇用。四是加强宣传，对举报越南非法劳务工人的给予奖励，因为越南非法工人在当地因语言差异非常明显，有利于查处非法务工行为。②

（三）充分照顾沿边开发开放中的各方利益

建立民众参与机制，在广西沿边地区开发开发过程中，建立公众参与平台，凡是涉及国计民生的事情，都应该拿出来公开讨论，允许民众表达自己的利益诉求，政府也应该考虑民众的利益诉求。③

建立利益分享机制，在征地拆迁、旅游景区建设中，应考虑失地农民的合法利益，建立合理的利益分配制度，使受损民众能够享受到社会发展的成果，构建和谐社会，维护社会主义核心价值。

八、坚持循序渐进和分步实施，确保广西中越跨境自由贸易区建设有序推进

（一）加强广西沿边地区基础设施建设，提高跨境自由贸易经济区保障水平

1. 大力提高运输服务水平

《广西综合交通运输发展"十三五"规划》，针对沿边地区进行了统筹建设。加快推进出海、出省、出边综合交通运输大通道和区内"一纵两横"主骨架综合交通运输网络建设，针对广西沿边地区交通基础设施建设不足的问题，要求加强交通基础设施建设，不断提升客货运输能力，明显

---

①何有良. 中越共建跨境鲜活农产品加工联动机制研究［J］. 世界农业，2012 (6).

②何有良. 中越跨境农业产业化研究——以广西龙州与越南下琅地方政府合作建设越南甘蔗基地为例［J］. 区域金融研究，2012 (10).

③官锡强. 深化广西与东盟产业内贸易实现产业优化升级［N］. 广西日报，2011-2-11.

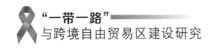

改善运输服务质量，推动广西沿边地区经济社会发展。①

《广西综合交通运输发展"十三五"规划》，着力建设"一中心一枢纽五通道五网络"，一中心即北部湾区域性国际航运中心，一枢纽即南宁国际区域性综合交通枢纽，五通道包括海上东盟通道、陆上东盟通道、南北陆路国际新通道、西南中南方向通道、粤港澳方向通道，五网络为铁路、公路、水运、航空、交通信息网。到2020年，在广西沿边地区市县基本实现"高速县县通、高铁市市通、民航片片通、内河条条通"，其中南宁至崇左、防城港至东兴高铁已开工建设。

2. 加快推进公路网建设

"十三五"时期，广西要加快沿边地区骨干公路和普通国、省道及农村公路建设，形成服务水平高、保障能力强、覆盖面广、扶贫功能突出的基础公路网。积极构建高速公路网络，基本覆盖广西沿边地区所有市县。加快实施国、省道干线公路提级改造，基本消除沿边地区的断头路，提高边境地区普通公路服务能力和水平。建设一批连接铁路公路站场、口岸、机场的集疏运线路，增强凭祥、防城港等沿边物流枢纽节点辐射带动能力。继续建设连接沿边旅游景区、口岸的高等级公路，提升交通服务产业发展能力。加强干线公路与沿边城市的有效衔接，规划建设东兴、凭祥、靖西绕城公路。全面加快沿边地区农村公路建设，推进沿边公路改建成二级公路，建成花山至德天一级公路，所有边境村屯通公路。②

3. 积极发展现代化铁路建设

铁路作为国民经济大动脉、国家重要基础设施和大众化交通工具，在广西经济社会发展中具有重要的地位和作用。③

到2020年，广西"一环四纵四横"干线铁路网基本建成，广西沿边地区高速铁路网、普通铁路网进一步拓展，城际铁路建设取得突破性进展，铁路物流枢纽建设配套协调。基本形成沿边现代化铁路运输网络，运输能力和运输质量得到提高。基本实现沿边城市"市市通高铁"，基本建成以南宁为中心的高速铁路交通圈，南宁到崇左、防城港到东兴快速铁路加快

①广西综合交通运输发展"十三五"规划。
②广西综合交通运输发展"十三五"规划。
③广西综合交通运输发展"十三五"规划。

建设推进，规划开工建设崇左至凭祥快速铁路（见表7-1、图7-1）。

表7-1　十三五时期广西铁路发展的主要指标[①]

指标	2015 年	2020 年	五年增加值	年均增长％
客运量（万人次）	7046	9800	2754	7
货运量（万吨）	5779	7300	1521	5
营业里程（公里）	5086	6000	914	3.4
复线率（％）	47	60	13	5
电气化率（％）	60	75	15	4.6

图7-1　广西"十三五"铁路发展规划图[②]

4.加快推进口岸水运建设

"十三五"时期，打造通畅的广西沿边内河水运网络。以西江航运干线建设为重点，打造"一干七支"高等级水运网络（见图7-2）。加快建设

---

①广西铁路建设"十三五"规划。

②广西铁路建设"十三五"规划。

广西沿边地区的水运、海运航线，重点是西江干线和右江、左江等重要支流航道，形成上游通、中游畅、下游优的内河水运网。建设大能力、高效率船闸系统，逐步消除碍航、断航瓶颈，提升西江航运通过能力。加快建设西江现代化口岸，推动口岸创新转型发展，拓展和提升口岸功能，打造"三主四辅"现代化口岸群，重点建设南宁、百色、崇左等沿边地区的主要水运口岸，积极发展百色、崇左地区的辅助水运口岸，增强口岸辐射能力。提高左江流域铁水联运、公水联运水平。积极争取设立西江航运交易所，引导和规范航运交易市场健康发展。[①]

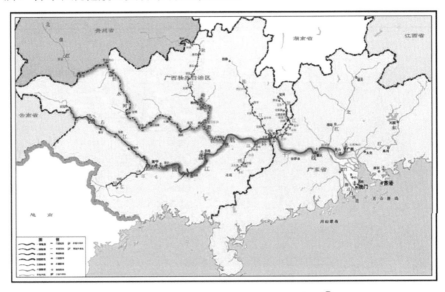

图 7-2 广西"十三五"水运规划示意图[②]

5. 积极发展民用航空

"十三五"时期，构建高效的航空网络，提升广西沿边地区民用航空服务水平。提升南宁吴圩国际机场运输保障能力，完善广西沿边地区支线机场布局。实施南宁机场扩建工程，适时启动南宁机场第二跑道建设，加快推进防城港机场新建工程。形成以南宁机场为骨干，百色、防城港等支线机场为辅助，层次清晰、功能合理的航空运输体系。加密国内主要城市和面向区域全面合作伙伴关系成员国的航班和航线，形成高效、安全、迅

①广西综合交通运输发展"十三五"规划。
②广西综合交通运输发展"十三五"规划。

捷的航空运输网络。促进通用航空业发展，加快建设一批通用机场或通用航空基地，基本建成南宁伶俐、百色乐业通用机场，推进百色机场迁建，宁明机场改成军民两用机场，初步形成广西通用机场体系骨干网络（见图7-3）。

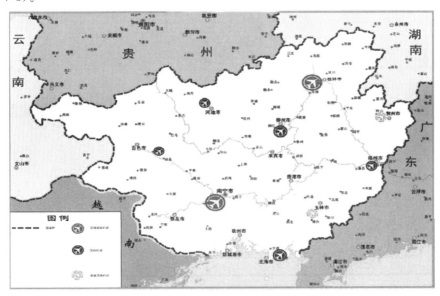

图7-3 广西"十三五"民航机场建设示意图①

6. 加强边民互市贸易点基础设施建设

国家和广西壮族自治区要加大边民互市点基础设施建设资金支持力度，以奖金转移支付、提高奖金配套额度等方式支持沿边地区的边民互市点基础设施建设。并在"十四五"发展规划中继续对沿边互市的基础设施建设项目给予重点扶持。完善口岸和各边民互市点监管设施建设，提高口岸及各边民互市贸易点的基础设施配套能力，达到沿边小额贸易和边民互市贸易的进出口货物的监管要求，提高口岸及互市点进出口货物的交易和监管便利，促进沿边经济贸易健康发展。

（二）推进跨境经济区内产业升级

用政策创新来推进跨境经济区内的经济技术合作，提高合作程度，丰富合作内容，创造经济发展新动力，有效地利用中越两国沿边资源，促进

①广西综合交通运输发展"十三五"规划。

跨境经济区发展并带动沿边地区发展。跨境经济区是一个新生事物，必须摆脱传统经济发展模式，不断创新，以高新技术开发、大宗国际商贸和金融产业发展为主导，逐步建成新型的国际化产业园区。

中越两国要加强合作，在跨境经济区内科学规划产业布局，吸引优势特色产业入区发展。充分依托中越两国沿边现有经济基础、资源条件和区位优势，坚持开放合作、互补共赢，共商共建共享，加强对出口加工业、商贸服务业、金融服务业、通信与信息产业、电子商务产业的研究，建立各产业相互协调发展的综合性开发模式。加强经济区内物流体系建设，提高电子化水平，构建大物流体系，建成中国与东盟地区物流的陆上集散地，形成物流辐射。

跨境经济合作区要重点考虑采取全新经济合作发展模式，依托保税、财税、投资、用地等特殊优惠政策，融合跨境加工制造、商贸、物流、旅游、金融服务等功能，充分利用跨境人员、资金、交易、投资、运输便利化，推进跨境合作区功能多元化发展，逐步把东兴、凭祥、靖西建设成为面向区域经济合作伙伴关系国家的国际区域进出口加工基地、商贸基地、物流基地、金融基地、旅游基地。加快推进经济区内加工业的升级，推进红木、橡胶、中草药、矿产品由原料加工向二次加工转变，提高加工水平，推进红木产业园区、橡胶产业园区、中草药产业园区、矿产品加工区等园区建设，形成园中有园，提高产业层级。

利用新的政策，进一步推进经济合作和技术合作，提高合作互动水平并扩大合作范围，整合资源和市场，为经济创造新的动力。要发展就必须进行调整，不能以低产业为主，应以先进技术、国际贸易和金融业为主界定边界合作区。开始建设一种新型的国际产业合作园区。

参考文献

［1］习近平在周边外交工作座谈会上发表重要讲话［EB/OL］. 2013-10-25.

［2］国家民委兴边富民小组. 兴边富民行动［M］. 北京：民族出版社，2000.

［3］〔美〕哈罗德・孔茨. 管理学［M］. 张晓君，译. 北京：北京经济科学出版社，1998.

［4］范宏贵，刘志强. 中越沿边贸易研究［M］. 北京：民族出版社，2006.

［5］于光远. 战略学与地区战略［M］. 北京：人民出版社，1985.

［6］孙久文. 区域经济学［M］. 北京：首都经济贸易大学出版社，2010.

［7］于国政. 中国沿边贸易地理［M］. 北京：中国对外经济贸易出版社，1997.

［8］李铁立. 边界效应与跨边界次区域经济合作研究［M］. 北京：中国金融出版社，2005.

［9］魏燕慎. 亚洲增长三角经济合作区研究［M］. 北京：中国物价出版社，1998.

［10］李钟林. 大图们江地区开发［M］. 延吉：延边大学出版社，2006 .

［11］陈智超. 古代中越关系史资料选编［M］. 北京：中国社会科学出版社，1979.

［12］刘增荣. 区域经济系统论纲［M］. 北京：科学出版社，2011.

［13］高洪深. 区域经济学［M］. 北京：中国人民大学出版社，2010.

［14］〔德〕赫希曼. 经济发展战略［M］. 曹征海，潘照东，译. 北京：经济科学出版社，1991.

［15］聂华林，李泉，杨建国. 发展区域经济学通论［M］. 北京：中国社会科学出版社，2006.

［16］申彧. SWOT 分析在区域可持续发展定位中的应用［D］. 厦门：厦门大学，2009.

［17］张新宇. 经济发展战略内涵与模式演进［J］. 环渤海经济，2008（7）.

［18］〔法〕弗朗索瓦·佩鲁. 增长极概念［J］. 经济学译从，1988（9）.

［19］颜鹏飞，马瑞. 经济增长极理论的演变和最新进展［J］. 福建论坛，2003（1）.

［20］彭清华. 全面贯彻总书记重要讲话和全国两会精神［N］. 广西日报，2015-03-20.

［21］国务院办公厅. 兴边富民行动"十三五"规划［R］. 2017-05-28.

［22］周茂权. 点轴理论的渊源发展［J］. 经济地理，1992（2）.

［23］黄繁华. 中国经济开放度及其国际比较研究［J］. 国际贸易问题，2001（2）.

［24］黄平晃. 抓住大开发基于促进新疆外经贸发展［J］. 新疆财经，2002（5）.

［25］杜发春. 沿边贸易与沿边民族地区的经济发展［J］. 民族研究，2000（1）.

［26］汤国辉. 沿边贸与沿边发展战略［J］. 营销管理，1990（4）.

［27］张丽君，陶山山，郑颖超. 中国沿边开放政策实施效果评价及思考［J］. 民族研究，2011（3）.

［28］雷娜. 改革开放以来我国沿边贸 M 政策的演变及影响［J］. 市场论坛，2008（9）.

［29］崔玉斌. 我国沿边开放的回顾与展望［J］. 沿边经济与文化，2010（10）.

［30］国家发展改革委外交部商务部. 推动共建丝绸之路经济带和 21 世纪海上丝绸之路的愿景与行动［EB/OL］. 2015-03-28.

［31］数说"一带一路"：6 大经济走廊成战略支柱联结 60 余国［EB/OL］. 2017-05-13.

［32］国新办举行共建"一带一路"5 年进展情况及展望发布会［EB/OL］. 2018-08-28.

［33］财政部，海关总署，税务总局. 关于促进沿边贸易发展有关财税政策的通知［J］. 中国对外经济贸易公告，2008（6）.

［34］崔玉斌，沿边开放的新趋势新特点［N］. 中国经济时报社，2009-12-07.

［35］李颖. 论墨西哥和美国边界环境问题的协调机制［D］. 湘潭：湘潭大学，2006.

［36］吕珂. 中国沿边开放中的跨境经济合作区研究［D］. 昆明：云南财经大学，2011.

［37］甄颖. 探析欧盟跨境合作中的治理机制［D］. 石家庄：河北师范大学，2007.

［38］王亚梅. 欧盟跨境合作政策述评［J］. 德国研究，2006（3）.

［39］徐驰. 跨境经济合作理论与中国参与图们江跨境经济合作研究［D］. 北京：外交学院. 2008.

［40］李秀敏，刘丽琴. "增长三角"的形成发展机制探讨［J］. 世界地理研究，2003（3）.

［41］广西向海经济高位发展［N］. 广西日报，2018-05-21.

［42］广西壮族自治区人民政府办公厅关于印发广西沿边地区开发开放"十三五"规划的通知［R］.

［43］官锡强. 立体推进广西沿边开发开放［N］. 广西日报，2014-07-09.

［44］姜木兰. 让广西沿边成为真正的"金"边［N］. 广西日报，2013-12-27.

［45］官锡强. 创新广西沿边开放合作机制［N］. 广西日报，2014-6-26.

［46］官锡强. "一区两国"：推进跨境经济合作区建设［N］. 广西日报，2013-08-30.

［47］云倩，张磊，颜洁，等. 广西沿边开发开放调研报告［J］. 东南亚纵横，2014（1）.

［48］郑晓松. 深化沿边开放 推动地方发展［J］. 中国财政，2013

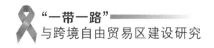
(5).

[49] 官锡强. 广西中越沿边劳力跨境流动需规范化 [N]. 广西日报, 2013-04-02.

[50] 何有良. 中越共建跨境鲜活农产品加工联动机制研究 [J]. 世界农业, 2012 (6).

[51] 何有良. 中越跨境农业产业化研究——以广西龙州与越南下琅地方政府合作建设越南甘蔗基地为例 [J]. 区域金融研究, 2012 (10).

[52] 官锡强. 深化广西与东盟产业内贸易 实现产业优化升级 [N]. 广西日报, 2011-2-11.

[53] 王力. 从东北亚区域发展看满洲里口岸的战略机遇 [J]. 中国城市经济, 2008 (10).

[54] 竹效民. 中哈霍尔果斯国际沿边合作中心功能定位及发展前景 [J]. 实事求是, 2009 (1).

[55] 张静, 陈智刚, 张兴燕. 云南口岸物流发展初探 [J]. 集体经济, 2009 (5).

[56] 云南大学中国特色社会主义理论体系研究中心. 不断推进云南沿边开发开放 [N]. 云南日报, 2017-04-21.

[57] 谷林. 内陆沿边地区跨境经济合作研究 [D]. 长春: 吉林大学, 2010.

[58] 袁晓慧, 徐紫光. 跨境经济合作区: 提升延边开放新模式——以中国红河—越南老街跨境经济合作区为例 [J]. 国际经济合作, 2009 (9).

[59] 防城港市加快试点试验带动开放创新 [N]. 中国改革报, 2017-07-11.

[60] 曾珊. 广西东兴沿边开发开放试验区战略研究 [D]. 北京: 中央民族大学, 2012.

[61] 杨必增. 基于增长极视角的东兴开发开放试验区发展研究 [D]. 北京: 中央民族大学, 2012.

[62] 周中坚. 一颗新星从北部湾升起——从比较看东兴 [J]. 学术论坛, 1994 (4).

[63] 官锡强. 广西北部湾经济区发展的金融支持研究 [J]. 经济纵谈, 2007.

［64］赵霞. 广西凭祥市开放发展研究［D］. 南宁：广西大学，2012.

［65］张克树. 沿边开发开放效应研究——以广西壮族自治区东兴市为例［D］. 北京：中央民族大学，2012.

［66］官锡强. 推动民企"走出去"［N］. 广西日报，2009-04-09.

［67］云倩，张磊，黄志勇. 广西沿边开发开放调研报告［J］. 东南亚纵横，2014（1）.

［68］黄海成. 沿边地区开发开放存在的问题及对策研究［D］. 武汉：中南民族大学，2013.

［69］许绍才. 解决当前中越跨境经济合作区合作建设问题的建议［J］. 广西经济，2012（11）.

［70］官锡强. 金融业支持企业"走东盟"对策［N］. 广西日报，2006-03-15.

［71］广西：凭祥重点开发开放试验区建设总体规划印发［N］. 广西日报，2017-08-21.

［72］国家发展改革委、商务部有关负责人就《国务院关于支持沿边重点地区开发开放若干政策措施的意见》答记者问［EB/OL］. 2016-01-11.

［73］绥芬河：打造中俄地方合作交流先行区［EB/OL］. 中国经济新闻联播，2018-07-02.

［74］绥芬河沿边经济合作区［EB/OL］. 2016-09-09.

［75］中俄将为"波格拉尼奇内—绥芬河"跨境经济合作区投资15亿美元［EB/OL］.

［76］黑龙江绥芬河综合保税区跨境产业取得新突破［EB/OL］. 2018-03-17.

［77］满洲里综合保税区贸易值超9亿元［N］. 呼伦贝尔日报，2018-01-21.

［78］中朝边民互市贸易区通关试运营［EB/OL］. 2016-06-26.

［79］丹东市2017年国民经济和社会发展统计公报［R］. 2018-04-30.

［80］中俄珲春铁路口岸1—4月进境货物量有望突破百万吨［EB/OL］. 2018-04-16.

［81］中国（河口）越南（老街）跨境经济合作区项目开工仪式隆重举行［EB/OL］. 2016-11-12.

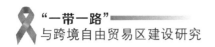

［82］云南河口跨境经济合作区高新产业园奠基［N］. 中国质量报，2017-12-13.

［83］老挝磨丁经济特区，磨憨—磨丁经济合作区人民币跨境服务取得新成效［N］. 云南日报，2018-07-19.

［84］广西壮族自治区 2017 年国民经济和社会发展统计公报［R］. 2018.

［85］2017 年广西外贸进出口快速发展，外贸结构进一步优化［EB/OL］.

［86］广西壮族自治区人民政府办公厅. 东兴重点开发开放试验区管理体制改革总体方案［EB/OL］. 2019-06-17.

［87］广西东兴国家重点开发开放试验区 2017 年度工作绩效展示［EB/OL］.

［88］东兴市人民政府. 东兴京族地区经济社会发展情况［R］. 2006.

［89］2012 年东兴市经济运行简况［EB/OL］. 2013-08-05.

［90］广西凭祥：建设南向大通道 构建开放新格局［EB/OL］. 2018-03-14.

［91］利用优势 奋力推进"南向通道"建设［EB/OL］. 2018-05-09.

［92］广西凭祥综合保税区 2018 年 1－8 月份经济运行情况［EB/OL］. 2018-10-16.

［93］广西凭祥：区位优势＋政策优势 助推口岸经济飞速发展［EB/OL］. 2018-10-31.

［94］广西兴边富民行动获成效 沿边地区经济实力增强［EB/OL］. 2018-11-30.

［95］金丹. "一带一路"倡议在越南的进展、成果和前景［EB/OL］. 2018-06-17.

［96］发改委基础产业司，地方发展司. 广西北部湾港积极融入"一带一路"发展战略［EB/OL］. 2017-04-09.

［97］从南方大港梦到铁海联运枢纽——广西北部湾发展站上新台阶［EB/OL］. 2018-11-14.

［98］广西北部湾港 2017 年货物吞吐量同比增长 12.1％［EB/OL］. 2018-01-18.

［99］广西边陲小城边贸飞速发展带热越南语学习潮［EB/OL］. 2010-02-18.

［100］广西壮族自治区统计局. 广西壮族自治区 2017 年国民经济和社会发展统计公报［R］. 2017-04-26.

［101］广西壮族自治区统计局. 货运增速加快 客运生产平缓——2017 年广西交通运输业运行情况分析［EB/OL］. 2018-03-07.

［102］商务部. 2017 年中越双边贸易额有望达千亿美元［EB/OL］. 2017-11-03.

［103］南宁中心支行. 铺就连接"一带一路"资金通途——广西沿边金融综合改革试验区建设扫描［EB/OL］. 2018-07-13.

［104］西部大开发"十三五"规划［EB/OL］. 2017-01-25.

［105］广西壮族自治区商务厅. 2017 年广西对外投资统计［EB/OL］. 2018-01-22.

［106］广西综合交通运输发展"十三五"规划［EB/OL］.

［107］2016 年靖西市国民经济和社会发展统计公报［R］. 2017.

［108］广西统计年鉴［Z］.

［109］防城港统计年鉴［Z］.

［110］崇左市统计年鉴［Z］.

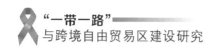

后　记

专著杀青之日，彤红的晚霞已经斜映邕江，预示着夜雾降临。我也撇下成天抱着的笔记本电脑，坐在宽大的客厅窗台上，欣赏着滔滔邕江水，就如专著写作过程中的山穷水尽、柳暗花明。

这本专著是我的第五本专著，也是最后一本封山之作。忆往昔，回眸我数十载的学术生涯也如同书中所述的广西加快沿边开发开放与跨境自由贸易区建设之路一般，是以信仰之光照亮的奋斗之路，吟唱的是一首奋斗之歌，充满了辛酸和苦闷，却也蕴含着温馨和幸福。

本书虽是基于我主持的广西哲学社会科学规划课题《加快沿边开发开放与跨境自由贸易区建设路径和对策研究》的研究基础，但是，随着年纪的增加，惰性慢慢地突显出来。所以，对于出版这本书，一开始也是"昨夜西风凋碧树。独上高楼，望尽天涯路"。

随寒来暑往间，本书从筹备、酝酿、编辑修订到最终付梓。源于对学术的敬畏，在书稿不断修改的过程中，伴随着一种忐忑不安的心情。所幸，这片喧嚣中的宁静，带给我了许多灵感，使我本书的内涵视角能达到"精其选，解其言，知其意，明其理"的境界。我对过往文稿进行了全面梳理，对观点、表述逐句推敲，对数据、案例逐一核对，对篇目、结构精心考量，从隆冬腊月到春暖花开，最终形成了这本书。回想起来，实在是字里行间倾注了自己太多的思考感悟、人生阅历，每重拾这些文字，眼前不觉重现那些忘我工作的激情岁月，心中除了感慨"岁月不居，时节如流"，确实也是"衣带渐宽终不悔，为伊消得人憔悴"。

此时此刻，当我轻轻合上书稿，放眼望去，邕城南宁已是一片流光溢彩、灯火璀璨。正印证了那句"众里寻他千百度。蓦然回首，那人却在，灯火阑珊处"。掩卷沉思，既感如释重负，也有些恋恋不舍。邕江的涛声在我耳畔隐隐回响，仿佛娓娓诉说着昨天的故事，又仿佛在告诉我，广西的发展将伴随着中国经济的巨轮迎着新一轮的朝阳，沿着高质量发展的航道劈波斩浪、扬帆远航！

我们这代人，按照老话说"生在新中国、长在红旗下"。人生轨迹横跨改革开放前后两个历史时期，是改革开放的亲历者、见证者，更是拥护者、推动者。弹指一挥间，几十年过去了，经济学早已成为我的良师益友，伴随我事业的发展，带给我思考的乐趣，指引我看遍经济现象的万千风景，走过经济改革的万水千山，结下了一段段千言万语道不尽的不解之缘。

本研究存在的局限性和不足让我深深感受到"学海无涯"，当书稿终于付梓时，并未感到轻松和释然，我知道这并非成功，但确实是一种收获。

出一本专著对我来说无疑是艰辛的，然而也是充实、快乐和幸福的。因为这背后凝聚了许多人的关心、帮助和支持。在本书即将出版之际，我要感谢原课题组成员的大力支持，他们为本书数据的收集、图形处理和文字校对等过程中给予本人莫大的帮助，在本书的写作期间提出了大量的建设性意见。他们是：何有良博士、教授、王希副教授、梁堃副教授、李德正副教授、钟明容副教授、郭裕湘副教授、黄茂副教授、曾博文副教授、罗艳荣副教授等。

谨以此书向所有帮助、支持和关心我的人们表示诚挚的谢意。

即将付梓，不胜感激。篇末聊缀数语，以志缘起，并表诚意。

官锡强

2020 年 8 月于相思湖畔